权威·前沿·原创

皮书系列为
“十二五”“十三五”国家重点图书出版规划项目

B

BLUE BOOK

智库成果出版与传播平台

中三角蓝皮书

BLUE BOOK OF
CHANGJIANG MIDDLE REACHES MEGALOPOLIS

长江中游城市群发展报告（2020）

THE DEVELOPMENT REPORT ON CHANGJIANG MIDDLE REACHES MEGALOPOLIS (2020)

夺取新冠肺炎疫情防控和经济社会发展双胜利

主　编／秦尊文
副主编／张　静　刘　陶

社会科学文献出版社
SOCIAL SCIENCES ACADEMIC PRESS (CHINA)

图书在版编目(CIP)数据

长江中游城市群发展报告.2020：夺取新冠肺炎疫情防控和经济社会发展双胜利 / 秦尊文主编. -- 北京：社会科学文献出版社，2020.12
（中三角蓝皮书）
ISBN 978-7-5201-7671-2

Ⅰ.①长… Ⅱ.①秦… Ⅲ.①长江中下游-城市群-发展-研究报告-2020 Ⅳ.①F299.275

中国版本图书馆CIP数据核字（2020）第235119号

中三角蓝皮书
长江中游城市群发展报告（2020）
——夺取新冠肺炎疫情防控和经济社会发展双胜利

主　　编 / 秦尊文
副 主 编 / 张　静　刘　陶

出 版 人 / 王利民
责任编辑 / 张　超

出　　版 / 社会科学文献出版社·皮书出版分社（010）59367127
地址：北京市北三环中路甲29号院华龙大厦　邮编：100029
网址：www.ssap.com.cn
发　　行 / 市场营销中心（010）59367081　59367083
印　　装 / 天津千鹤文化传播有限公司

规　　格 / 开　本：787mm×1092mm　1/16
印　张：19　字　数：283千字
版　　次 / 2020年12月第1版　2020年12月第1次印刷
书　　号 / ISBN 978-7-5201-7671-2
定　　价 / 128.00元

本书如有印装质量问题，请与读者服务中心（010-59367028）联系

版权所有 翻印必究

中三角蓝皮书编委会

主　　任　秦尊文

副 主 任　贺培育　龚建文

成　　员　张　静　邓子纲　石军伟　张宜红　赵　霞　李春香　陈丽媛　白　洁　刘　陶　熊　曦　操玲姣

主要编撰者简介

秦尊文　湖北省政府咨询委员，湖北省“一带一路”研究院院长，湖北发展战略研究院执行院长，湖北省社会科学院研究员，长江中游城市群研究中心主任。“中国区域经济50人论坛”成员，中国社会科学院生态文明研究智库研究员，科技部特聘专家，中国城市经济学会副会长，中国区域经济学会副会长，湖北省区域经济学会会长，中南财经政法大学博士生导师，湖北经济学院特聘教授，武汉大学、中国地质大学（武汉）、长江大学、江汉大学、长江师范学院等高校兼职教授（研究员），武汉、长沙、南昌、合肥四市人民政府联合聘请的长江中游城市群专家委员会成员，《长江中游城市群发展规划》《长江中游区域市场发展规划》《汉江生态经济带发展规划》编制专家组组长。科研成果获湖北省委、省政府颁发的一等奖2项、二等奖4项、三等奖4项，其中长江中游城市群研究系列论文获湖北省社会科学优秀成果奖一等奖，长江中游城市群研究专著获湖北省社会科学优秀成果奖二等奖。

张　静　湖北省社会科学院长江流域经济研究所所长，研究员，硕士生导师，长江中游城市群研究中心副主任，湖北省区域经济学会副会长。近年来先后主持完成国家社科基金青年项目1项，主持国家社科基金重大项目子课题1项，参与完成国家社科基金项目3项，主持、参与省委重大调研课题、省政府智力成果采购重点项目等省部级课题20余项，在《当代中国史研究》《中国经济史研究》《中国农史》等期刊发表论文20余篇，多篇论文被人大复印报刊资料全文转载，独著2部。围绕长江经济带、长江中游城市群、汉江生态经济带等区域战略执笔撰写咨询建议40余篇。相关成果获湖北省社会科学优秀成果奖一等奖1项、武汉市社会科学优秀成果奖二等奖1项、武汉市社会科学优秀成果奖3项。

刘　陶　湖北省社会科学院长江流域经济研究所副研究员，硕士生导师，长期从事流域经济与区域可持续发展方面的研究，发表学术论文40余篇，撰写咨询建议20余篇，主持湖北省社科基金项目2项，参与多项国家级与省级重大课题。以水资源系统性为切入点，结合区域经济现实问题，出版了专著《经济学在区域水资源管理中的实践》。积极开展相关流域经济带的区域总体规划研究，撰写的咨询建议《对比长株潭城市群迅猛发展态势，武汉城市圈应有危机意识》《打造武汉城市圈升级版的几点建议》等获得省主要领导批示。

摘　要

新冠肺炎疫情对长江中游城市群经济社会造成了较大冲击，尤其对湖北地区影响巨大。在党中央、国务院领导下，湖北、湖南、江西三省团结互助，取得了抗击新冠肺炎疫情的决定性成果，并且及时复工复产，加快经济复苏。本报告对长江中游城市群夺取疫情防控和经济社会发展双胜利做了忠实记录，并对下一步发展提出对策建议。

全书由总报告、专题篇和区域篇三部分组成，共计 14 篇研究报告。总报告介绍新冠肺炎疫情对长江中游城市群的影响和冲击，总结长江中游三省成功抗击新冠肺炎疫情和推动经济复苏的实践经验，提出加快长江中游城市群经济社会发展的对策建议。专题篇由 4 篇报告构成，主要从长江中游地区打造中部强大市场、布局汽车产业链、发展开放型经济、以高水平环境治理推动高质量发展等方面进行研究，这符合中央新近提出的“加快形成以国内大循环为主体、国内国际双循环相互促进的新发展格局”的精神。区域篇由 9 篇报告构成，分别研究有关省、市在抗击新冠肺炎疫情的背景下推动经济高质量发展、开展长江大保护、推进制度创新、制定国土空间规划、打造国际消费中心城市和特色产业增长极，展示了长江中游城市群疫后重振、浴火重生的决心和谋略。

关键词：长江中游城市群　开放型经济　高质量发展　新冠肺炎疫情

目　录

Ⅰ　总报告

Ⅱ　专题篇

Ⅲ 区域篇

皮书数据库阅读**使用指南**

总 报 告

General Report

B.1
长江中游城市群疫情防控和经济复苏双胜利实践报告

秦尊文　刘陶　张静*

摘　要： 新冠肺炎疫情对长江中游城市群经济社会造成了较大冲击，尤其是湖北地区经济社会发展几乎处于停滞状态。在党中央、国务院领导下，湖北、湖南、江西三省团结互助，取得了抗击新冠肺炎疫情的决定性成果。同时，三省纷纷出台一系列专项措施与条例，围绕产业链复工加快经济复苏。当前，长江中游城市群主要经济指标已经环比回升，经济社会复苏的

* 秦尊文，湖北省人民政府咨询委员、湖北省“一带一路”研究院院长、长江中游城市群研究中心主任、研究员，研究方向为区域经济、城市经济；刘陶，湖北省社会科学院长江流域经济研究所副研究员，研究方向为区域经济；张静，湖北省社会科学院长江流域经济研究所所长、长江中游城市群研究中心副主任、研究员，研究方向为区域经济、经济史。

局面已经全面打开。未来长江中游城市群将在绿色协同发展、世界级产业集群、中部强大市场、创新高地建设等方面进一步提升合作水平与层次，争取将长江中游城市群联动发展上升至国家战略。

关键词： 长江中游城市群　新冠肺炎疫情　经济复苏

一　新冠肺炎疫情对长江中游城市群的经济影响评估

就新冠肺炎疫情而言，长江中游城市群所受影响较大。其中，2020 年第一季度湖南经济增速跌幅为 1.9%，江西跌幅为 3.8%，湖南经济增速在全国名列第二，为有史以来最好水平。而湖北由于各地封城两个多月，其中武汉封城达 76 天，整个经济陷于停滞状态，第一季度跌幅为 39.2%，为历史最低水平。

（一）新冠肺炎疫情对长江中游城市群的经济影响

在新冠肺炎疫情的影响下，湖北、湖南、江西三省经济指标普遍下滑，短期内对经济社会发展造成了一定影响，具体体现在以下几个方面。

1. 对总体经济发展趋势的影响

当前，我国经济已由高速增长阶段转向高质量发展阶段。近年来，长江中游城市群经济增长呈现中高速平稳放缓态势，湖北、湖南、江西三省经济增速由 10% 左右放缓到 7% 左右（见图 1），并将在 7% 左右持续较长时间。2019 年，长江中游城市群各项经济指标总体运行良好，经济效益稳步增长，在全国区域经济发展中的地位也进一步突出。2019 年，三省经济总量为 110338 亿元，比上年增长 12.85%（按现价计算），占全国经济总量的 11.14%。

突如其来的新冠肺炎疫情，打乱了长江中游城市群经济社会发展秩序，在短期内对经济发展态势造成较大影响，2020 年第一季度，三省经济增速

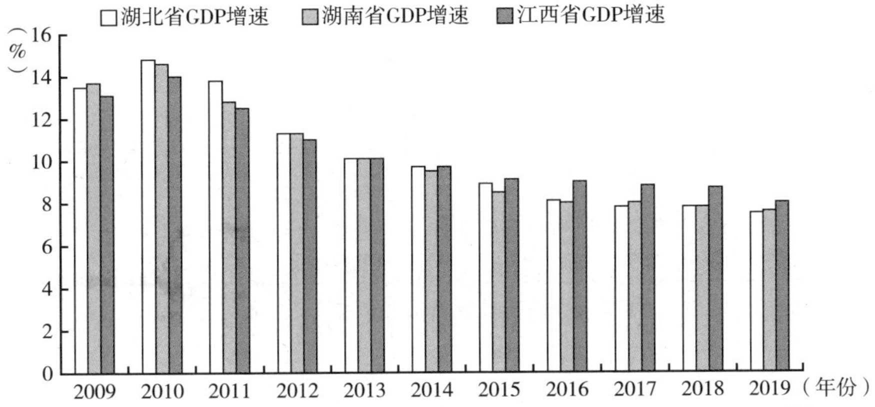

图1　2009～2019年长江中游三省经济增速走势

资料来源：湖北、湖南、江西省统计年鉴（2011～2019），2019年数据来自湖北、湖南、江西省《2019年国民经济和社会发展统计公报》。

均呈现负增长，湖北最为严重（见表1），预计2020年全年经济增速较上年有较大幅度下降。但从长期来看，经济复苏后的经济发展走势格局不会改变，未来较长一段时期，长江中游城市群仍然处于追求高质量发展的经济结构调整期，经济增速稍稍放缓是正常态势。

表1　2020年第一季度长江中游三省主要经济指标一览

指标	湖北	湖南	江西
地区生产总值(亿元)	6379.35	8824.82	5343.4
地区生产总值同比增速(%)	-39.2	-1.9	-3.8
第一产业增加值(亿元)	540.7	593.59	344.5
第一产业增加值同比增速(%)	-25.3	-3.3	-0.5
第二产业增加值(亿元)	2147	3126.38	2199.3
第二产业增加值同比增速(%)	-48.2	-3.0	-6.7
第三产业增加值(亿元)	3691.7	5104.85	2799.7
第三产业增加值同比增速(%)	-33.3	-1.0	-1.2
固定资产投资同比增速(%)	-82.8	-4.0	-4.3
社会消费品零售总额(亿元)	2939.43	3320.9	1806.1

续表

指标	湖北	湖南	江西
社会消费品零售总额同比增速(%)	-44.9	-11.5	-11.9
进出口额(亿元)	627.5	835.56	861.8
进出口额同比增速(%)	-20.9	5.4	15.7
地方公共一般预算收入(亿元)	542.49	1283.12	723.7
地方公共一般预算收入同比增速(%)	-47.6	-5.5	-4.6
规模以上工业增加值增速(%)	-45.8	-2.1	-6.1

资料来源：《2020 年一季度湖南经济形势通报》《2020 年一季度湖北经济运行情况》《2020 年一季度江西经济运行情况分析》。

2. 对投资、消费需求的影响

短期内，新冠肺炎疫情使消费需求、投资需求呈明显下降趋势。

从消费需求看，为遏制疫情蔓延，长江中游城市群多座城市封城，其消费需求明显下降。2020 年第一季度湖北省社会消费品零售总额增速下降幅度最大，达到 44.9%，限额以上零售额下降 49.1%。湖南省、江西省消费需求受疫情影响相对较弱，但情况也不容乐观，2020 年第一季度湖南、江西社会消费品零售总额增速分别下降 11.5%、11.9%。但是，随着疫情防控持续加强，居民生活秩序有序恢复，特别是在多项扩大消费政策促进下，消费需求降幅持续收窄。

从投资需求看，湖北投资需求下降幅度较大，2020 年第一季度固定资产投资下降 82.8%，投资需求断崖式下跌，其中第一产业投资下降 81.1%，第二产业投资下降 85.2%，第三产业投资下降 81.2%。湖南省、江西省复工时间较早，下降幅度不大。据统计，湖南省第一季度固定资产投资同比下降 4.0%，其中第一产业投资下降 13.4%，第二产业投资下降 4.1%，第三产业投资下降 3.4%。江西省第一季度固定资产投资下降 4.3%，其中第一产业投资增长 40.5%，第二产业投资下降 7.1%，第三产业投资下降 3.3%。随着复工以来投资利好因素不断积累，3 月以来，投资需求正快速恢复。

3. 对三次产业的影响

2020 年第一季度，三省三次产业增加值与增速都普遍下滑。

第一产业多为刚需，所受影响较小，但也受到一定冲击，蔬菜、畜产、水产品受疫情影响较大，粮、棉、油等大宗农作物受影响相对较小。此外，由于自我隔离与限制交通运行，跨区域运输受阻，农产品销售量比上年同期大幅下降。湖北省 2020 年第一季度第一产业增加值同比下降 25. 3%，湖南省、江西省受疫情影响相对较小。湖南省 2020 年第一季度第一产业增加值同比下降 3. 3%，江西省 2020 年第一季度第一产业增加值同比下降 0. 5%。

第二产业由于产业链较长，对协同生产要求高，因而影响层次较深，影响时间也较长。2020 年第一季度，湖北第二产业增加值同比下降了 48. 2%。2020 年前 2 个月，湖北省规模以上工业企业受到较大冲击，规模以上工业增加值下降 46. 2%。湖南省、江西省复工较早，所受影响较小，2020 年第一季度湖南、江西规上工业增加值同比下降分别为 2. 1%、6. 1%。

疫情对第三产业的影响较大且最为直接。1 月末，长江中游城市群各地陆续“封城”，交通通道关闭，服务业需求量急剧下降，住宿、餐饮、旅游、文化娱乐业等受到重创。湖北省 2020 年第一季度第三产业增加值同比下降 33. 3%，2 月上旬，湖南省、江西省随着疫情防控进入新阶段，各地有序推进复工复产，部分服务业逐步恢复，湖南省 2020 年第一季度第三产业增加值同比下降 1. 0%，江西省 2020 年第一季度第三产业增加值同比下降 1. 2%。此外，疫情催生了新型消费模式，互联网相关服务发展态势良好。

4. 对财政收入的影响

新冠肺炎疫情初期，住宿、餐饮、旅游、娱乐、客运、房地产等受到的影响比较严重，为应对疫情，政府实施了减免税收、延期缴税等政策措施，三省财政收入形势不容乐观。据统计，湖北省 2020 年第一季度地方公共预算收入同比下降 47. 6%，相较 2020 年 1 ~2 月下滑 16. 3 个百分点。湖南省第一季度一般公共预算收入同比下降 5. 5%。江西省 2020 年第一季度一般公共预算收入下降 4. 6%，相较 2020 年 1 ~2 月下滑 3 个百分点。随着疫情形势好转，生产逐步恢复，三省财政逐步恢复平稳运行。

（二）新冠肺炎疫情对长江中游城市群带来的挑战和机遇

当前，国内新冠肺炎疫情虽然取得了决定性胜利，但全球新冠肺炎疫情呈持续蔓延态势。如何在外防输入、内防反弹的前提下，尽快实现经济复苏是长江中游城市群面临的最大挑战。企业是经济复苏的重要主体，有些企业复工困难，有些企业面临倒闭，许多餐饮企业和大型综合体商城在疫情冲击下变得萧条，还有受产业链影响较深的制造业复苏艰难等，这些都是当前亟待解决的难题。

同时，新冠肺炎疫情也带来许多机遇。一是具有经济韧性的新兴产业快速发展，为经济增长带来新动能。数字经济、人工智能、互联电商平台等在此次疫情中焕发出强大的生命力，未来将进一步加快发展。据统计，湖北省第一季度限额以上社会消费品通过互联网实现的销售额占商品零售额的16.28%。江西省2020年1～4月限额以上单位通过公共网络实现的零售额同比增长34.6%。越来越多的传统大型超市、饭店等都在积极探索在线销售、无人配送等新模式。二是疫情使居民消费理念与方式发生改变，健康绿色消费成为主流，将进一步促进绿色健康产业的发展。三是疫情倒逼经济结构快速转型发展。受新冠肺炎疫情影响，部分企业传统生产与销售运营模式受阻，可以倒逼企业加大科技创新力度，促进企业转型升级。

总之，机遇与挑战并存，机遇大于挑战。疫情之后，长江中游城市群经济已逐渐复苏，部分经济指标正在回升，经济稳定向好的局面正在形成。

（三）新冠肺炎疫情对长江中游城市群的经济影响评估

新冠肺炎疫情对长江中游城市群经济发展的影响集中体现在短期阶段。2020年3月以来随着疫情防控形势持续向好、各项宏观政策陆续出台，长江中游城市群疫后复元的环境不断改善，复工复产复市加快推进，部分经济指标环比回升，经济正在逐步恢复。三省主要经济指标在第一季度下降较为严重，但第二季度以来呈逐步回暖趋势，其中，受损较为严重的工业经济也在第二季度逐步升温。据统计，湖北省2020年4月规上工业增加值同比下降2.4%，降幅比上月收窄44.5个百分点。2020年6月，湖北省规模以上工业增加值实现增长2%，全省41个行业大类中有22个实现正增长，增长面较3月扩大46.4个百分点，网络零售持续向好，财政收支、进出口降幅持续收窄。2020年6月，湖南、江西规模工业增加值分别增长5.4%、7.6%，其中湖南连续4个月保持在4%以上。

从长期看，经济长期向好的基本面没有改变，经济发展的总体平稳局面不会改变。为配合国家增支、减收、降费、保就业、促消费等一系列措施落地，长江中游城市群各级地方政府也出台了一系列相关配套政策，经济复苏的局面已经全面打开。与此同时，疫情催生了一批新产业新业态的快速发展，经济回暖态势已经形成，这种长期向好的基本趋势不会因疫情影响和国际经济下行冲击而有所改变。

展望未来，经济发展将呈现新的增长点。疫情过后，人工智能、大数据、生物技术等将快速发展，人们生产、生活方式将朝着数字化、智能化方向发展，新技术、新能源、新业态、智能制造、健康医疗等领域都将呈现巨大的发展潜力，长江中游城市群将再现发展新动能。

二　长江中游城市群成功抗击新冠肺炎疫情的实践

为将疫情对经济社会发展的影响减少至最低程度，长江中游城市群果断采取应急措施，湖北、湖南、江西三省相继启动疫情防控一级响应体制与相关配套举措。在中央政府的战略指导与各类资源支援下，三省团结协作，在最短的时间里取得了新冠肺炎疫情防控阶段性胜利。

（一）中央决策为科学抗疫指明了方向

1. 坚持人民至上，充分发挥社会主义制度优越性

习近平总书记反复强调："全心全意为人民服务是共产党人矢志不渝的宗旨立场。"疫情发生以来，习总书记多次指出："始终把人民群众生命安全和身体健康放在首位"。2020年全国"两会"期间，习近平再次强调

“人民至上”这一执政理念。“人民至上、生命至上，保护人民生命安全和身体健康可以不惜一切代价。”在这一思想的指引下，全国范围内，最优秀的医生、最先进的设备、最急需的资源迅速集结到湖北，打响了湖北保卫战、武汉保卫战。我们牢牢坚持人民至上、生命至上，全力以赴投入疫病救治，取得了疫情防控的重大战略成果。

2. 坚持“双阵地”布局，守好“医院、社区”两大堡垒

2020 年 3 月 10 日，习近平总书记考察湖北疫情防控工作时指出：“抗击疫情有两个阵地，一个是医院救死扶伤阵地，一个是社区防控阵地。”

医院是抗击疫情的最前线，广大医务工作者始终坚持采取专业化措施与规范化管理，打好疫情防控的医院阵地战：严格疑似病例筛查诊断和病例确诊流程，规范预检分诊管理和发热门诊设置，确保医疗救治响应及时、诊断准确。发热门诊对疑似发热患者及时实行有效隔离、上报和诊疗，有序开展医疗处置。同时，积极组织开展医务人员全覆盖培训，邀请专业人员讲解业务工作以及个人防护常识，坚决避免医护人员在诊疗过程中发生院内感染。

社区是疫情防控的坚强堡垒，既是疫情防控的“第一道防线”，也是“最后一公里”。防控力量向基层、社区、村居下沉，严格落实“属地管理 + 主体责任”体系。社区继续承担起“属地管理”责任，做到地毯式排查、网格化管理、人盯人防控，继续对社区小区、楼栋进行彻底排查，确保全覆盖、无死角。严格落实出入信息登记、车辆消毒、测量体温等各项防控措施，切实搞好病源隔离工作。做好宣传教育，把疫情防控的形势宣传到户到人，提高每一位居民的防控意识。积极动员社区内党员、干部、志愿者等积极加入防控队伍中，探索创新联防联控、群防群治的新机制，构筑起疫情防控的人民防线。

3. 坚持科技抗疫，加快智能应用与研发攻关

科技是抗击疫情的重要力量。2020 年 2 月 23 日，习近平在统筹推进新冠肺炎疫情防控和经济社会发展工作部署会议上提出七点要求，其中一条就是要加快科技研发攻关。新冠肺炎疫情发生后，围绕疫情防控的痛点、难点、关键点，三省迅速展开科研攻坚，并将科研成果及时援助疫情需要地区。

AI、大数据、云计算等技术在抗疫战斗中大显身手，智能防疫机器人、AI测温系统、机器人配送在武汉火神山医院得到应用。湖湘青年科技创新人才团队率先自主研发了以纯物理方法制备埃米（1/10纳米）尺寸金属粒子的蒸汽—冷凝设备。2020年2月27日上午，在中南大学湘雅三医院外科楼，10台“医用双效消毒灭菌柜”启程运往湖北武汉，参与抗击新冠肺炎疫情。

（二）全民动员，汇集抵抗疫情的强大社会合力

事实证明，只有信息透明、全民重视、全民参与，才能凝聚汇集强大的社会动能，从而有效击退疫情。

1. 信息公开透明：保障公众知情权

让民众充分、及时知晓疫情信息，是政府部门与广大公众良性沟通互动与信任理解的前提。2020年1月21日以来，随着每天实时发布的疫情信息的不断更新，虽然确诊病例数据不断攀升，政府与公众之间的信任感却得到增强，形成了政府积极应对、公众积极配合与参与的和谐局面。具体举措体现在以下两个方面。

一是启动疫情数据日报制度。湖北、湖南、江西三省卫健委在官方网站等政务平台每日通报前一日各地新增确诊病例、新增治愈出院病例、当日解除医学观察的密切接触者、新增重症病例、新增死亡病例、新增疑似病例、隔离治疗、重症病例、累计报告确诊病例、累计治愈出院、累计死亡病例、现有疑似病例、累计追踪到的密切接触者、尚在医学观察的密切接触者和后期增加发布的无症状感染者相关情况。

二是创新使用和实时更新“疫情地图”，通告应急响应信息。各地利用大数据技术公布“疫情地图”，通过社区名称、地址和位置，标明疫情传播具体地点、距离、人数等，并视情况不断调整应急响应和防控警报机制，及时公布交通管制等措施，以便于公众更有效防范传染，遏制病毒扩散。

2. 全面宣传与科普：增强公众自我防护意识

充分发挥媒体舆论的引导作用，增强全社会的科学防治意识。组织科学家和科研机构在扎实研究的基础上，通过各类发布会、接受媒体采访和互联

网不断发布科学防治的权威观点和专业意见建议，提高公众科学认知水平，指导科学防治，倡导科学消杀，特别是推动全面普及戴口罩、勤洗手、常通风等最简单、最有效的大众防护措施，大力提升公众自我防护能力。在各类平台上设立专区解读疫情、分析数据、研判趋势并及时辟谣，以可信事实和翔实数据澄清是非，引导公众正确理性看待疫情。

充分发挥媒体报道的宣传作用，提升广大群众的凝聚力。及时报道各地区各部门联防联控措施成效，充分反映广大党员干部和人民群众抗击疫情特别是一线医务人员、社区工作者、志愿者以及公安干警和“下沉干部”的生动事迹，增强凝聚力，推动形成长江中游城市群自上而下全面加强疫情防控的局面。

运用应急广播系统推进农村地区的疫情防控工作。江西省应急广播系统在这次抗击新冠肺炎阻击战中发挥了独特优势。疫情发生后，全省各地广电系统充分发挥应急广播的功能，及时发声，不间断地发布疫情信息和有关动态，进行政策宣讲，宣传防疫知识等。同时，采用顺口溜、打油诗、快板书等方式，用接地气的当地话反复提醒村民注意防控，号召村民积极报告往返湖北、武汉人员的情况，推动了疫情信息收集、排查和有关人员的居家隔离工作。

3. 社区基层治理：发挥公众参与的积极作用

此次疫情防控充分调动社会组织、志愿者、居民等多元力量，推进“网格化”治理，做到了立体布防，为击退疫情发挥了至关重要的作用。一是发挥党员干部的先锋模范作用。湖北机关事业单位党员积极主动就近下沉至社区与农村等基层一线。在党员工作安排方面，下沉社区党员干部实行“两队一网格”工作模式，即组建工作队、成立突击队，编入网格，与社区和村组干部协同作战。新冠肺炎疫情发生以来，湖北全省1.1万余家机关企事业单位精准选派、有序下沉，先后抽调58万余名党员干部下沉2.7万余个社区（村），在疫情防控、复工复产和基层治理等方面发挥了重要作用。二是发挥公众参与力量。积极引导，形成了“居民参与、群防群治、共建共享”的协同治理格局，最大限度地调动了社会力量，提高了抗疫效率。

（三）封城封省、集中隔离，阻断病毒扩散渠道

现代交通的迅速发展大大缩短了城市与城市之间、省与省之间的时空距离，从而大幅度提升了大城市的辐射半径与人流聚集能力。长江中游城市群从交通上实行严格管制，切断传播途径，有效控制了疫情。

1. 及时封闭离鄂通道、交通“停运”，阻断病毒传播途径

从古至今，面对人传人的流行传染病疫情，最有效的办法就是封闭传染病区，防止疫情外溢。2020 年 1 月 23 日至 28 日，长江中游城市群多地全面采取交通“停运”与封城措施，有效遏制病毒传染源。1 月 23 日，面对疫情防控压力，武汉正式宣布“封城”（历时 76 天），紧接着湖北其他市（州）也相继采取了“封城”举措（见表 2）。武汉全市城市公交、地铁、轮渡、长途客车暂停运营，除抗疫车辆、运输生活必需品车辆以及消防、抢险、环卫、警车等特种车辆外，其他车辆一律禁止通行，湖北其他地区也实现疫情防控和交通保障统筹兼顾，大幅减少市内人员流动和由此可能产生的病毒传播。

表 2　湖北各市宣布“封城”时间一览

宣布封城时间	城市	实施举措
1 月 23 日 10 时	武汉	关闭各类离汉通道
1 月 23 日 11 时	鄂州	鄂州在武汉“封城”1 小时 20 分钟后，便紧急宣布“铁路车站通道暂时关闭”，并对主城区居民实行出行管控措施，严格控制居民出行
1 月 23 日 22 时	潜江	正式暂停市内公共交通，实施“封城”
1 月 24 日零点	黄冈（含大冶市、阳新县）	正式暂停市内公共交通，实施“封城”
1 月 24 日	荆州、荆门、咸宁、黄石、恩施、孝感、宜昌、随州、十堰	宣布“封城”举措，不同程度上暂停了上述城市管辖范围内的铁路、高速与普通公路交通，特别暂停了市域管辖范围内公交、长途客运等公共交通
1 月 28 日	襄阳	1 月 27 日起，襄阳市规定高铁和普通铁路车站进站通道暂时关闭。1 月 28 日起，襄阳市暂停运营市内所有的渡口渡船、旅游客船，正式“封城”

2. 湖南、江西实施分级交通管制，筑牢环鄂交通管控“隔离带”

湖南、湖北、江西三省共建长江中游城市群，区域间人员交流密切，相对其他省份受传染风险程度较高。湖南、江西两省防控得当，湖南确诊病例累计达 1019 例，江西确诊病例累计达 932 例，有效遏制了疫情向外蔓延的趋势。

湖南、江西两省分别于 2020 年 1 月 23 日、24 日启动了重大突发公共卫生事件一级响应（湖南是首个启动一级响应的环鄂省份、全国最早启动一级响应的 3 个省份之一）。同时，两省分级实施差异化交通管控，收到了较好效果：根据辖区内低风险、中风险、高风险县（市、区、旗）名单，实行分区分级精准防控，对道路客运、城市公共交通（含城市轨道交通）和出租汽车（含网约车）等城乡道路运输服务进行动态管控。

3. 社区封闭管理，避免人群聚集与病毒传播

长江中游城市群普遍实行社区封闭式管理，消除防疫死角和盲区。湖北武汉全面实施居民小区 24 小时封闭管理，除就医和防疫相关活动外，一律禁止出入，由社区及物业承担居民生活保障工作。人民群众积极响应落实各级政府关于社会隔离的部署安排，除按各地不同要求，实行规定时间的居家隔离、在家办公学习等，还普遍严格执行跨地区旅行后的 14 天居家隔离政策，隔离期结束后仍减少一切不必要的外出，为斩断病毒传染链做出重要贡献。此外，对易集中暴发疫情的特殊场所实行重点防控，如监管场所、养老机构、福利院、精神卫生医疗机构等。

（四）分级诊疗，最大限度地提高救治能力

1. 千方百计扩充床位，使起初无法就医患者全部被收治

疫情初期，武汉参照抗击 SARS 疫情时期的“小汤山医院”模式，以短短 10 天左右时间先后完成“火神山”“雷神山”两座传染病专科医院建设并投入使用，改扩建一批定点医院与综合医院，在短时间内解决了大规模收治难题。此外，从全国抽调近 200 辆负压救护车，集中力量组成转运队，较快实现新增病例收治日清日结，从而使原来往返于社区和医院而无法有效就

医的大量感染者从“居家隔离”转为“集中收治”，既有效遏制了社区传播这个最大的传染途径，也极大地提高了救治率。

2. 首创方舱医院集中收治与隔离，有效缓解医院救治压力

2020 年 1 月下旬以来，武汉与周边地区新冠肺炎确诊人数直线式上升，还有待确诊的疑似病例也是大幅度上升，武汉虽然是医疗资源较为丰富的大城市，但面对数以万计的确诊患者与疑似患者，病床与医疗资源仍显匮乏，要想实现“应收尽收”、“早诊早治”与“集中收治”的目标是难上加难，针对这一现状，武汉依托会展中心、体育馆等设施改建形成的“方舱医院”收治轻症患者，实现大规模隔离救治，由 15 座“方舱医院”收治的这类患者占当地新冠肺炎患者的 1/4 以上，计 1.2 万余名。这一新举措，是取得疫情胜利的关键。

3. 区分轻重症患者，构建分级分类分流救治体系

针对前期轻重症混治的问题，实行关口前移、分类救治。首先，指定定点医院集中救治重症危重症患者。武汉市共指定 46 家定点收治医院，增配人工膜肺、呼吸机等设备，改造供氧管道，提升救治能力，降低病亡率。其次，“方舱医院”作为应对重大传染病的重要创新模式，将早期居家隔离的轻症患者进行统一集中收治隔离，为分级设置医院和按病情分级分类分流救治轻、中、重症患者提供了有利条件。

4. 坚持临床与科研相结合，不断优化诊疗方案

坚持临床和科研相结合，加强药物筛选和疫苗研发。积极推动科技攻关，筛选有效药方。以救治需求为导向，筛选出中药“三药三方”（金花清感颗粒、连花清瘟胶囊和颗粒、血必净注射液、清肺排毒汤、化湿败毒方、宣肺败毒方）等临床有效药物，推动重组新冠疫苗和新冠灭活疫苗启动临床试验，血浆治疗、干细胞治疗等技术实现突破进展，不断完善诊疗方案，显著减小了由轻症转为重症的比例，患者治愈率从初期的 14% 提升到 93%。此外，还积极发挥中医药“治未病”优势，中医药早期介入、全程参与，开展分类救治。

（五）排查检测，消除潜在传染源风险

1. 前期全面排查“四类”人员

长江中游城市群普遍实行“群防群控”，各省区市以社区网格为基础单元，采取上门排查与自查自报相结合的方式展开地毯式排查。对四类人员以及从重点疫情地区返回人员进行登记汇总，除对患者及时送医救治外，将发热人员和与患者密切接触人员分别安排在定点医院和经征用作为定点隔离点的酒店、旅馆等处隔离，后期对入境人员全部实行集中隔离观察。2020 年 2 月 6 日上午，武汉市召开新冠肺炎疫情全面排查动员会，举全市之力入户上门排查“四类”人员，第一时间将“四类”人员送往隔离点和定点医疗机构救治（见表 3），实行首诊负责制、首访负责制。武汉展开两轮集中拉网式排查，出动 8 万余名干群，通过入户、电话、网络等手段，对全市超 400 万户居民，进行“清底大排查”。

表 3　“四类”人员分类处理一览

四类人员	收治隔离方式
确诊患者	分级早收治：对于确诊的患者、重症患者送定点医院入院治疗，轻症患者无法全部进入定点医院治疗的，安排到指定区域（包括“方舱医院”）进行隔离治疗
疑似患者	分类治疗和集中隔离观察：对于疑似的患者，重症患者入院治疗，轻症患者无法入院隔离的到指定地点进行隔离。检测结果为“双阴”，但临床症状符合新型冠状病毒感染肺炎的患者，仍按照疑似患者进行管理
无法排除感染可能的发热患者	参照疑似患者集中隔离观察
对确诊患者的密切接触者	实行集中隔离观察

2. 中期全面排查发热病人

截至 2020 年 2 月 18 日零点，全国疫情逐渐得到控制，湖北省外单日新增确诊病例首次降至 100 例以内。长江中游城市群疫情也出现向好变化，单日新增确诊病例 1695 例，其中湖北 1693 例，湖南、江西各 1 例。可以看

出：湖南、江西疫情已得到较好控制，趋于收尾阶段；疫情集中在湖北，虽然还处于高位运行的持续增长期，但已实现了“四类”人员的应收尽收。此时，疫情防控的重点由集中收治“四类”人员转向进一步扩大范围排查隐藏病毒风险。2020 年 2 月 18 日，湖北省新冠肺炎防控指挥部发布通告：全面排查核查发热病人：全面排查 2020 年 1 月 20 日以来各医疗机构就诊的发热病人以及通过实体药店购买或网上订购降热退烧止咳类药品的人员。

3. 后期全面排查无症状感染者

复工复产后，武汉持续开展无症状感染者摸底调查和严密防控，做到所有病例有迹可循，努力确保武汉人民、湖北人民健康安全外出。首先，增强试剂盒供应能力，确保“应检尽检”“即收即检”。湖北武汉日检测量由最初的 300 人份提升到 2 万人份以上，提供 7×24 小时不间断检测服务。2020 年 4 月 8 日至 15 日，武汉市共完成 27.54 万次核酸检测，检出无症状感染者 182 人，占比约为 0.066%。其次，组建流行病学调查团队，精准追踪和切断病毒传播途径。2020 年 4 月 14 日，武汉率先启动血清流行病学抽样调查。把对密切接触者的追踪作为一个重要环节，实现病例发现早、快、全，对无症状感染者和密切接触者进行医学观察，降低感染风险。最后，为将安全隐患降至最低，武汉实现全民检测。从 2020 年 5 月 14 日 0 时至 6 月 1 日 24 时，武汉近 990 万人已接受集中核酸检测，发现确诊患者为零，5 月 31 日起，新增无症状感染者为零。除 6 岁以下儿童，武汉核酸检测已实现全覆盖，无症状感染者检出率仅为 0.00303%。

（六）国家统筹，奠定医疗资源与物资保障基础

1. 全国各地第一时间支援武汉救治工作

在全国各地严防死守、打响新冠肺炎疫情阻击战和总体战的同时，全国各地和军队系统向武汉市和湖北省派出了最精干的医护人员，支援武汉及湖北阻击新冠肺炎疫情的大决战。从 2020 年 1 月 24 日 除夕夜海陆空三所军医大学的 450 名医疗队员星夜驰援武汉开始，除军队派出的 4000 多名医护人员以外，全国各省份共派出 340 多支医疗队共计 4.2 万名医护人员支援武

汉和湖北的抗疫工作，全力救治新冠肺炎患者。各个省区市在自己范围内也组成精兵强将加强对新冠患者的救治工作。全国各地以社区为单位，构建起14亿国人全员参与的网格化立体防控体系。正是在这个大背景下，新冠肺炎疫情在湖北的扩张型态势被有效阻挡，并开始了逐渐收敛至消退的演化过程。

2. 升级对口支援湖北除武汉市外的16个市州及县级市

湖北是整个新冠肺炎疫情的主战区，疫情在武汉集中暴发后也迅速扩散到了周边县市，而周边县市医疗水平、物资装备都较为落后，面对疫情的攻击，其防御力量十分有限，面对这一窘迫局面，国家卫生健康委员会集合优质资源，建立省际对口支援湖北省除武汉以外地市新冠肺炎医疗救治工作机制，统筹安排19个省份对口支援湖北省除武汉市外的16个市州及县级市（见专栏1）。19个省份陆续组建医疗队奔赴湖北参与抗疫工作，为湖北疫情的有效控制奠定了重要基础。

专栏1　19个省份对口支援湖北16个市州及县级市①

重庆市、黑龙江省支援孝感市，山东省、湖南省支援黄冈市，江西省支援随州市，广东省、海南省支援荆州市，辽宁省、宁夏回族自治区支援襄阳市，江苏省支援黄石市，福建省支援宜昌市，内蒙古自治区、浙江省支援荆门市，山西省支援仙桃、天门、潜江3个县级市，贵州省支援鄂州市，云南省支援咸宁市，广西壮族自治区支援十堰市，天津市支援恩施土家族苗族自治州，河北省支援神农架林区。

3. 长江中游三省守望相助

在湖北抗疫形势最严峻的关头，湖南、江西两个兄弟省份助力湖北，团结抗疫。在国家下达部署任务之前，湖南已派出两批医疗队，分别于2020年1月27日、28日抵达黄冈实施医疗救援工作，迅速进驻3个临时救治点，为大别山区域医疗中心改建赢得了时间。2020年2月11日，江西省第

① 资料来源：《19省份对口支援湖北16市州及县级市》，人民网，2020年2月11日。

五批援鄂医疗队 128 名队员和 15 名前方指挥部成员抵达随州。2020 年 2 月 14 日、19 日、22 日，4 辆负压救护车以及各类医疗物资分批由江西抵达随州，有效缓解了当地患者救治转运压力。

发挥中医优势进行预防治疗与干预治疗。湖南医疗队中医疗法突出，充分将其运用于早期医学观察期的预防治疗中，起到了很好的疗效。同时，湖南、江西医疗队还对当地医务人员展开了专业培训，大大提高了救治水平。

将数字化手段快速运用到医疗救治中，提高了救治率与治愈率。2020 年 2 月 15 日，湖南医疗队重症医学科正式成立，同时开通远程会诊直通湖南。2020 年 2 月 25 日，江西援助随州的 5G 远程医疗系统正式启用。截至 3 月 2 日，江西援随医疗队累计接管病区 12 个，管理住院患者 544 例，治愈出院 378 例。

（七）国际合作，构建人类命运共同体

疫情中，外国政府及友人积极援助武汉抗击疫情。同时，长江中游城市群也积极向外提供各种抗疫支持，并分享抗疫经验。全球范围内上演了一幕国际合作、共同抗疫的生动篇章。

1. 武汉疫情暴发：八方驰援

武汉新冠肺炎疫情暴发后，各国政府、友人和海外华侨华人纷纷捐献资金或医疗物资，支援武汉疫情防控工作（见表 4）。日本是支援武汉的最早国家，在其带动下，巴基斯坦、柬埔寨、俄罗斯、韩国、土耳其也纷纷伸出了援助之手。海外华侨华人也牵挂着祖（籍）国防控疫情的形势。2020 年 2 月 4 日凌晨 2 时 40 分，武汉大学校友会在海外采购了重约 85 吨、价值 1278.68 万元的物资定向捐赠给武汉医疗机构。抗疫物资的支援为长江中游城市群抗疫胜利打下了坚实基础。

2. 海外疫情暴发：驰援八方

2020 年 4 月 8 日国际商业货运航班的恢复，打通了湖北和长江中游国际航空物流通道，助力长江中游城市群进出口企业复工复产，也将为全球抗

表4　国外援助中国（武汉）抗疫一览

援助国家	捐赠内容
日本	1月23日,日本首相公开表示,要全力支持中国抗击疫情。 1月25日,日本民间向中国武汉捐赠的100万只口罩,是第一批来自国外的支援物资。 1月29日,日本政府向中方运来了15000只口罩、5万副手套、8000副防护眼镜、2000只医用外科口罩、50套防护服套装
巴基斯坦	以最快速度调集全国公立医院所有库存:30万只口罩、800套防护服、6800副手套援助中国
白俄罗斯	早在1月30日下午,白俄罗斯政府就动用军用专机将第一批20吨援助物资直发中国,31日抵达武汉;2月6日,援助中国的第二批物资顺利抵京
柬埔寨	2月3日,柬埔寨暹粒省捐赠59500只口罩;2月6日,柬埔寨总理洪森亲自访问北京
伊朗	伊朗国内医疗条件相对落后,还坚持提供给中国300万只医用口罩,而伊朗外长扎里夫,是全球第一个公开声援中国的外长
韩国	1月30日,韩国政府宣布,向中国提供价值约500万美元的紧急援助。韩国发出撤侨包机的同时,也向中国提供包括200万只口罩,以及10万套防护服和10万副护目镜
俄罗斯	1月31日,俄罗斯空运了中俄企业家捐赠的150万只口罩等医疗物资到中国;2月5日,救援物资和5名俄罗斯医疗防疫专家来到中国;2月9日,俄罗斯飞机抵达武汉,机上满载约23吨医疗救援物资
哈萨克斯坦	哈萨克斯坦向中国提供了包括100万副医用手套和50万多只口罩
泰国	2月1日,泰国向中国捐献:口罩121000只,N95口罩650只,防护服2000件,防护眼镜600副,一次性手套111000副
英国	英国援助武汉5万副医用手套,3.5万套医用防护服及护目镜若干(首批物资)
蒙古国	捐20万美元,还号召民众每人为中国捐1000蒙图
德国	撤侨的飞机抵达武汉时,带来了10000套防护服
杜伊斯堡	向武汉捐赠16万只医用手套和5.18万只医用口罩
欧盟	协调协助成员国向中国运送12吨疫情防控急需物资
其他国家	法国、意大利、匈牙利、马来西亚、印尼、埃及、阿尔及利亚、澳大利亚、新西兰……以不同形式支援中国、援助武汉

击疫情贡献“湖北力量”和长江中游力量。天河机场有数据表明，截至5月8日，武汉天河机场共完成了飞往纽约、伦敦、巴黎等全球12个城市59个班次货运航班的保障任务，总货量约达1684吨。从这个机场输出的货物，

绝大多数是防疫物资。

湖南、江西两地也积极为全球抗疫贡献力量。当获悉湘籍海外侨胞面临防疫物资紧缺的困难时，湖南省委、省政府援助防疫物资正陆续抵达全球多个国家和地区：英国、荷兰、日本、加拿大、美国、德国、中国香港……组织所在国和地区的华人华侨等共同抗疫。2020 年 4 月 17 日，由卫生管理、疾控、重症医学、呼吸、院感、护理等方面的 15 名专家组成的中国江西代表队从南昌启程，赴乌兹别克斯坦协助开展疫情防控工作，分享中国抗击新冠肺炎疫情防控经验，和乌方有关医学、传染病学、公共卫生管理专家交流疫情防控经验。

3. 团结合作：全球抗疫的制胜法宝

新冠肺炎疫情暴发后，国家主席习近平多次强调："病毒没有国界，疫情不分种族"，① "人类是休戚与共的命运共同体"，② "唯有团结协作、携手应对，国际社会才能战胜疫情"。③ 自疫情暴发以来，世界卫生组织积极与中国和国际学者、临床医生、疫情追踪者、各国政府以及公私营部门合作伙伴等进行全方面合作，针对新型冠状病毒进行技术等领域的协调工作。同时世界卫生组织还组建了一个由流行病学、实验室、研发等多个专业领域专家组成的国际专家访华团抵达中国，与中国同行紧密合作，加深对疫情的了解，这为指导全球疫情应对工作奠定了良好基础。

三　长江中游城市群推动经济复苏复产的实施路径

2020 年 2 月 7 日，湖南发布《关于做好节后复工复产安全生产工作的通知》；2 月 10 日，江西发布《关于加强疫情科学防控推进全省企业复工复

① 2020 年 3 月 24 日同哈萨克斯坦总统托卡耶夫通电话中原话。来源：新华社北京 3 月 24 日电。

② 2020 年 3 月 23 日同埃及总统塞西通电话中原话。来源：新华社北京 3 月 23 日电。

③ 2020 年 3 月 24 日同哈萨克斯坦总统托卡耶夫通电话中原话。来源：新华社北京 3 月 24 日电。

产的通知》；3 月 11 日，湖北省疫情防控指挥部发出通告，实施分区分级差异化防控，有序推进企业复工复产和人员省内安全流动，长江中游城市群进入了经济复苏的新阶段。

（一）出台“硬核”政策，助力经济快速复苏

1. 一系列促进经济复苏的扶持政策快速出台

为促进经济快速复苏，长江中游城市群各级地方政府加大力度，以“六稳”“六保”为准则出台了一系列政策措施（见表5），为推动各行各业企业快速复工复产、经济持续稳定恢复发挥了重要的刺激作用。江西最早出台了《关于有效应对疫情稳定经济增长 20 条政策措施》（2 月 4 日），湖南紧随其后出台了《应对新冠肺炎疫情影响促进企业健康发展的若干政策措施》（2 月 18 日），湖北出台了《湖北省促进经济社会加快发展若干政策措施》，阶段性免征企业职工基本养老保险、失业保险、工伤保险等三项社会保险保险费（2 月至 6 月）。

表 5　长江中游城市群地方政府出台的相关支持政策一览

时间	相关政策	相关内容
2 月 4 日	《关于有效应对疫情稳定经济增长 20 条政策措施》（江西省人民政府发布）	加强对疫情防控物资和生活必需品生产企业的扶持、扶持实体企业渡难关、以扩投资为重点稳需求、鼓励企业稳定就业岗位等四大方面
2 月 4 日	《关于全力支持和组织推动中小企业复工复产的措施》（湖南省工业和信息化厅）	在做好防控工作的前提下，组织全省广大中小企业继续为实现 2020 年目标任务而努力，提出了 9 条具体措施
2 月 8 日	《湖南省金融支持疫情防控和企业复工复产的若干措施》	提出加大信贷投放、降低融资成本、优化金融服务等八项政策措施，进一步推动金融支持疫情防控和企业复工复产
2 月 18 日	《应对新冠肺炎疫情影响促进企业健康发展的若干政策措施》（湘政发〔2020〕3 号，湖南省人民政府印发）	为支持企业渡过难关，从税费减免、金融支持、贷款贴息、用工补贴等环节，提出了 10 方面共 30 项政策措施

续表

时间	相关政策	相关内容
2月27日	《人力资源社会保障部 财政部 税务总局关于阶段性减免企业社会保险费的通知》(人社部发〔2020〕11号)	为疏解企业困难,减轻企业负担,助力复工复产,提振市场活力,稳定和扩大就业,对湖北省阶段性免征企业职工基本养老保险、失业保险、工伤保险单位缴费有关问题提出了具体实施意见
3月12日	《湖北省促进经济社会加快发展若干政策措施》	包括加大财政金融支持力度、切实为市场主体降本减负、千方百计促进稳岗就业、加快畅通经济循环、精准扩大有效投资、抓好春耕和农业生产、保障和改善民生、优化营商环境等八个方面30条
4月12日	《关于促进建筑业和房地产市场平稳健康发展措施的通知》(鄂政办发〔2020〕13号,湖北省人民政府办公厅印发)	针对堵点、难点、断点问题,提出了促进建筑业平稳健康发展的11条措施和促进房地产市场平稳健康发展的17条措施,为企业复工复产及时提供政策支持
5月14日	《关于更大力度优化营商环境激发市场活力的若干措施》	推进全省营商环境建设
6月19日	《应对疫情影响进一步促进商业消费若干措施》(湖北省人民政府网发布)	一共25条措施,统筹推进新冠肺炎疫情防控和经济社会发展,积极应对疫情对商贸流通行业的不利影响,推动商业消费提质扩容

2. 疫后长江中游城市群经济复苏已经显现

工业经济逐步回暖。随着疫情的控制以及复工复产的推进,2020年3月以来长江中游城市群部分重点行业实现了平稳增长。尤其是受疫情影响最为严重的湖北,其规上工业增加值3月当月降幅比2月收窄32.9个百分点。湖南烟草制品业、通用设备制造业、专用设备制造业等部分重点行业平稳增长,高技术制造业增加值增长4%,比1~2月回升7.9个百分点,占规模工业的比重为10.3%,同比提高1.3个百分点。

消费需求加速释放。2020年3月以来,长江中游城市群所在的三个省份消费需求大幅提升,经济指标较之前的1~2月有了较大幅度提高。其中江西全省社会消费品零售总额 1806.1 亿元，同比下降 11.9%，降幅比1～2月收窄 5.3 个百分点，高于全国平均水平 7.1 个百分点。

投资市场缓慢回升。较前两个月，长江中游城市群第一季度投资降幅趋于收窄，重大项目投资较快增长。2020 年第一季度，江西全省固定资产投资同比下降 4.3%，降幅比 1～2 月收窄 13.2 个百分点，高于全国平均水平 11.8 个百分点；在央企的战略助力下，湖北投资市场也逐步恢复，目前 34 家中央企业与湖北签约 72 个项目，投资总额 3277.25 亿元。湖北还从存量中找增量，从现有项目上开发"二期"，追加投资。5 月 19 日，专注智能电气制造的湖北长江电气有限公司追加投资 1.2 亿元，建设智能电网产业园二期项目。6 月 20 日，国家存储器基地项目二期在武汉市东湖高新区开工，一期二期总投资高达 240 亿美元。

外向经济逆势上扬。长江中游城市群属内陆地区，外向经济受疫情影响较沿海地区相对较弱，2020 年第一季度，除湖北进出口贸易额呈下降趋势外，湖南、江西两省进出口总额均实现了正增长，尤其是江西全省外贸进出口总值 861.8 亿元，同比增长 15.7%，高于全国平均水平 22.1 个百分点。而湖北在复工之后，外向经济发展步伐也一路攀升，4 月、5 月连续两个月外贸进出口增速都达到两位数，5 月湖北省进出口总值 359.7 亿元人民币，同比增长 19.3%，增速居全国第 4 位。5 月武汉外贸进出口总值同比增长 21.4%，高于全省增速。

（二）加大财政金融支持力度，重现企业发展生机

1. 财政补助，保障重点物资生产企业扩产

江西省将疫情防控重点物资生产企业扩大产能、改造生产线发生的实际投入，纳入省级企业技术改造项目支持。目前，已拨付第一批技改补助资金 322.4 万元。为了帮助企业减轻疫情影响、共度时艰，江西省工信厅与工行江西省分行联合推出并实施"春润行动"计划，全力支持企业复工复产，推进新兴产业、传统产业优化升级、新经济新动能等三大领域重大项目建设，促进社会经济发展。

疫情防控期间，湖南省对防疫重点物资企业实施了许多财政优惠政策：证券机构对防疫物资重点生产企业上市、发债降低中介服务费的，省财政优先纳入融资创新奖励范围。湖北金融机构也不例外，截至 2020 年 3 月 20 日，12 家银行机构共向湖北省重点名单企业发放贷款 261.3 亿元，贷款加权平均利率 2.71%，由财政贴息后企业实际负担利率低于 1.6%；贷款主要用于医用物品生产、民生物资生产、仓储物流企业及重点医院建设等，有力支持了疫情防控工作。

2. 金融支持，助力中小微企业焕发活力

在本次疫情冲击下，中小微企业抗风险能力较弱，许多企业濒临倒闭，而中小微企业健康发展是经济社会活力显现的重要内容。因此，加大对中小微企业的金融支持是疫后经济重振的重点任务，其相关举措主要围绕畅资金与降成本两个方面。

畅资金主要体现在加大信贷投放。长江中游三省纷纷提出，2020 年要加大对中小微企业的信贷支持力度，确保贷款规模与贷款增速不低于上年同期。其中湖北提出，2020 年全省普惠型小微企业贷款增速要高于各项贷款平均增速。

降成本即企业融资成本与税收负担的降低。湖北、湖南、江西三省分别从利率优惠、低息贷款、减免费用等方面的政策倾斜来为企业降本减负。湖南提出：普惠型小微企业贷款综合融资成本要较上年降低 0.5 个百分点。《湖北省促进经济社会加快发展若干政策措施》中有 11 条涉及中小微企业。江西加大财园信贷通支持力度，此项政策将帮助全省中小微企业减少融资成本 8400 万元。此外，在提升中小微企业市场竞争力方面，江西积极落实对小微企业参与政府采购活动给予价格扣除的优惠政策，提高其中标竞争力。

3. 产品创新，提升服务能力与保障能力

创新金融产品。长江中游城市群各金融机构在政府引导下，创新金融产品，助力复工复产。湖北积极为中小微外贸企业提供针对性的出口信用保险服务，推广“楚贸贷”业务，发挥财政资金引导作用，充分调动社会资源，扩大保单融资规模，帮助湖北省中小微外贸企业进一步拓宽融资渠道。江西辖内银行业机构创新推出“百福疫能贷”“云义贷”“抗疫农担贷”等。

强化保险保障。江西全省保险机构通过加快赔付、减免保费、延缴保费、扩大责任范围等措施给予帮扶支持，已完成疫情相关赔付支出2866万元，减免保费163万元，延缴保费2.45亿元，捐赠保险保额4003亿元，将新冠肺炎纳入保险责任的险种达486种。

（三）推进“互联网+”，助力经济发展新动能

1. 各大互联网平台助力湖北农产品销售与门店复苏

为助力湖北农产品销售与中小企业复工复产，各大互联网平台举行了各类线上促销活动，并提供诸多网络技术支持及相关政策优惠，线上促销让“湖北货”走进千家万户。2020年4月以来，购买湖北美食、湖北特产的消费旋风席卷各大电商平台。截至2020年4月17日，各大电商平台累计销售湖北农产品79.6万吨，撮合线上交易达1280万次。各大互联网企业为众多湖北中小企业商家提供技术支持、政策帮扶，帮助其顺利复工。

2. “数智化”新优势推动长江中游城市群高质量发展

疫情期间，数字经济等新兴产业发展势头良好，实现了逆势增长，并有效带动了传统产业的发展，催生了网络购物、视频会议、远程医疗、云课堂、网上展会、“宅经济”等新业态新模式，在支撑长江中游城市群复工复产、保障就业、提振经济等方面发挥了独特作用。第一季度，长江中游城市群数字经济相关产业与服务、网上零售业等均实现了大幅增长。2020年1~2月，湖南互联网及相关服务、软件和信息技术服务营业收入分别增长51.9%、4.5%。

2020年4月上旬，国家发改委、中央网信办印发《关于推进“上云用数赋智”行动培育新经济发展实施方案》（发改高技〔2020〕552号）。在国家大力推动数字经济战略背景下，长江中游城市群数字经济建设也迈入了新阶段，湖北、湖南、江西三省分别出台了促进数字经济发展的专项政策措施（见表6）。

表 6　长江中游城市群数字经济政策措施

地区	相关政策	政策内容
湖北	《加快发展数字经济培育新的经济增长点的若干措施》(湖北省人民政府办公厅印发)	提出实施数字经济五项工程。5G 万站工程,省新建 5G 基站 5 万个以上,实现 5G 网络武汉市城区室外全覆盖;大数据开发应用工程,加快武钢大数据 IDC、腾龙数据中心、中金数谷武汉大数据中心等大数据项目建设,力争 3 年内人工智能和大数据产业规模超过 1000 亿元;万企上云工程,打造"云行荆楚"企业上云品牌;产业数字化改造工程,全面实施以数字化、网络化、智能化、绿色化和安全化为特征的新一轮高水平技术改造;线上新经济培育工程,持续推动互联网新业态新模式发展
湖南	《湖南省数字经济发展规划(2020 ~ 2025 年)》	积极贯彻落实规划内容,加快新业态的信息基础设施建设,促进新业态的快速发展,并对大力发展"丝路电商"、跨境电商,对"买全球、卖全球"的电商企业和供应链平台、示范平台和典型应用予以优先扶持,加快 5G 商用建设步伐,着力构建高速率、广普及、全覆盖、智能化的新型信息高速公路
江西	《数字经济发展三年行动计划(2020 ~ 2022 年)》	未来 3 年,江西省将把数字经济发展作为加快新动能培育的"一号工程",加快构建全省数字经济生态体系,促进经济、政府、社会各领域数字化转型。预计到 2022 年,全省数字经济增加值年均增速 26% 以上,在 1.5 万亿元以上。力争成为全国移动物联网示范应用的标杆区、全国产业数字化转型的先行区、全国数字终端制造的集聚区、全国数字化治理应用的示范区、世界级虚拟现实(VR)中心

3. 数字化经济引领长江中游城市群协同发展

2019 年 12 月 4 日，武汉、长沙、南昌等市签署了《长江中游城市群建设 2020 年合作重点事项》等系列文件，长江中游城市群数字经济产业平台是首个合作重点事项。数字经济在新冠肺炎疫情中所表现出来的后发优势，进一步印证了长江中游城市群开展数字经济产业合作的重要性与必要性。2020 年 2 月 21 日召开的中央政治局会议提出要求，推动 5G 网络、工业互联网等加快发展。紧接着 2 月 23 日中央召开的统筹推进新冠肺炎疫情防控和经济社会发展工作部署会议再次指出：要以此为契机，改造提升传统产业，培育壮大新兴产业。

在长江中游城市群数字经济产业合作平台的引领带动下，三省将在网络安全合作、国产化应用推广、数字交通一体化等方面开展广泛实践，不仅有助于长江中游城市群数字经济水平的提升，也将进一步促进关联产业的快速发展，为当前长江中游城市群经济社会的复苏注入新的活力。

（四）利用好国家支持政策，推动制造业复苏发展

疫情对第二产业尤其是制造业的影响是深层次的，它受到产业链上下游的制约以及国际国内外部环境的影响，因而影响周期较长。当前如何实现制造业的复苏发展是长江中游城市群健康发展的重要内容。

1. 制造业缓慢复苏

疫情期间的2020年1~2月，长江中游城市群制造业发展受冲击较大，各细分行业经济指标均处于下行状态，其中湖北最为严重。1~2月，湖北汽车制造业，铁路、船舶、航空航天和其他运输设备制造业，农副食品加工业与纺织业均受损严重，增速同比下降超过50%，分别57.5%、65.8%、57.6%和57.8%，计算机、通信和其他电子设备制造业下降43.3%。

2020年2月底3月初以来，随着工业企业的陆续复工，长江中游城市群制造业企稳回升，根据第一季度经济指标统计，大部分制造业细分行业经济降幅较1~2月收窄，有不少行业经济增速实现正增长。其中，湖南经济指标最好，第一季度部分重点行业实现了平稳增长：医疗仪器设备及器械制造业增长57.4%，计算机、通信和其他电子设备制造业增长7.1%，高技术制造业增加值增长4%，比1~2月回升7.9个百分点，占规模工业的比重为10.3%，同比提高1.3个百分点。

2. 多措并举推动制造业稳步发展

推动一批优势产业链实现复工复产。制造业的发展涉及产业链上中下游分工协作与配套，若有其中一个环节产业的复工受阻，就会影响整个产业链的循环，从而影响该制造业的发展。因此，以产业链为纽带提高重点企业复工复产率是一项重要举措。湖南加强政策协调保障力度，对全省疫情防控物资实施“日调度”，对全省重大产业项目实施“周调度”，梳理了产业链领军企业337家，逐个协调解决企业困难问题，推动了一批优势产业链基本实

现复工复产，产业链企业复工率在90%以上：长沙200多家工程机械链规模工业企业在2月下旬全面复工；先进轨道交通装备产业链全面复产，整机企业中车株机复产率在93%以上。与此同时，湖北上汽通用武汉基地生产也开启“武汉速度”，启动全员防疫管控，冲刺全业务链，复苏高质量。武汉基地共有200多家供应商，牵一发而动全身。上汽通用以1带200，全业务链推进复工，保障供应商高质量生产。

创建全国医用防护物资生产示范区。疫情暴发以来，湖北医用防护物资在产业链方面暴露一些短板，在中央援鄂政策的支持下，全省医用防护物资产业得到长足发展。在此基础上，湖北继续支持企业实施技术改造，对纳入国家支持的企业给予设备购置中央补贴后的剩余配套补贴，对纳入省级支持的企业全额补贴设备费用，推动医用防护物资产业转型升级。同时，深化实施“三品”战略，通过引导企业增品种、提品质、创品牌等方式，支持医用防护物资企业提档升级。着力补齐熔喷布、口罩机、贴条机、护目镜等产业配套和产品结构性短板，创建全国医用防护物资生产示范区和应急储备基地，提升医用防护物资产业链现代化水平。

（五）促进消费扩容提质，激发经济发展新活力

2020年3月13日，国家发改委、中央宣传部、教育部等23个部门联合印发了《关于促进消费扩容提质加快形成强大国内市场的实施意见》，释放出鼓励和促进消费的积极信号。以此为指导，长江中游城市群积极实施相关举措，释放消费潜力，培育壮大新型消费业态，改善消费环境，有效带动了经济复苏与平稳增长。

1. 大力发展小店经济、地摊经济，释放消费潜力

后疫情时代，如何稳就业保民生、促进经济复苏是当前的首要任务。放开搞活小店经济、地摊经济是长江中游城市群当前保就业、保民生、提振消费的重要抓手。在新的时代条件下，人们对城市服务品质有更高要求，疫情之后的地摊经济开放并不是传统意义上的随意开放，长江中游城市群各地针对地摊免费经营纷纷出台了相关柔性管理措施，本着便民利民不扰民、不影

响居民基本生活品质为原则，政府提供专项资金鼓励社区小店前坪作为地摊免费经营场所，并在交通、城管、公安、消防等方面提供指导和保障。

2020 年 6 月 19 日，湖北省人民政府网发布《应对疫情影响进一步促进商业消费若干措施》，一共 25 条措施，其中明确指出：在指定时间段和特定区域，允许餐饮企业室外开设桌餐及“外摆位”，允许临街店铺出店占道经营，允许大型商超临时占道促销。当前武汉、宜昌、大冶等多地的夜市和地摊经济正在恢复，许多地方的夜市市场管理也较以前有了升级，夜市招牌、卫生状况和人员服装相校于早年的散乱情况有了明显改善。

2. 关注重点消费领域，增强经济发展活力

随着疫后经济的缓慢复苏，各项建设和工作也都陆续步入正轨，长江中游城市群消费领域的重点也由当前的生活必需品，转向餐饮、旅游、家电、汽车、房地产等消费弹性较大的领域。

重启文旅消费。疫情期间，整个旅游业发展基本处于停顿状态，疫情恢复后，许多居民的出游需求也处于观望状态，大部分的出游消费仅限于省内，长江中游城市群所属三省纷纷加大举措促进旅游业经济快速复苏，省内周边游市场恢复较为迅速。2020 年 4 月 27 日，湖北出台《支持文化旅游产业恢复振兴若干措施》，投入 1 亿元对受损严重的文旅企业提供专项基金扶持。湖南强化“云服务”理念，打造云游潇湘虚拟展厅，实现不出户网游潇湘，全面提升消费者体验感。江西也积极提振旅游消费：全省 2020 年第二季度试行周末 2.5 天弹性作息，引导广大居民采取自助游、自驾游、家庭游、微团游等方式健康安全出游；全省 5A 级、4A 级旅游景区和 5A 级乡村旅游点对周五下午进入景区游览的游客给予门票半价优惠；江西省文化和旅游厅组织开展2020 年“爱江西 · 健康游”主题推广活动，全省投放1000 万元电子消费券。由于长江中游城市群是中部地区，受到当前外部主流疫情影响的可能性较低，未来三省之间的跨省旅游市场将释放更多活力。

关注三线及以下城市和农村地区的电商消费。鼓励家电生产、销售企业及电商平台开展覆盖城乡的智能、节能家电和通信产品以旧换新促消费活动。积极推进 5G 消费，鼓励通信运营商建设 5G 消费体验中心，支持有条

件的市州对建设费用给予一定比例补助。积极发展以“线上消费”为主的新业态。对农村地区达标的通信运营商给予适当奖励。督促通信运营商落实国家各项提速降费措施。

3. 提倡健康绿色消费，培育新的产业增长点

本次疫情后，健康绿色消费将是大势所趋，民众对多层次、多样化的大健康服务消费的需求将日益高涨，与之相关的长江中游城市群健康养生、健康养老、健康管理等产业将会异军突起，提速发展。党的十九大报告明确提出了“健康中国”战略，湖北省也先后出台《关于促进健康服务业发展的实施意见》《“健康湖北2030”行动纲要》等文件，推动健康产业发展。湖南积极推进“健康消费行动”，推进特色森林康养基地建设，会同有关部门对创新产品给予专项资金奖励支持。

（六）建设城市群综合科技服务平台，助力抗疫复工复产

长江中游城市群科技资源丰富，各省之间、各城市间经常开展科技交流与合作。2017年12月，在长江中游城市群第五届科技合作联席会议上，武汉、长沙、合肥、南昌、黄石、岳阳、九江、安庆等8个城市成立了科技成果转化联盟，城市间建立创新平台共享机制，为促进科技成果转化取得实效，也为长江中游城市群综合科技服务平台的建立奠定了坚实基础。

为打好疫情防控阻击战，助力科技型中小企业复工复产、振兴经济，长江中游城市群三省整合科技资源，协同建立了城市群综合科技服务平台。这一平台以国家重点研发计划现代服务业专项“长江中游城市群综合科技服务平台研发与应用示范”项目为主体，湖北技术交易所为牵头单位，携手湖南省科学技术信息研究所、江西省科学技术信息研究所等项目参与单位开展专业和综合科技服务，推动长江中游城市群区域科技服务资源互联互通，提升区域科技服务能力。

创新科技服务产品助力解决中小企业融资难题。该平台联合科技金融服务机构迅速推出“科技战疫贷”等服务产品，为科技人才和企业提供专属融资服务，目前有39家企业提交贷款申请并进入审核程序，贷款申请资金

达3.39亿元，已成功对接3家企业，资金累计6650万元，为协助企业复工复产提供了便捷援助。平台积极组织开展科技成果对接会等多种形式的网上技术转移对接活动，征集并发布医药产业、公共卫生等防疫科技成果，促进项目对接，助力“零壹社区疫情防控系统在疫情中的溯源和监测”“新型污染物零排放医疗垃圾焚烧技术”等成果应用到防疫最前线。

实施精准科技服务助力企业复工复产。平台联合区域多家科技服务机构，通过“一对一”和“一对多”的形式，先后开展科技情报、科技金融、政策咨询、技术信息、培训服务等助企活动近300次，服务企业近千家，累计参加活动人数超过2万人，加速技术、资金、人才与产业的深度融合，全力助推企业精准复工复产，为打赢新冠肺炎疫情阻击战提供有效的科技服务支撑。

四　加快长江中游城市群经济社会发展的对策建议

2015年3月26日，国务院正式批复《长江中游城市群发展规划》至今已过去5年多，长江中游城市群在基础设施、两型社会、一体化建设等方面取得了一些实效和进展，但总体来说，三省之间协同发展的力度还不够，以联动促协同发展仍然是当前及未来一段时间长江中游城市群经济社会各领域的发展重点。

（一）积极推动将长江中游城市群联动发展上升为国家战略

当前，长江经济带成为继沿海经济带之后的经济发展先行区，将是支撑21世纪中国经济成长的轴线和经济增长潜力最大的区域。2019年，长江经济带11个省份的地区生产总值已经进一步上升至45.78万亿元左右，占同期全国经济总量的46.2%，较上年上升了2个百分点。

长江中游承上启下，地位突出，对于整个长江经济带的融合发展至关重要。习近平总书记强调：“建设长江经济带要坚持一盘棋思想，理顺体制机制，加强统筹协调，更好发挥长江黄金水道作用。”长江经济带内部区域发展不平衡，上中下游经济差异较大，下游面积虽只占整个长江经济带区域的17.1%，但经济总量占长江经济带的一半，2019年更是达到了57.2%。长江经济带区域协调发展必须加快上中游地区的发展步伐，发挥中游的纽带作用，以中游的畅通促进整个长江经济带的协调融合发展。

长江中游城市群联动发展理应上升为国家战略。2018年11月5日，习近平总书记明确提出："为了更好发挥上海等地区在对外开放中的重要作用，将支持长江三角洲区域一体化发展并上升为国家战略。"2020年1月3日，在中央财经委员会召开的第六次会议上，推动成渝双城经济圈建设正式上升为国家战略。至此，长江经济带已有两项城市群发展举措上升为国家战略，分别位于上游和下游，而位于关键位置的中游地区则出现了断档，长江中游城市群如何发展才能获得国家认可将值得我们思考。我们认为，长江中游三省在经济、文化、社会等方面交流与合作一直在不断加深，但大多是市场自发行为，城市群内部合作机制尚未形成，今后加强三省政府合作，引导城市群提升合作水平与层次应是发展重点，未来城市群在基础设施共建共享、制造业联合做大做强、两型社会建设等方面都有较大发展空间，三省应联合发力助推长江中游城市群联动发展上升为国家战略。

（二）提升城市群发展韧性与协同应急管理能力

将规划预留建设空间改建应急隔离病区，利用大型公共场馆改建方舱医院，提升城市发展韧性，是此次长江中游城市群疫情得到有效控制的最重要经验。武汉充分利用城市规划设计中的预留地建设了火神山医院、雷神山医院，黄冈紧急启用大别山区域医疗中心，将其改造成拥有1000多张床位的疫情隔离点，此外还将会展中心、体育场馆等改造为"方舱医院"，集中收治轻症患者，这些措施都有效缓解了收治隔离病人床位的不足，从而提高了整个长江中游城市群的发展"韧性"。未来可考虑在长江中游城市群内适当布局应急产业园，规划建设应急物资储备仓库、隔离区与引导相关生产企业入驻，以便在疫情发生时能够快速统筹调动资源进而提升抗疫效率。

提升长江中游城市群协同应急管理能力。经此一“疫”，加强城市群应对突发重大公共事件的合作及全面提升跨区域应急处置实战能力，将是未来城市群建设与管理的重要内容。面对疫情，京津冀地区及时出台《关于进一步加强京津冀区域重特大突发事件应急处置协同联动建设的意见》（2020年3月21日），实现了疫情防控与复工复产的双赢。借鉴京津冀地区的成功经验，应尽快出台关于长江中游城市群应对重特大突发事件的指导意见，加强三省政府层面、专业部门间的沟通与协调，逐步拓展建立长江中游城市群突发重大公共事件联防联控联动常态化机制，同时积极推动城市群企业复工复产，引导城市圈务工人员科学防护、健康流动，确保疫情不反弹、经济快复苏，也为今后处理类似公共突发事件提供政策依据。

（三）以制造业为重点构建世界级产业集群

近年来，长江中游城市群制造业发展势头良好，疫情发生以前，以高技术制造业为例，长江中游该主营业务收入年均增速已超过20%，高于下游地区的年均增速，与下游地区间的差距也逐步缩小，可以说，长江中游已具备构建世界级产业集群的基础条件。疫情过后，长江中游城市群应进一步发挥制造业已有的基础优势，加强地区间产业优势互补与融合发展，提升光电子信息、集成电路、汽车零部件、生物医药等重点优势产业集群的产业规模与综合竞争力。

同时，在新兴产业领域力争新突破，增强行业影响力是未来着力点。一是继续夯实长江中游在芯片制造业领域的优势地位，发挥湖北武汉的带动作用，延伸产业链条，积极参与国际竞争，提升芯片和器件的行业供给率，建设世界性光电子信息产业集群。二是抢抓新一代信息技术与制造业融合发展的新机遇，以数字化引领长江中游制造业协同发展。经过此次疫情，制造业数字化发展将成为提升经济发展韧性的重要举措。2020年6月30日，中央深改委第十四次会议审议通过了《关于深化新一代信息技术与制造业融合发展的指导意见》，长江中游城市群可以此为契机，在工业信息化基础上，进一步深化新一代信息技术在制造业各领域的应用与发展。三省应以智能制造为主攻方向，共同培育跨区域的工业互联网平台与智能应用平台，围绕城市公共服务领域率先开展实践应用。三省可积极尝试以5G应用为切入点，共同推进信息产业应用示范区建设。

（四）以绿色协同发展为引领增强城市群可持续发展能力

相较于国内其他城市群，长江中游城市群绿色协同发展优势较为明显：武汉城市圈、长株潭城市群是两个国家级两型社会综合配套改革试验区，环鄱阳湖城市群是国家级的生态经济示范区，可以说，绿色协同发展是长江中游城市群的一张特色名片。国务院批准的《长江中游城市群发展规划》，将“‘两型’社会建设引领区”列为长江中游城市群的定位之一。

近年来，长江中游城市群在加大环境保护力度、提升生态功能、共建“绿心”方面取得一些初步进展，未来应着力于两型发展模式的构建，从生产方式、产业结构与消费模式的转变上开展一系列合作，提升经济发展的绿色效率，从而从本质上提升城市群的可持续发展能力。一是推动武汉城市圈、长株潭城市群两个综合配套改革试验区的绿色联动发展，双方围绕循环经济、低碳产业、静脉产业等绿色发展领域开展广泛合作，并发挥其示范带动作用，促进长江中游城市群整体绿色经济发展水平的提升。二是绿色发展技术协同发展。围绕三省共同关注的生态修复、污染治理等领域，加快推进重金属污染治理技术、雾霾治理技术、节能技术等协同创新，为绿色转型提供技术支撑。三是以鄱阳湖、洞庭湖为重点，联合开展推进重点流域湖泊生态保护补偿工作，积极争取国家市场化、多元化生态保护补偿机制建设试点。四是围绕长江中游城市群“中国绿心”生态屏障，加快发展生态文化旅游，积极发展生态农业，开发绿色产品，建设绿色城镇，倡导绿色消费。

（五）危中寻机构建中部强大市场

近年来，长江中游城市群在区域市场体系建设上深化合作，促进互利共赢，形成了积极态势。《长江中游区域市场发展规划（2017～2020年）》明确指出：要充分发挥市场配置资源的决定性作用，打破地区封锁和行业垄断，打造流通开放合作示范区，将长江中游区域打造成为全国重要的商贸物流枢纽。湖北省委十一届四次全体（扩大）会议暨全省经济工作会议提出，要坚定不移培育和打造中部强大市场。借助长江中游城市群，中部强大市场正加速形成。

当前海外疫情严重，对中国外贸市场造成了严重冲击，挖掘内需潜力，以国内大循环引领国际循环将是未来我国经济可持续发展的新航向。长江中游城市群横跨中部湖南、湖北、江西三省，虽然也受到疫情影响，但经济社会各方面长期稳定向好的局面没有改变，未来仍是我国实施扩大内需政策的主要着力点。

疫情后长江中游城市群构建统一强大中部市场应主要着力于三个方面。一是推动跨区域消费合作，中部三省可开展疫情联防联控和信息共享，在保障跨省人员流动的安全性的基础上，以发放三省通用消费券、打折券等多种形式，开展文旅产业、酒店餐饮、汽车等领域的各类促销活动，促进三省共同消费，共享统一的消费市场。二是三省应在电子口岸、通关贸易上做到互联、互通、互认，推进亚欧货运班列资源共享，以三省货物打包模式降低物流成本。三是三省农产品相似度非常高，政府和企业可与大型电商平台组织联合推介，线上线下做大农产品品牌。

（六）发挥科教优势构建协同创新新高地

2020 年 7 月 16 日，中国科学院与湖北省人民政府在武汉签署新一轮科技合作协议，双方将开展广范围、多形式、深层次的全面科技合作，并积极向国家有关部门申请建设武汉综合性国家科学中心。以此为契机，长江中游城市群应发挥武汉国家中心城市和建设综合性国家科学中心的引领作用，加强与长沙、南昌分工合作，形成享誉国内外的新动力源和创新高地。一是从制度上推动城市群协同创新，加强城市群内部跨区域改革创新体制机制的对接融合，以“双创”示范区联合共建为突破口，推动各城市、各区域间协同创新发展。二是从平台建设上推动城市群科技资源整合与共享，促进整个城市群科技效益最大化。三省可在湖北技术交易大市场、岳麓山大学科学城、南昌市科技创新公共服务平台等基础上，共同建设长江中游城市群科创成果转化交易中心和知识产权线上协同创新平台。三是通过联合攻关与技术协同创新，提高关键领域自主创新能力。重点推动在战略性新兴产业、先进制造业等领域的技术协同创新。着力在新能源技术、分布式能源技术、智能电网技术、生物技术、新材料技术等领域组织联合攻关或联合承担国家重大科技专项，实现产业化重大突破。

参考文献

吴传清：《长江经济带产业蓝皮书：长江经济带产业发展报告（2018）》，社会科学文献出版社，2019。

《湖北：在疫后重振中谋篇布局》，《光明日报》2020 年 7 月 28 日。

《落实“六稳”“六保”，加快推动疫后重振和高质量发展》，《湖北日报》2020 年 6 月 16 日。

中华人民共和国国务院新闻办公室：《抗击新冠肺炎疫情的中国行动》，《人民日报》2020 年 6 月 8 日。

王晓东：《抓紧抓实抓细常态化疫情防控，打好疫后重振民生保卫战经济发展战》，《湖北日报》2020 年 4 月 20 日。

《科技战“疫”锤炼企业创新能力》，《中国证券报》2020 年 2 月 13 日。

禹菲：《让文旅消费成为疫后经济增长新极点》，《湖南日报》2020 年 4 月 9 日。

《湖南：全力降低疫情对实体经济的冲击》，《湖南日报》2020 年 3 月 5 日。

《长江中游城市群四省会城市携手推动高质量协同发展》，《南昌日报》2019 年 12 月 5 日。

李卉森：《以长江中游城市群为例的区域协同发展思考》，《区域治理》2019 年第 43 期。

安蓓等：《凝聚起战胜疫情的强大合力——19 省份对口支援湖北纪实》，《中国产经》2020 年第 3 期。

《武汉从防疫物资流入地变输出地》，《长江日报》2020 年 5 月 12 日。

《二十国集团卫生部长会议呼吁团结抗疫》，《人民日报》2020 年 4 月 21 日。

《城市群一体化走向纵深》，《中国经济时报》2020 年 3 月 27 日。

专 题 篇

Special Reports

B.2

长江中游地区打造中部强大市场的现实基础与发展路径

李春香*

摘　要： 消费是最终需求，是经济增长的持久动力，消费在我国经济发展中第一引擎作用愈加明显。2020 年 2 月，为深入贯彻落实党中央、国务院关于完善促进消费体制机制、促进消费稳定增长的决策部署，国家发改委等 23 个部门联合发布了《关于促进消费扩容提质加快形成强大国内市场的实施意见》。长江中游地区区位优势突出具有良好的市场基础，建设中部强大市场对于促进形成强大国内市场、推动长江中游地区经济高质量发展、更好满足人民日益增长的美好生活需要具有重

* 李春香，湖北省社会科学院长江流域经济研究所副研究员，博士，研究方向为人口资源环境经济学。

要意义。

关键词： 长江中游地区　中部强大市场　消费

一　长江中游地区打造中部强大市场的现实基础

（一）发展现状

1. 区位突出、人口众多

长江中游地区湘鄂赣三省位于中部地区南部、长江经济带中段，承东启西、联通南北，是长江经济带协同发展的重要依托与“钢腰”，在我国“四大板块”战略布局中占据重要地位。作为沿海经济向内地发展的中转站之一，长江中游地区南接珠三角、粤港澳大湾区，北连中原、承接京津冀，西连成渝，区位优势突出。

人口众多，经济较活跃。2019 年，湘鄂赣三省常住人口总数为 17511.5 万人，占全国常住人口的 12.5%，地区生产总值为 11.03 万亿元，占全国的 11.1%，人口密度 310.2 人/平方公里，约为全国人口密度的 2 倍，城镇化率为 58.55%。其区域内长江中游城市群经济总量仅次于长三角城市群、珠三角城市群和京津冀城市圈，经济发展的增速高于全国水平。经济活动主要集中在区域中心城市以及武汉城市圈、长株潭城市群、环鄱阳湖城市群、宜荆荆城市群、襄十随城市群等次区域城市群。

2. 有较成熟的市场基础

长江中游地区商品交易市场不断发展壮大，目前已形成以大型综合批发市场为龙头，专业市场、集贸市场为基础，涵盖工业原材料、日用消费品、文化、汽车及配件、农副产品等门类齐全、各具特色的商品市场体系。2019 年，湘鄂赣三省实现社会消费品零售总额 45885.33 亿元，增长 10.5%。其中，城镇实现零售额 39612.39 亿元，增长 10.3%；乡村实现零售额

6272.94 亿元，增长 11.2%。截至 2019 年底，湘鄂赣三省亿元以上商品交易市场有 543 个。2019 年 10 月，中国社会科学评价研究院发布了第十一届“中国商品市场综合百强”榜单，榜单包括线上、线下市场。湘鄂赣三省有湖南高桥大市场、湾田国际建材商贸物流园、红星农副产品大市场、中南汽车世界、湖南省一力物流钢材大市场、长沙黄兴海吉星国际农产品物流园、南昌市洪城大市场 7 家市场入选榜单。其中，湖南高桥大市场位列前十。高桥大市场以“国际高桥·世界商港”为战略目标，近年来市场功能不断升级，逐步成为行业综合服务中心和产业综合型服务平台，贸易的范围从国内走向全球，建立“全球生产、高桥交易服务、世界消费”的贸易格局。高桥大市场与产地市场共同探索了在市场上形成产地、产品的品牌形象、渠道销售、消费者促销体验的全链条推广模式。

市场主体发展加快。截至 2019 年底，湘鄂赣市场主体超过 1000 万户。如湖北，2019 年共有各类市场主体 541.96 万户，全省新登记市场主体 90.03 万户，其中，新登记私营企业 25.13 万户，新登记个体工商户 62.73 万户，拥有武商、中百等 4 家商业上市公司，居中部第一，亚马逊、阿里、京东等 10 余家国内外知名电商在鄂设物流基地（见表 1）。

表 1　2019 年湘鄂赣三省市场及市场主体发展情况

单位：万户，个

省份	市场主体	新登记市场主体	亿元以上商品交易市场
湖北	541.96	90.03	129
湖南	431.3	72.23	309
江西	288.98	62.97	105
合计	1262.24	225.23	543

注：①湖南市场主体数据截至 2019 年 11 月底；②亿元以上商品交易市场数量为 2018 年数据。

3. 交通物流发达

长江中游地区核心城市彼此之间距离都在 300 公里左右，铁、水、公、空四大运输方式便利。武汉、长沙、南昌被定位为全国性综合交通枢纽，长江中游地区还有武汉、长沙、南昌—九江、宜昌、岳阳 5 个国家、区域联运枢纽节点。京广铁路、京九铁路、沪昆高铁、渝长厦快速铁路、沿江高铁、京珠高速公路均在长江中游地区交会。

2019 年，长江中游地区浩吉铁路、汉十高铁、黔张常铁路、郑万高铁襄阳至郑州段高铁、昌赣高铁建成通车，沿江高铁、武广高铁复线、渝长厦高铁、呼南高铁等一批重点铁路交通项目顺利推进。9 月 28 日，作为目前我国规模最大运煤专线浩吉铁路正式通车，长江中游地区在全国能源物流战略格局的重要地位更加凸显，彻底改变过去煤炭资源由西至东，再经过海运江运才能到达华中地区的状况。11 月 29 日，武西高铁汉十段开通运营，襄十随城镇带与武汉城市圈实现“铁路公交化”。12 月 1 日，郑渝高铁襄阳至郑州段通车，鄂西北接入全国高铁网。12 月 26 日，黔张常铁路正式通车，湘西、鄂西南武陵山片区对外联系更便利，招商引资更具吸引力；昌赣高铁通车，作为国家京港高铁的组成部分，高铁通车实现了赣南等原中央苏区的“高铁梦”。此外，武阳高速武汉至南昌快速通道湖北段正式开工，武汉至安庆段长江航道整治工程有序推进，武汉首条国际集装箱班轮航线开通，武汉至日本名古屋的航行时间较原来缩短 3 ~ 5 天。2019 年，湖北省首次出台全省铁路发展规划——《湖北省铁路中长期发展规划》，江西首条“点对点”中欧班列（南昌—白俄罗斯）实现双向对发，湖南成功组建首家航空公司。2020 年，根据《长江中游城市群建设 2020 年合作重点事项》，长江中游城市群城际快速交通网络合作将会加快推进，沿江高铁合武段将作为重点内容推进；长江中游将以长江云通集团等为依托，为四省会城市提供数字交通一体化服务。

随着长江中游地区交通网的逐步实施和完善，特别是以省会城市为中心的 1.5 小时高铁经济圈的形成，其在全国经济和物流发展的格局中位置更加突出。我国物流大通道中京港澳、二连浩特至北部湾、沿长江、沪昆四大物流大通道均经过长江中游地区。国家发改委和交通部 2018 年 12 月联合发布《国家物流枢纽布局和建设规划》（简称《规划》）。《规划》规定了陆港型、港口型、空港型、生产服务型、商贸服务型和陆上边境口岸型 6 类国家物流枢纽，规划建设 212 个国家物流枢纽。长江中游地区规划有 5 类 22

个国家物流枢纽（见表2）。此外，随着水、陆、空港以及中欧班列等快速发展，跨境电商、同城配送等物流新需求持续增长，长江中游物流枢纽的聚集效应和辐射效应将不断显现。武汉新港2019年集装箱吞吐量169万标箱，同比增长8.1%，全国排名25位，成为长江中上游地区唯一进入前30名的港口城市。九江港集装箱吞吐量50万标准箱，在长江中游港口排名中跃居前三。

表2　长江中游地区规划的国家物流枢纽布局承载城市

单位：个

类型	城市	数量
陆港型	南昌、鹰潭、武汉、长沙、衡阳	5
港口型	九江、武汉、宜昌、岳阳	4
空港型	长沙、武汉—鄂州	2
生产服务型	南昌、武汉、十堰、襄阳、长沙、郴州	6
商贸服务型	南昌、赣州、武汉、长沙、怀化	5

资料来源：《国家物流枢纽布局和建设规划》。

4. 消费结构不断升级

消费升级类商品快速发展，消费结构升级主要表现在三个方面。一是发展型享受型消费快速发展。以湖南为例，2019年，限额以上法人批发和零售业商品零售额中化妆品类比上年增长13.8%，体育娱乐用品类增长23.7%，书报杂志类增长16.4%，家具类增长26.3%，通信器材类增长39.6%，智能家用电器和音像器材零售额增长39.7%，智能手机增长71%，新能源汽车增长1.9倍。二是服务型消费快速发展。随着消费观念逐步发生改变，城乡居民对服务业消费需求日趋活跃，旅游、信息、文化娱乐等服务型消费需求快速发展，旅游休闲成为新的消费亮点，乡村游、自驾游、出境游成为旅游的新特点。如2019年，湖南实现旅游总收入9762.3亿元，接待旅游总人数8.3亿人次，比上年分别增长15.6%和10.3%；江西实现旅游总收入9656.7亿元，接待旅游总人数7.9亿人次。三是新型业态快速发展。

随着网购用户规模稳步扩大和物流配送体系不断完善，网上零售等新兴市场供给方式继续快速增长。如2019年，湖北、湖南实物商品网上零售额分别增长17.7%、26.8%，占社会消费品零售总额的比重分别达11.8%、7.8%。代表"高品质""体验式"消费的城市商业综合体也快速发展，2019年，商业面积3万平方米以上的商业综合体，湖北新开业25家，总商业体量达222万平方米；湖南新开业16家，总商业体量达119.4万平方米；江西新开业12家，总商业体量达117.9万平方米。

5. 长江中游城市群协同建设不断推进

2015年至今，长江中游地区各地认真落实《长江中游城市群发展规划》、《长江中游区域市场发展规划（2017~2020年）》、长江中游四省会城市会商合作协议等，在基础设施互联互通、产业协同发展、市场一体、旅游合作、跨省电子评标、住房公积金异地互认互贷、看病就医异地医保即时结算、工伤保险异地互认、通关一体化等多个合作事项方面取得了新突破。

公积金异地互认互贷除长江中游省会城市之外推广至黄石等观察员城市。旅游合作不断深化，长沙、武汉、合肥、南昌等15个城市深入开展互动交流。市场一体化建设取得新突破。长江中游地区均已加入长江经济带海关区域通关一体化和检验检疫一体化改革，所有外贸企业均可自由选择申报、纳税、放行地点；成立了长江中游城市群会展业、境外航空、勘探设计、新兴研发机构战略合作联盟等。四省会城市签订了质监合作备忘录，建立质量技术一体化机制，建立了信息资源共享、市场准入、品牌互认、打假联动等机制，积极推进企业质量信用信息共享；推进公共资源交易管理一体化，交易信息平台互设工程交易市场窗口，共享招投标市场信息；共同建设诚信城市等。

2019年12月，长江中游城市群省会城市第七届会商会在合肥举行。未来，四省会城市将继续推动区域市场一体化，建立重点商标、专利知识产权保护名录和更新互换机制，推进城市群消费维权协作平台建设，推进建筑市场统一开放，共同探讨国际航线网络构建方向和民航发展问题等。

（二）存在的问题

1. 经济发展水平不高，产业结构趋同

2019 年，长江中游湘鄂赣三省 GDP 分别超过 3 万亿元、4 万亿元、2 万亿元，经济增长速度均比全国平均增幅高 1 ~2 个百分点。但无论是经济总量还是人均水平长江中游地区与沿海地区均有较大的差距，总体经济发展滞后于全国平均水平。作为三省省会城市，2019 年武汉、长沙和南昌的经济总量分别为 1.62 万亿元、1.16 万亿元、0.56 万亿元，其中，武汉经济总量不到北京、上海的一半，长沙不到北京、上海的 1/3，在全国分别排名第 8 位、第 12 位。2019 年发布的《中国百强城市》列出的全国综合实力百强市，长江中游湘鄂赣三省有 11 个城市上榜，而沿海山东省有 15 个、江苏省有 13 个、广东省有 11 个，而且进入前 60 名的长江中游地区只有武汉、长沙、南昌三个城市。

从居民收入来看，增速放缓，实际收入减少。2019 年，湖南、湖北、江西全年全省居民人均可支配收入分别为 27680 元、28319 元、26262 元，比上年分别增长 9.7%、9.7%、9.1%，扣除价格因素，实际分别增长 6.6%、6.4%、6.0%。居民收入增长放缓，且低于社会消费品零售总额增速，居民消费意愿受滞，潜力释放不够。

从三次产业来看，三省第一产业现代农业发展不够，工业结构均偏重汽车、冶金、化工等重化工产业，现代服务业的发展相对滞后。陈福时通过产业结构相似系数测度模型，得出长江中游城市群三大次群武汉城市圈、环长株潭城市群、环鄱阳湖城市群之间产业结构趋同现象明显的结论，2012 年后产业结构相似系数大于 0.99。

2. 有影响力的品牌市场不多

在中国社会科学评价研究院发布的第十一届“中国商品市场综合百强”榜单，浙江有 35 家上榜，占全部总量的 1/3 以上，在各省份中排列第一，山东有 19 家市场上榜，排在第二位，江苏有 14 家市场上榜，排在第三位。与之相比，长江中游地区省份上榜数量偏少，特别是湖北没有一家市场进入

全国百强，汉口北大市场作为全国第三批市场采购贸易方式试点并且被湖北省人民政府列为中国（武汉）跨境电子商务综合试验区近年来发展迅速，由于市场定位落后等原因还需在产业升级等方面加强建设，江西仅有一家市场进入全国百强。从市场排名来看，除湖南高桥大市场进入百强榜前十，其他市场排名较偏后，还没有形成有影响力的市场品牌。

3. 新业态消费步入平稳期

长江中游地区普遍存在消费品生产企业创新能力不强，优质新型产品较少。在高速发展之后网络购物、跨境电商等新业态逐步步入平稳期。2019年，湖南、湖北实物商品网上零售额增速均比上年下降，增速分别较上年同期回落6.7个、16.2个百分点。同时，存在行业标准有待规范、体验式消费不够、业态种类偏少、农村市场薄弱等问题，使业态创新发展受阻。此外，服务型消费发展缓慢。服务型企业发展主要以传统形式为主，营销方式及场所单一，对消费的刺激不足，服务业投资力度不够且多投向技术含量不高、投资规模小的一般性服务业。生产性服务业金融、科学研究等资金技术密集型行业投入较少，发展不足。

4. 部分升级型消费品增幅下滑

汽车、居住类消费品出现增幅下滑。2019年，在全省限上法人企业零售额中，湖北汽车类商品零售额下降0.3%，湖南汽车类商品零售额同比增长8.3%，江西汽车类商品零售额增长5.8%，汽车消费对消费品市场的拉动效应明显减弱。从供给端也可以看出下滑趋势，2019年湖北省汽车产量为223.97万吨，累计下降8.02%，江西汽车产量下降10.87%。2019年，湖南建筑及装潢材料类实现零售额92.5亿元，同比仅增长1.2%，湖北家具类增长12.9%，比上年下降4.6个百分点，显示受住房消费增速下降的影响。

在其他的享受升级型商品中，部分商品增速出现下滑。如2019年，湖南家用电器和音响器材类零售额344.5亿元，增长7.2%，比上年同期低1.4个百分点；湖北化妆品类零售额增长10.3%，比上年同期低2个百分点，家用电器和音像器材类600.57亿元，增长7.1%，比上年同期低14.5个百分点。

二　长江中游城市群打造中部强大市场的机遇与挑战

（一）机遇分析

1. 国家出台系列政策鼓励消费

随着我国经济发展阶段和增长动力的变化，消费在经济增长中发挥更加重要的基础作用，2018 年以来国家出台了系列政策措施鼓励消费。中共中央、国务院及有关部门先后出台了《关于完善促进消费体制机制进一步激发居民消费潜力的若干意见》《关于加快发展流通促进商业消费的意见》《关于培育建设国际消费中心城市的指导意见》《关于促进消费扩容提质加快形成强大国内市场的实施意见》《关于统筹推进商务系统消费促进重点工作的指导意见》等文件（见表 3）。系列意见、方案的出台既体现了国家对消费经济增长引擎作用的重视，也凸显了国家对传统产业升级和新型消费进行全面布局，对促进消费的体制机制进行完善，对市场业态及政策环境加强改善等，对全国和长江中游地区消费提升和流通转型升级具有重要意义。

表 3　2018 年以来国家关于促进消费的主要相关文件

日期	文件名称	主要内容
2018 年 9 月	《关于完善促进消费体制机制进一步激发居民消费潜力的若干意见》（中发〔2018〕32 号）	实物消费提档升级、服务消费提质扩容、引导消费新模式、农村居民消费升级、产品和服务标准体系建设、消费后评价制度、消费领域信用体系建设、收入分配制度改革等 15 条意见
2019 年 1 月	《进一步优化供给推动消费平稳增长 促进形成强大国内市场的实施方案》（发改综合〔2019〕181 号）	多措并举促进汽车消费、补足城镇消费供给短板、促进农村消费提质升级、带动新品消费、扩大优质产品和服务供给、优化消费市场环境 6 个方面
2019 年 8 月	《关于加快发展流通促进商业消费的意见》（国办发〔2019〕42 号）	流通新业态新模式发展、传统流通企业创新转型升级、改造提升商业步行街、加快连锁便利店发展、优化社区便民服务设施、发展农村流通体系等 20 条意见

续表

日期	文件名称	主要内容
2019 年 10 月	《关于培育建设国际消费中心城市的指导意见》(商运发〔2019〕309 号)	培育建设国际消费中心城市的重点任务:聚集优质消费资源、建设新型消费商圈、推动消费融合创新、打造消费时尚风向标、加强消费环境建设
2020 年 2 月	《关于促进消费扩容提质加快形成强大国内市场的实施意见》(发改就业〔2020〕293 号)	优化国内市场供给、文旅休闲消费升级、城乡融合消费网络建设、构建"智能 +"消费生态体系、提升居民消费能力、营造放心消费环境 6 个方面
2020 年 4 月	《关于统筹推进商务系统消费促进重点工作的指导意见》(商消费发〔2020〕82 号)	提高站位加强谋划部署、推动复工复业提速扩面、促进城市消费回补升级、补齐乡村消费短板弱项、激活传统商品消费热点等 11 个方面

资料来源：相关单位部门网站。

同时，长江中游湘鄂赣三省也积极行动出台相关意见，如 2019 年中共江西省委江西省人民政府出台《关于完善促进消费体制机制进一步激发居民消费潜力的实施意见》、中共湖南省委办公厅湖南省人民政府办公厅印发《关于完善促进消费体制机制激发居民消费潜力行动计划》。2020 年 6 月，湖北省人民政府发布《应对疫情影响进一步促进商业消费若干措施》。

2. 长江经济带和中部崛起战略深入推进

2018 年 4 月，习近平总书记在武汉主持召开深入推动长江经济带发展座谈会，提出推动长江经济带发展，使长江经济带成为引领我国经济高质量发展的生力军。2019 年 5 月，习近平总书记在江西主持召开推动中部地区崛起工作座谈会，强调中部地区发展大有可为，并提出推动制造业高质量发展、完善政策措施和工作机制等 8 点意见。长江经济带和中部崛起战略的深入实施，将促进长江中游地区加快培育世界级价值链中高端优势产业集群，加快先进制造业和现代服务业融合发展，加快构建综合立体交通走廊，加快新型城镇化进程，加快构建全方位开放新格局，促进长江中游地区与上下游联动发展和加强环境保护合作，从而将从供给端和需求侧为中部地区市场建设提供强大动力和发展机遇。

3. 深化对外开放

在2018年、2019年两届国际进口博览会上，习总书记均强调中国开放的大门不会关闭，中国推动更高水平开放的脚步不会停滞。2020年3月26日，在G20应对新冠肺炎特别峰会上中国政府表示将持续扩大改革开放、放宽市场准入，持续优化营商环境。在2020年5月召开的全国“两会”期间，中国政府再次重申将推进更高水平的对外开放，营造内外资企业公平竞争的市场环境。长江中游地区作为“一带一路”与长江经济带在国内的重要交汇地带，实现同“一带一路”建设有机融合，东西向连通长江物流带，南北向构造京广物流经济带，为湘鄂赣三省更高水平对外开放提供良好平台，有利于培育国际经济合作新优势，有助于内陆开放型经济高地加快形成。

（二）挑战分析

1. 疫情影响依然存在

新冠肺炎疫情发生以来，长江中游地区消费市场受到较大冲击，文旅、住宿、餐饮、商贸物流、体育娱乐、交通运输等行业客流大幅下降，汽车、家具、房地产等耐用品消费下降。随着国内疫情防控形势明显好转、企业复工营业加快推进，长江中游地区消费市场稳步向好，但形势依然严峻，面临以下突出问题。一方面，面临就业不足的压力。受疫情影响，与往年相比，截至2020年4月27日，湖北尚有100多万跨省外出人员，200多万常年省内务工人员尚未有效就业。另一方面，居民的消费意愿与消费预期受到影响，特别是湖北省作为曾经的重点疫情地区，部分居民消费观念如现金持有、健康投资、购房选择也发生了变化。此外，多国疫情反复持续，世界经济复苏困难，全球经济前景仍不确定。

2. 国际贸易复杂化

世界经济复苏依然存在不确定性，国际形势日趋错综复杂，贸易保护主义明显抬头，外围环境的不确定性降低了消费预期。一些发达国家对贸易摩擦各个方面不断推动，中美贸易摩擦仍在拉锯，外部经济环境不容乐观。此外，新冠肺炎疫情引起西方国家特别是欧美对制造业回归的重视，特别是在医疗卫生、生态环境、食品等领域。国际贸易复杂化对包括长江中游地区在内的国内进出口产生了很大影响。

三 长江中游地区打造中部强大市场的路径选择

（一）加大重点行业倾斜支持，保证居民收入稳定增长

对长江中游地区住宿餐饮、文旅、商贸流通等受疫情影响明显的行业继续落实减免缴纳社保费用、降低成本、融资支持等扶持政策，并加大支持力度。积极支持住宿餐饮行业复工复产，加大对老字号品牌餐饮企业的扶持。强化对文化旅游业复苏的政策支持，支持重点旅游景区减免门票，鼓励旅游消费和调节旅游市场峰值的一周4.5天弹性工作制、带薪休假等政策。鼓励出台汽车奖补政策，鼓励企业开展汽车以旧换新，拓展线上线下购车渠道，制定汽车下乡惠农政策，支持个人购买新能源汽车的充电电费、停车费等使用环节综合性补贴政策。

多渠道增加城乡居民收入，实现居民收入增长和经济发展同步。继续把就业问题放在首位，促进大学毕业生、农业转移人口等各类群体就业。着力提高中、低收入群体的收入水平，使需求潜能转变为现实消费带动经济发展。大力开展农民工职业技能培训，健全生产者补贴制度，不断健全农民收入持续增长机制。探索长江中游地区养老保险跨省转移接续等。

（二）大力发展商贸流通业，推动消费提质升级

充分利用“铁、水、公、空”综合交通优势，大力发展商贸流通业。发挥武汉国家物流标准化试点城市、南昌国家物流标准化试点城市、长沙全国供应链体系建设综合试点城市、黄石国家内贸流通体制改革发展综合试点等国家试点城市示范作用，以陆路交通为骨干贯通欧亚，以水路交通为衔接通江达海，以航空运输为平台，以多式联运为手段，形成大交通、大流通、大物流格局。加大长江中游航运中心建设，整合港航资源，培育大型货运企

业。加快发展铁水联运，提高中欧班列往返实载率，增设境外营销服务机构。加快顺丰速运国际货运枢纽机场，推动武鄂黄核心商圈及汉口北等综合性市场建设，形成一批面向全国、具有综合功能的新型市场集群。积极引进电商总部落户，大力培育本土电商，推动长江中游地区电商集聚区建设。推动品牌连锁便利店发展，推动品牌“老字号”建设。加快发展现代物流产业，以标准化“物流托盘”应用推广及循环共用为切入点，推动仓储、加工、分拣、配送等流程服务标准化，进一步提升物流产业与经济发展的协调程度，推进物流产业集群化、信息化。积极推动物流资源以市场化方式向物流需求旺盛的物流枢纽集聚，探索开展国家物流枢纽合作共建等。

积极推进长江中游地区消费转型升级。以消费者需求升级、品质提升等为动力，进一步探索和发展新型消费模式，加快推动长江中游地区消费绿色化、智能化、网络化，支持武汉、长沙打造国际消费中心城市。大力发展线上经济，加快生活、生产服务业数字化，继续支持“网上菜场”“网上餐厅”“网上超市”“网上办公”“网上医疗”等数字新业态发展。积极推动共享经济发展，鼓励不同城市、不同主体间医疗、教育、服务、员工、人才、产业链等资源共享。积极引导健康产业、绿色产业、人工智能产业等产业错位发展。围绕公共卫生、医疗人工智能、基因治疗、医药康养、居家医疗、健康体育等领域，大力推进健康产业发展，加大健康产业与互联网的融合发展。大力引导装配式建筑消费，积极落实《关于大力发展装配式建筑的指导意见》。加快发展绿色农产品，加快长江中游特色农产品资源整合和品牌共建，打造区域性公共品牌。充分发挥教育、旅游等资源的优势，提质扩容教育、旅游、文化、体育等服务消费。加快消费服务“下沉”，通过个性化服务、点对点的服务、精细化的服务，提升消费者满足感，打造时尚消费、品质消费和“夜经济”地标。

（三）大力发展战略性新兴产业，加快新型基础设施建设

高技术产业、战略性新兴产业增加值增长速度明显高于整个规模以上工业。积极培育增长和消费新动能，大力发展高新技术产业和战略性新兴产

业。加速国家存储器基地、国家网络安全人才与创新基地、国家新能源和智能网联汽车基地、国家航天产业基地、长沙国家生物产业基地、南昌国家航空高技术产业基地、南昌国家生物医药基地等国家产业基地建设，大力发展新一代信息技术、人工智能、新能源汽车、高端装备制造、轨道交通等先进制造业，加速高技术产业的研究及产业化。大力发展研发设计、现代供应链、信息技术服务、检验检测等生产性服务业，提升服务要素在制造业投入产出中的比重。同时，以制造业数字化、网络化、智能化转型为主攻方向，深化“两化融合”试点示范，推进实体经济与互联网、大数据、人工智能深度融合。

加快新型基础设施建设，为消费转型升级提供有力支撑。加快5G、人工智能、工业互联网、物联网等新型信息基础设施建设。加快武汉、鄂州、长沙、株洲、南昌、鹰潭5G试点商用步伐，尽快在长江中游地区推广，推动5G在工业互联网、自动驾驶、智慧城市、智能医疗、物流等领域信息产品和服务规模化应用，鼓励制造企业通过内网改造升级实现人、机、物互联，深化智慧城市试点建设，升级有线电视网络，扩大4K用户覆盖面。加快城乡冷链物流、智能物流等新型物流基础设施建设。

（四）提升对外开放水平，大力发展新型城镇化

以共建“一带一路”国家和地区为重点，加强对汽车、计算机、化学、金属制品制造等产品国际市场的开拓，争取开展二手车出口业务试点。大力提升进口便利化程度，使进口成为扩大商品出口的重要途径。加快培育跨境电商、市场采购等外贸新业态，加快武汉、长沙、南昌等跨境电商综合试验区建设，进一步加大与阿里巴巴等电商平台的合作，积极开展在线营销、在线交易。大力推进中比科技园、中俄托木斯克木材工贸合作区、阿治曼中国城、波兰工业园、赞比亚江西多功能经济区等境外经贸合作区建设，带动产能、技术、标准和服务“走出去”，完善“走出去”综合服务体系建设。发挥各省的区位优势，发挥湖南靠近珠三角地区、江西联结长三角地区等区位优势，加大同周边地区开放地区合作。

新型城镇化以人口城镇化为支撑，能推进消费主导的转型与改革，充分释放国内需求潜力，成为长江中游地区建设中部强大市场的突出优势和主要动力。在人口城镇化过程中，其消费能力成倍增强，将显著推动消费。建设中部强大市场，必须加快长江中游地区城镇化发展滞后地市新型城镇化步伐。加快推动城镇基础设施向农村的延伸，逐步消除城乡间基础设施和公共服务差异，补齐乡村发展短板，促进城乡融合发展。

（五）优化环境，协同打造一体化市场

优化营商环境，吸引更多市场主体。建立公平有序的市场环境，构建良好的社会信用体系和市场竞争行为。进一步破除不利于扩大开放的体制机制障碍，切实实施对外开放领域的“负面清单”，进一步降低企业税负。加强消费品安全监管和服务消费维权，营造放心消费环境。推进重要产品追溯体系、商务诚信工程建设。深化市场监管综合行政执法改革，加大对销售假冒伪劣产品行为的打击力度。加强消费者维权信息化建设，推广网络购买商品七日无理由退货制度。加强消费信用体系建设，完善个人信息保护制度和消费后评价制度。

促进在基础设施互联互通、产业协同发展、公共服务共享、深化开放合作等方面不断加强合作，共推市场一体化。推进三省旅游资源、长江航运资源融合共享，汽车市场、大健康市场等差异化精准定位等。支持长江中游地区省市联合、城市联合开展线上招聘、线上推介等。

参考文献

曾晓林、孟强：《2018 年全省消费品市场情况及 2019 年走势预判》，http：//tjj.hunan.gov.cn/hntj/tpxw/201901/t20190131_ 5269776.html。

吴奇、蒋瑜香：《公积金异地贷款面不断扩大》，《合肥晚报》2019 年 12 月 5 日。

《2020 年长江中游城市群合作重点“菜单”出炉》，http：//www.hf365.com/2019/1205/1259836.shtml。

匡楚玉：《发展长江中游城市群的意义、优势和对策建议》，《发明与创新》2018年第9期。

李云汉、魏永存、林坦等：《城市群综合运输服务一体化问题与对策——以长江中游城市群为例》，《综合运输》2017年第10期。

陈福时：《长江中游城市群产业趋同性测度分析及协同发展研究》，《产业与科技论坛》2018年第17期。

习近平：《在深入推动长江经济带发展座谈会上的讲话》，《社会主义论坛》2019年第10期。

高芳、谢琳灿：《以高水平开放促进长江经济带高质量发展》，《中国国情国力》2020年第2期。

浙江省经信厅产业数字化处：《加快培育共享制造新模式新业态》，《信息化建设》2020年第1期。

黄米佳：《城镇化最核心的问题还是改革》，《中国国情国力》2013年第9期。

伍宁杰、官翠铃、邱映贵：《长江中游城市群物流产业与经济发展耦合协调性研究》，《中南财经政法大学学报》2019年第4期。

B.3 长江中游城市群开放型经济发展水平的空间差异分析*

熊 曦 肖 俊**

摘 要： 本报告从外贸水平、外资水平、外经水平等三个层面构建长江中游城市群开放型经济发展水平评价指标体系，并运用熵值法对其空间差异展开了实证，研究认为各地区开放型经济发展水平存在显著差异，其形成的原因具有异质性，而社会消费品零售总额、地区人均生产总值、国际友好城市个数、规模以上工业企业个数等是对其产生显著影响的因素，对此，新阶段应进一步推进外贸业务取得大的突破，应大力推进对外经济合作，推动规模企业引领"走出去"发展，从而提高长江中游城市群的开放型经济发展水平。

关键词： 长江中游城市群 开放型经济 空间差异

一 引言

在"一带一路"倡议深入推进的背景下，为进一步扩大对外开放，党

* 基金项目：国家社会科学基金项目"新发展理念下长江中游城市群高质量城镇化的协同推进机制研究"（18CJL035）。

** 熊曦，中南林业科技大学商学院国际商务系主任，副教授，工商管理博士，硕士研究生导师，研究方向为工业化与城镇化、国际商务；肖俊，中南林业科技大学商学院硕士研究生，研究方向为工商管理。

的十九大报告提出“发展更高层次的开放型经济”，为全国各地开放发展迎来了难得的历史机遇。“发展更高层次的开放型经济”是中国全方位对外开放的重要举措，它的着力点在于推行开放型经济，实现各国互联互通。通过开放型经济的发展促进国民经济增长、社会发展和产业结构转型升级，因此，各地区开放型经济发展水平成为学界研究热点。开放型经济发展水平既是衡量地区经济竞争力的重要指标，也是体现地区经济发展水平的重要表征，随着经济全球化进程逐步加快，开放型经济发展水平更是显得日趋重要。长江经济带的开放和发展是我国完整构建开放型经济体系的重要组成部分，长江中游城市群作为长江经济带的重要板块，近年来，其开放型经济得到了快速发展，但与东部沿海发达省份相比仍有很大的差距。为了更好地了解长江中游城市群在开放型经济方面所存在的差距，需要摸清楚长江中游城市群内部各地区开放型经济发展水平的现实情况，对长江中游城市群开放型经济发展水平进行科学评价，分析差距，寻找制约长江中游城市群开放型经济发展的关键影响因素。本报告即结合开放型经济发展的外贸—外资—外经等组成要素，选取开放型经济发展的相关指标，建立一套合理的、科学的城市群开放型经济发展水平评价指标体系，并采用科学的测度方法，寻找长江中游城市群的开放型经济发展水平差异，为发展新阶段推动各地区开放型经济发展提供重要依据。

新冠肺炎疫情发生后，一些国家保护主义和单边主义更盛。中央提出“加快形成以国内大循环为主体、国内国际双循环相互促进的新发展格局”。长江中游城市群在积极参与国内大循环的同时，还是要补齐国际循环的短板，进一步提升开放型经济发展水平。

二　长江中游城市群开放型经济发展水平测度指标体系构建与方法

（一）文献回顾与指标体系构建

近年来，随着“一带一路”倡议的提出，开放型经济发展备受理论界和实践界的高度关注。学术界关于地区开放型经济发展水平的相关文献也开始增多，通过检索维普网，以“开放”“评价”为关键词，以 CSSCI 来源期刊为检索条件，可以检索到400 多篇文章（截止到2018 年7 月30 日），而进一步增加“经济”为关键词，同时通过阅读选取了一些与开放型经济发展水平指标构建有关的文献，综观这些文献，主要是从以下几个层面进行研究。一是就某个特定概念区域进行开放型经济发展水平评价。如对自贸区开放型经济发展水平进行评价，如匡海波、刘天寿、刘家国、邓顺江从经济支撑、对外开放、对内发展、交通运输、科研教育和基础支撑6 个维度构建了包含25 个指标的自贸区开发水平评价指标体系，运用 PCA-TOPSIS 模型测算各贸易区（天津、上海、福建和广东省四大自贸区）对外开放水平。又如对沿边地区开放型经济发展水平进行评价，如黄伟新、龚新蜀从开放基础、开放程度、开放潜力等三个维度构建沿边地区开放型经济水平的指标体系，对我国沿边地区开放型经济发展水平进行了评价。马慧强、韩增林、彭飞、杜鹏、刘春涛、刘秀洋从基础条件、经济结构、科研技术水平以及内流和外流等四个维度选取了19 个指标，构建了中国首批10 个省区市开放城市的开放型经济水平评价指标体系，对中国沿海省份开放型经济发展水平进行了综合评价。二是对某个地理区域板块开放型经济发展水平进行评价。如姚慧琴、孙海华通过选取静态和动态反映对外开放竞争力的指标，选取了26 个具体的指标，构建具有西部特色的对外开放竞争力指标体系，利用主成分分析法，运用1999 ~2004 年的统计数据对西部各省对外开放竞争力进行比较分析。王晓亮、王英从开放基础、开放规模、开放结构和开放效益4 个方面构建了包含24 个指标的区域开放型经济发展水平评价指标体系。运用改进的熵值法对东部沿海开放程度较高的七省市（上海、广东、江苏、北京、浙江、福建和山东）进行了开放型经济发展水平评价。晋盛武、胡雪、庄德林从开放型经济基础、开放型经济规模、开放型经济质量和开放型经济战略优势四个维度构建城市开放型经济发展水平评价体系，利用熵值法对2015 年长江经济带74 个城市的数据对其开放型经济发展水平进行评价。曹扬从对外开放、对内开放、金融基础、政府干预、开放潜力等五个方面构建了由20项指标组成的开放型经济评价指标体系，对中部六省的开放型经济水平进行分析。三是对全国或某个省开放型经济发展水平进行评价。王洪庆从开放程度、开放质量和开放效益三个层面构建了我国地区开放型经济发展水平评价指标体系，用改进的熵值法对2005～2012年我国不同省份开放型经济发展水平进行了评价。陈辉、牛叔文选取甘肃2000～2009年贸易进出口总额、外商直接投资总额、对外承包工程及劳务合作总额、国际旅游外汇收入总额与GDP等数据，采用加权平均法计算了甘肃经济开放度。梁静波利用对外贸易、实际利用外资、对外直接投资、对外承包工程与劳务合作、国际旅游等开放型经济主要构成指标，以广东、江苏和浙江三省作为参照系，对河南开放型经济发展进行纵向比较。李豫新、王改丽以新疆地区为例，从外向经济基础、外向经济规模、外向经济程度和资源环境支持四个方面构建了外向型经济评价综合指标体系，采用综合评价模型测算了2004～2013年新疆外向型经济发展水平。欧阳琳、洪敏、陈政、陈国生选取了外商直接投资量、贸易进出口量、对外直接投资与旅游收入三类指标构建了湖南开放型经济水平评价指标体系，选取了货物进口量和出口量指标、对外合作完成营业额指标、实际利用外商直接投资额指标、旅游创汇收入指标、接待境外游客指标、内联引资实际到位资金指标、内联引资项目个数指标、新签约合同额与外派劳务人数指标，运用主成分分析法对湖南开放型水平进行了评价。此外，还有学者就世界主要国家的经济开放度水平进行了比较，如吕志鹏、王红云、赵彦云从经济结果开放度和经济政策开放度两个层面选取了一些指标，包括国际贸易开放度、国际金融开放度、国际贸易政策开放度、国际金融政策开放度等二级指标，比较了世界主要国家的经济开放度水平，同时对中国的经济开放度情况进行了简要分析。

这些文献或一般从开放型经济的基础、开放型经济的现状（或质量，或进程）、开放型经济的效益等角度分析地区开放型经济发展水平，通过构建评价区域开放型经济发展水平的指标体系，运用实证方法测度研究对象的开放型经济发展水平。但细细来看，还存在两方面的不足。一方面是开放型经济发展水平评价的相关研究没有一个系统、全面、科学的理论体系指导。因而，选取指标的依据主观性太强，没有真正依托一个学术框架或者说既定的理论框架来选择指标。另一方面，研究对象多针对某几个区域性的省份进行评价，结合城市或者地区来进行评价的研究少之又少，对于一些类似城市群的开放型经济发展水平的研究则更少，对其内部之间的差异研究也甚少。有鉴于此，本报告认为，需要立足城市群内部各城市发展的实际，又凸显开放型经济发展的内涵，来评价城市群的开放型经济发展水平，以长江中游城市群为例来说，既要立足长江中游城市群实际，又要突出其在长江经济带开放开发等方面的特殊性，以科学性、完整性、可比性、可操作性为构建原则，结合开放型经济的三个重要组成部分，搭建从外贸—外资—外经三个层面进行评价的三维学术框架，并从外贸水平、外资水平以及外经水平三个方面建立指标体系。在此基础上，结合前述文献研究成果，并考虑到数据收集的客观性和可查性，遴选了17个二级指标，据此构建长江中游城市群开放型经济发展水平评价指标体系，如表1所示。

表1　长江中游城市群开放型经济发展水平评价指标体系

目标层	准则层	指标层	符号
长江中游城市群开放型经济发展水平空间差异评价指标体系	外贸水平	进出口总值(万美元)	X_1
		出口总值(万美元)	X_2
		进口总值(万美元)	X_3
		进出口总值增长率(%)	X_4
		外贸依存度(%)	X_5
		接待境外游客(人次)	X_6
		旅游创汇收入(万美元)	X_7
	外资水平	外商直接投资项目个数(个)	X_8
		外商投资经济(亿元)	X_9
		实际利用外资(万美元)	X_{10}
		外资投资比重(%)	X_{11}
		外商投资企业从业人员(万人)	X_{12}
		规模以上外商投资企业个数(个)	X_{13}
		新签合同额(万美元)	X_{14}
	外经水平	完成营业额(万美元)	X_{15}
		外派劳务人数(人)	X_{16}
		月末在外人数(人)	X_{17}

（二）测度方法

运用熵值法确定指标的权重与得分，对长江中游城市群开放型经济发展水平进行评价，根据熵的特性通过计算熵值来判断某个指标的离散程度，指标的离散程度越大，该指标对综合评价的影响越大。由于各项指标的计量单位不统一，首先应进行标准化处理，以消除量纲的影响，即把指标的绝对值转化为相对值，熵值法运算过程如下。

第一步，进行极差标准化。

$$\text{正向指标：} r_{ij} = \frac{X_{ij} - X_{jmin}}{X_{j\max} - X_{j\min}}$$

$$\text{负向指标：} r_{ij} = \frac{X_{j\max} - X_{ij}}{X_{j\max} - X_{j\min}} \quad (1)(i=1,2,\cdots,m;j=1,2,\cdots,n)$$

其中，r_{ij} 为标准化数值，X_{ij} 为第 i 行第 j 列的原始数据值，$X_{j\min}$ 为第 j 列中最小数值，$X_{j\max}$ 为第 j 列中最大数值。

第二步，计算第 j 项指标第 i 个地区所占的比重 P_{ij}。

$$p_{ij} = r_{ij} / \sum_{i=1}^{m} r_{ij} \quad (2)(i = 1,2,\cdots,\mathrm{m};j = 1,2,\cdots,n)$$

第三步，计算第 j 项指标的熵值 e_j。

$$e_j = -k \sum_{i=1}^{m} P_{ij} \cdot \ln P_{ij} \quad \text{其中 } k = 1/\ln \mathrm{m}$$

$$(3)(i = 1,2,\cdots,\mathrm{m};j = 1,2,\cdots,\mathrm{n})$$

第四步，计算第 j 项指标的熵权 w_j。

$$w_j = (1 - ej) / \sum_{j=1}^{n} (1 - ej) \quad (4)$$

第五步，计算各地区的综合得分 s_i。

$$s_i = \sum_{j=1}^{n} w_j \cdot P_{ij} \quad (5)(i = 1,2,\cdots,\mathrm{m})$$

通过对各项指标数据的计算，获得长江中游城市群外贸水平、外资水平、外经水平以及开放型经济发展水平综合得分。

三　长江中游城市群开放型经济发展水平的空间差异实证

（一）数据来源与描述性统计

数据来源于《中国城市统计年鉴》，湖南、湖北、江西各省的统计年鉴，天门、仙桃、潜江市的数据来源于这几个地区的统计年鉴或者统计信息网，还有一些数据来源于湖南、湖北、江西各市出台的统计公报，尽可能通过多个途径查找数据，并比对数据，部分欠缺的数据采用线性插值法将缺失值补上，通过汇总这些数据，输入 SPSS 统计软件，限于篇幅，不再摆出原始数据，对原始数据取对数后进行描述性统计分析得到的结果如表 2 所示。

表 2　长江中游城市群开放型经济发展水平评价数据描述性统计分析

指标	最小值	最大值	均值	标准差
进出口总值(万美元)	8.761	13.932	13.245	0.861
出口总值(万美元)	8.610	13.535	12.849	0.927
进口总值(万美元)	5.537	12.817	12.125	0.859
进出口总值增长率(%)	3.374	3.777	3.623	1.107
外贸依存度(%)	-1.204	2.667	2.122	0.971
接待境外游客(人次)	8.904	13.272	12.591	0.991
旅游创汇收入(万美元)	5.221	9.863	9.179	1.035
外商直接投资项目个数(个)	1.099	5.176	4.511	1.020
外商投资经济(亿元)	0.215	4.104	3.463	0.899
实际利用外资(万美元)	5.389	13.084	12.392	0.986
外资投资比重(%)	-4.605	1.558	1.218	1.003
外商投资企业从业人员(万人)	-4.605	1.828	1.415	0.836
规模以上外商投资企业个数(个)	0.000	4.290	3.638	0.907
新签合同额(万美元)	7.094	11.189	10.512	1.005
完成营业额(万美元)	7.120	11.414	10.735	1.297
外派劳务人数(人)	6.290	9.813	9.149	0.726
月末在外人数(人)	6.935	10.099	9.448	0.894

（二）计算结果

运用前面所说的计算方法和计算过程，通过对各个指标数据的标准化处理，同时用熵值法计算获得长江中游城市群开放型经济发展水平综合得分、外贸水平得分、外资水平得分、外经水平得分，如表3所示。

表3　长江中游城市群开放型经济发展水平得分情况汇总

排序	城市	开放型经济发展水平综合得分	城市	外贸水平得分	城市	外资水平得分	城市	外经水平得分
1	武汉市	0.1035	武汉市	0.1572	武汉市	0.1826	武汉市	0.1433
2	长沙市	0.0963	长沙市	0.0895	长沙市	0.0975	长沙市	0.1038
3	南昌市	0.0591	南昌市	0.0849	襄阳市	0.0904	南昌市	0.0764
4	九江市	0.0776	衡阳市	0.0483	南昌市	0.0439	九江市	0.0675
5	衡阳市	0.0450	九江市	0.0413	湘潭市	0.0426	株洲市	0.0487
6	宜昌市	0.0393	湘潭市	0.0380	九江市	0.0423	宜春市	0.0423
7	宜春市	0.0367	株洲市	0.0364	黄石市	0.0400	荆门市	0.0416
8	黄石市	0.0365	襄阳市	0.0352	新余市	0.0397	衡阳市	0.0416
9	湘潭市	0.0337	常德市	0.0332	潜江市	0.0390	宜昌市	0.0373
10	萍乡市	0.0299	荆门市	0.0318	宜春市	0.0343	湘潭市	0.0338
11	襄阳市	0.0280	上饶市	0.0317	岳阳市	0.0285	新余市	0.0334
12	新余市	0.0278	孝感市	0.0308	荆门市	0.0282	黄冈市	0.0284
13	株洲市	0.0274	岳阳市	0.0307	衡阳市	0.0245	鄂州市	0.0274
14	岳阳市	0.0270	娄底市	0.0282	宜昌市	0.0238	岳阳市	0.0270
15	上饶市	0.0249	宜春市	0.0273	荆州市	0.0236	黄石市	0.0231
16	荆州市	0.0248	宜昌市	0.0245	株洲市	0.0230	萍乡市	0.0210
17	抚州市	0.0234	新余市	0.0210	孝感市	0.0228	潜江市	0.0210
18	荆门市	0.0213	黄石市	0.0205	咸宁市	0.0212	襄阳市	0.0203
19	益阳市	0.0211	吉安市	0.0195	吉安市	0.0207	常德市	0.0188
20	鄂州市	0.0208	潜江市	0.0195	黄冈市	0.0196	荆州市	0.0156
21	常德市	0.0208	鄂州市	0.0183	萍乡市	0.0176	吉安市	0.0156
22	鹰潭市	0.0205	荆州市	0.0171	鄂州市	0.0140	益阳市	0.0142
23	潜江市	0.0203	益阳市	0.0169	景德镇市	0.0108	鹰潭市	0.0142
24	黄冈市	0.0195	景德镇市	0.0169	天门市	0.0105	上饶市	0.0142
25	娄底市	0.0188	萍乡市	0.0157	常德市	0.0104	孝感市	0.0135

续表

排序	城市	开放型经济发展水平综合得分	城市	外贸水平得分	城市	外资水平得分	城市	外经水平得分
26	孝感市	0.0180	鹰潭市	0.0130	益阳市	0.0102	抚州市	0.0128
27	仙桃市	0.0179	黄冈市	0.0125	鹰潭市	0.0101	娄底市	0.0128
28	吉安市	0.0172	咸宁市	0.0120	娄底市	0.0101	咸宁市	0.0092
29	咸宁市	0.0167	抚州市	0.0114	抚州市	0.0085	仙桃市	0.0089
30	景德镇市	0.0154	天门市	0.0096	上饶市	0.0060	景德镇市	0.0075
31	天门市	0.0109	仙桃市	0.0070	仙桃市	0.0035	天门市	0.0046

（三）结果分析

一是开放型经济发展综合水平。通过前述计算汇总，对长江中游城市群开放型经济发展水平综合得分进行排序，可以看出，排名较高的是武汉市、长沙市、南昌市、九江市、衡阳市、宜昌市等，排名较低的是天门市、景德镇市、咸宁市、吉安市、仙桃市、孝感市等。开放型经济发展水平综合得分较高的区域集中在省会城市及经济实力较强的大地级市。这与其区位优势和有着强有力的地区经济发展水平有关。作为长江中游城市群的带动中心——武汉、长沙、南昌，围绕着开放崛起战略，以商贸物流、先进制造、工程机械、现代农业、大健康产业等领域为重点，充分发挥市场配置资源的决定性作用，促进与共建“一带一路”地区和国家的全方位合作，全面提高了其开放型经济发展综合水平。

二是外贸水平。根据计算结果，长江中游城市群的武汉市、长沙市、南昌市、衡阳市、九江市、湘潭市、株洲市的开放型基础水平较高，遥遥领先，而鹰潭市、黄冈市、咸宁市、抚州市、天门市、仙桃市等则处于排名靠后。外贸水平主要反映地区在进出口贸易、外贸依存度、旅游创汇收入等方面的投入与潜力，而从这些地区的这些指标来看，基本上也与其评价得分相吻合。长江中游城市群的湖北、湖南、江西等省省会城市外贸依存度较其他地区都要明显高一些，发展外向型经济的动力较足，潜力较大，为其外贸发展水平集聚了能量。而有些其他地级市则因为各方面原因，在开放型经济发展方面迈步较慢。

三是外资水平。在外资水平上，处于长江中游城市群高水平以上的是武汉市、长沙市、襄阳市、南昌市、湘潭市、九江市、黄石市等市，外资水平较低的地市为益阳市、鹰潭市、娄底市、抚州市、上饶市、仙桃市等。从各地区外资水平数据得分上来看，外资水平总体差异幅度并不大，长江中游城市群地区在吸引外资方面，较之东部地区有一定的差距，省会城市与其他地级市又有一定的差距。

四是外经水平。外经水平主要反映的是地区对外经济合作方面的水平，如在对外承包工程、劳务派遣等方面，从表 3 汇总的外经水平得分来看，武汉市、长沙市、南昌市、九江市、株洲市、宜春市、荆门市等市的整体水平较高，而且在外经水平方面，随着这几年各地区“走出去”发展步伐的不断增快，对外合作越来越密切，整体来看，各地区的外经水平得分都比较高，而且差异相对来说越来越小。

综合上述分析来看，长江中游城市群的外贸、外资、外经等方面都取得了一定的成效，在支撑开放型经济发展水平方面取得显著成效。同时，可以概括出长江中游城市群开放型经济发展水平空间差异的几点规律：一是长江中游城市群开放型经济发展水平呈一定显著差异，但中心城市之间的差距比较少；二是不同层级城市与其开放型经济发展水平得分存在差异，有的城市在外贸水平方面做得好，而在外资水平方面做得一般，因而对其整体开放型经济发展水平产生了延滞影响；三是长江中游城市群开放型经济发展水平差异呈一定发散趋势，开放型经济发展水平高的城市主要集中于省会城市等少数极核，低水平能力的城市则分布在经济实力相对落后的地区；四是不同层级城市处于不同水平阶段的主导要素演化不同，同一层级内差异同样显著。城市开放型经济发展水平与地区经济社会发展水平之间呈现高度的匹配性。

四　长江中游城市群开放型经济发展水平的影响因素分析

（一）可能的自变量

根据文献分析与提炼，本报告认为社会消费品零售总额、地区人均生产总值、国际友好城市个数、规模以上工业企业个数等四个指标对开放型经济发展产生影响，并且也是绝大部分学者共同采用的指标。所以本报告将长江中游城市群社会消费品零售总额、地区人均生产总值、地区普通高等学校数量、国际友好城市个数、规模以上工业企业个数作为自变量。对此，本报告定义和测量如下。

（1）社会消费品零售总额。反映的是一个地区的内贸情况，在当前全国各地大力推动内外贸融合发展的背景下，两者融合发展对现代消费经济增长和开放型经济发展起着重要的驱动作用，因此，一般认为内贸强的地区，对外贸的发展也会起着驱动作用，因此，其值越大，表明该地区的内贸水平越高，对外贸的推动作用也就越明显。

（2）地区人均生产总值。主要体现的是一个地区经济社会发展的水平大小以及居民的获得感和满足感大小，其值越大，表明该地区的经济发展水平越高，经济社会发展水平和程度越高，对其开放型经济发展体系构建越能起到推动作用。

（3）国际友好城市个数。反映的是一个地区与国外缔结友好城市的情况，国际友好城市个数越多，说明该地区主动“走出去”发展的动力和信心越足，吸引外资的环境也就越优，随着国际友好城市个数的不断增多，其地区发展的外向型和整体国际化发展水平也较高，而且在“走出去”发展理念和技术创新等方面也先进，其值越大，一般说明其地方开放型经济发展的机会也就越多，越能够促进地区开放型经济发展水平提升。

（4）规模以上工业企业个数。规模以上工业企业个数是衡量地区实体经济发达程度的重要指标，规模企业在引领地区工业创新和结构调整方面具有重要的作用，同时，规模以上工业企业也是实力的代表，在对外合作、对外投资方面也占据很大一部分，是“走出去”发展的主力军，因此，一般认为规模以上工业企业个数越多，其地区企业“走出去”发展的可能性就越大，对地区开放型经济发展能力和水平都有巨大的推动作用。

本报告所采用的因变量、自变量及其数据来源如表 4 所示。

表 4　变量定义与数据来源

	变量	含义	数据来源
因变量	GXZHSP	开放型经济发展水平综合得分	通过熵权法计算得出
	JHGXSP	外贸水平	通过熵权法计算得出
	SSGXSP	外资水平	通过熵权法计算得出
	CGGXSP	外经水平	通过熵权法计算得出
自变量	CZH	社会消费品零售总额(万元)	中国城市统计年鉴,湖北、湖南、江西三省统计年鉴
	GDP	地区人均生产总值(万元)	中国城市统计年鉴,湖北、湖南、江西三省统计年鉴
	WSTZ	国际友好城市个数(个)	通过各种网络渠道综合查询、比对,取最新资料数据
	GMQYS	规模以上工业企业个数(个)	中国城市统计年鉴,湖北、湖南、江西三省统计年鉴

（二）样本描述性统计及相关系数分析

借助前述研究设计中的数据收集办法，将样本中所有变量数据取对数后进行描述性统计分析，如表 5 所示。

表 5　各变量描述性统计结果

变量	观测值	均值	标准差	最小值	最大值
社会消费品零售总额(万元)	31	15. 245	0. 367	14. 481	17. 842
地区人均生产总值(万元)	31	9. 846	0. 417	8. 203	11. 729
国际友好城市个数(个)	31	2. 154	1. 018	0. 693	4. 304

续表

变量	观测值	均值	标准差	最小值	最大值
规模以上工业企业个数(个)	31	4.238	0.456	2.302	7.363
开放型经济发展水平综合得分	31	-2.363	0.543	-3.807	-1.552
外贸水平	31	-3.289	0.607	-4.853	-1.745
外资水平	31	-4.038	0.783	-6.032	-2.065
外经水平	31	-3.164	0.561	-5.259	-1.825

通过取对数后，可以看出，31个地区的描述性统计数据分布较为均匀，可以规避直接回归带来的系数较大，数值差距较大的一些问题，同时，通过相关系数分析，可得变量间的相关系数如表6所示。

表6 各变量间的相关系数

变量	开放型经济发展水平综合得分	外贸水平	外资水平	外经水平	社会消费品零售总额(万元)	地区人均生产总值(万元)	国际友好城市个数(个)	规模以上工业企业个数(个)
开放型经济发展水平综合得分	1.000	—	—	—	—	—	—	—
外贸水平	0.901***	1.000	—	—	—	—	—	—
外资水平	0.914***	0.894***	1.000	—	—	—	—	—
外经水平	0.922***	0.886***	0.853***	1.000	—	—	—	—
社会消费品零售总额(万元)	0.783***	0.925***	0.624***	0.586**	1.000	—	—	—
地区人均生产总值(万元)	0.828***	0.798***	0.709***	0.604**	0.905***	1.000	—	—
国际友好城市个数	0.925***	0.869***	0.883***	0.856***	0.598***	0.528***	1.000	—
规模以上工业企业个数	0.937***	0.882***	0.845***	0.638***	0.694***	0.851***	0.604***	1.000

从变量间的相关系数来看，大部分变量之间的相关性较为明显，利用回归分析对其因果关系进行分析也是较为妥当的。

（三）回归分析及因素结果讨论

本文选取了31个长江中游城市群所辖市（含省直管县级市）数据。使用回归分析法对因变量与自变量之间的关系进行计量分析，为了验证数据的稳健性，本文首先对相关数据进行了回归的科学性和合理性分析，一方面，分析了其多重共线性是否存在，得到方差膨胀因子为6.24，远小于10，表明不存在严重的多重共线性问题。另一方面，分析了其是否存在异方差。通过异方差 White 检验，其值为9.645（P=0.37），Breusch-Pagan 检验值为5.01（P=0.43），接受同方差假设，表明计量回归模型不存在明显的异方差问题。然后分别以长江中游城市群开放型经济发展水平综合得分、外贸水平得分、外资水平得分、外经水平得分为因变量，分析长江中游城市群社会消费品零售总额、地区人均生产总值、国际友好城市个数、规模以上工业企业个数等四个自变量对因变量的影响效应，通过回归分析后，得到四个模型，如表7所示。

表7　计量回归结果

变量	模型1（开放型经济发展水平综合得分）	模型2（外贸水平）	模型3（外资水平）	模型4（外经水平）
社会消费品零售总额（万元）	0.714* （0.601）	0.801*** （0.653）	0.587 （0.555）	0.535 （0.454）
地区人均生产总值（万元）	0.823** （1.948）	0.791*** （1.785）	0.628* （1.571）	0.678 （2.463）
国际友好城市个数（个）	0.889*** （2.389）	0.724* （2.446）	0.758*** （1.869）	0.892*** （1.854）
规模以上工业企业个数（个）	0.915*** （1.798）	0.764** （1.699）	0.878*** （1.856）	0.837*** （1.948）
截距项	-18.669*** （-6.382）	-19.562*** （-8.407）	-20.498*** （-5.625）	-20.256*** （-6.734）
调整 R^2	0.66	0.66	0.70	0.79
F值	20.44***	20.44***	12.62***	23.81***
观测值	31	31	31	31

在模型1中，四个因素都对长江中游城市群开放型经济发展水平综合得分构成影响，其影响程度依次是规模以上工业企业个数（回归系数显著为正，即0.915，$p<0.01$）、国际友好城市个数（回归系数显著为正，即0.889，$p<0.01$）、地区人均生产总值（回归系数显著为正，即0.823，$p<0.05$）、社会消费品零售总额（回归系数显著为正，即0.714，$p<0.1$）。从回归分析结论来看，国际友好城市个数越多越能够促进地区开放型经济发展水平综合得分提高、规模以上工业企业个数越多越能够促进地区开放型经济发展水平综合得分提高，地区人均生产总值越高越能够促进地区开放型经济发展水平综合得分提高、社会消费品零售总额水平越高越能够促进地区开放型经济发展水平综合得分提高。而且在这四个影响因素当中，规模以上工业企业个数的作用效果最为显著。

在模型2中，影响长江中游城市群外贸水平的四个主要因素为社会消费品零售总额（回归系数显著为正，即0.801，$p<0.01$）、地区人均生产总值（回归系数显著为正，即0.791，$p<0.01$）、规模以上工业企业个数（回归系数显著为正，即0.764，$p<0.05$）、国际友好城市个数（回归系数显著为正，即0.724，$p<0.1$）。从回归分析结论来看，社会消费品零售总额越高越能够促进地区外贸水平提高、规模以上工业企业个数越多越能够促进地区外贸水平提高、地区人均生产总值越高越能够促进地区外贸水平提高、国际友好城市个数越多越能够促进地区外贸水平提高。而且在这四个影响因素当中，社会消费品零售总额的作用效果最为显著。

在模型3中，影响长江中游城市群外资水平的因素主要是三个，即规模以上工业企业个数（回归系数显著为正，即0.878，$p<0.01$）、国际友好城市个数（回归系数显著为正，即0.758，$p<0.01$）、地区人均生产总值（回归系数显著为正，即0.628，$p<0.1$）。从回归分析结论来看，规模以上工业企业个数越多越能够促进地区外资水平提高、国际友好城市个数越多越能够促进地区外资水平提高、地区人均生产总值越高越能够促进地区外资水平提高。且规模以上工业企业个数对长江中游城市群外资水平的作用效果最为显著。

在模型4中，影响长江中游城市群外经水平的因素主要是两个，即国际友好城市个数（回归系数显著为正，即0.892，$p<0.01$）、规模以上工业企业个数（回归系数显著为正，即0.837，$p<0.01$）。从回归分析结论来看，国际友好城市个数越多越能够促进地区外经水平提高、规模以上工业企业个数越多越能够促进地区外经水平提高。且这两个影响因素都对地区外经水平的作用效果非常显著。

诚然，长江中游城市群各地区社会消费品零售总额、地区人均生产总值、国际友好城市个数、规模以上工业企业个数等对长江中游城市群开放型经济发展水平及其子系统水平均产生不同程度的影响，只是在作用的效果以及对某个方面的作用方面有所区别。因此，在提升各地区开放型经济发展水平过程中要对照差距，分析长江中游城市群在外贸水平、外资水平、外经水平方面的差距，对照差距，采取有差别的提升措施，促进长江中游城市群开放型经济发展水平全面提高。

五 长江中游城市群开放型经济发展水平提升建议

（一）启示

通过前述分析，从中也得到一些启示。一是规模以上工业企业是开放型经济发展水平的重要主体。构建长江中游城市群开放型经济体系，推手是市场，主体是企业，尤其是规模以上工业企业，如此才具备“走出去”发展的实力，对开放型经济发展水平提升有较大的支撑作用，对引领地区开放型经济的发展起着巨大的推动作用。二是国际友好城市是开放型经济发展的重要目的地。以友好城市交流为基础，推进在经贸领域的合作就有了基础，对拓展地区与地区之间的对外交流与合作就搭建了良好的平台，有力地支撑着开放型经济发展水平提升。三是社会消费品零售总额发展是开放型经济发展水平的内在支撑力。社会消费品零售总额规模大的地区可以为其开放型经济发展水平提供得天独厚的基础条件。如社会消费品零售总额发展基础较好的地区，其商品消费需求也高，进出口相对也较为繁荣，对地区开放型经济发展水平的作用将会特别明显。四是地区人均生产总值是开放型经济发展的能量之源。地区人均生产总值对开放型经济发展水平产生间接的影响。人均生产总值较高的地区，一般对外经济也比较活跃，对地区开放型经济发展方面的投入也较多，对地区开放型经济发展就会产生明显的推动作用。

（二）对策建议

实施开放带动战略是推动长江中游城市群高质量发展的重要举措，可以在更大范围、更广领域、更高水平上推进长江中游城市群发展开放型经济，不断深化国际经济合作。发展新阶段，就如何加快推进长江中游城市群开放型经济发展水平提升提出以下建议。

一是要取得贸易的更大突破。长江中游城市群要充分把握“一带一路”带来的重要战略机遇，充分利用长江经济带、亚欧国际铁路货运大通道、东盟国际大通道等国际贸易通道，加快推动产品在国际上拓展销售渠道，着力扩大国际贸易，积极推进出口导向型发展战略。同时，要加强国际贸易的相关便利化设施建设，支持内陆口岸和港口建设与完善，扩展和完善口岸功能。全面推进国际贸易信息化，尤其是推动沿江通关协作，实现区域通关一体化，同时，努力打造城市群共建共享的商务合作平台，实现商务信息互通共享。此外，要充分利用国际展销机会，做大做强会展品牌，努力开拓国际市场。

二是要大力推进对外经济合作。全面深化与国际友好城市的合作，推动长江中游城市群与国际上相关联的市场区域全面广泛开展贸易、技术和人文交流。着力于加强与中亚、西亚地区国家的经贸往来和资源开发合作。大力开拓大洋洲、非洲市场，积极发展对外工程承包和劳务输出，合作开发能源资源。

三是要推动规模企业引领“走出去”发展。长江中游城市群要吸收借鉴现有对外直接投资的目的国经验，更大力度地推进机遇共享，更高层次地推进对外投资产业合作，更宽领域地推进扩大对外直接投资规模。凭借各地区的装备、技术、人才、金融等方面优势，对接共建“一带一路”国家基础设施建设和产能合作需求，积极稳妥地推动企业高质量“走出去”投资与发展。

参考文献

熊曦、柳思维、陈文婕、陈芳：《湖南与中国周边国家和地区经贸合作的对策——基于“一带一路”战略的思考》，《财务与金融》2015 年第 4 期。

唐红李、刘嘉意：《“一带一路”贸易空间关联与我国关税政策优化——基于网络、空间和制度的实证分析》，《财经理论与实践》2018 年第 1 期。

匡海波、刘天寿、刘家国、邓顺江：《基于 PCA-TOPSIS 的自贸区开放水平测度研究》，《科研管理》2018 年第 3 期。

黄伟新、龚新蜀：《我国沿边地区开放型经济发展水平评价及影响因素的实证分析》，《经济问题探索》2014 年第 1 期。

马慧强、韩增林、彭飞、杜鹏、刘春涛、刘秀洋：《中国沿海省市开放型经济发展水平综合评价研究》，《资源开发与市场》2014 年第 2 期。

姚慧琴、孙海华：《西部各省对外开放竞争力评价》，《江西社会科学》2006 年第 9 期。

王晓亮、王英：《区域开放型经济发展水平评价指标体系构建》，《地域研究与开发》2013 年第 3 期。

晋盛武、胡雪、庄德林：《新常态视阈下长江经济带城市开放型经济评价研究》，《管理现代化》2018 年第 3 期。

曹扬：《中部地区开放型经济发展评价与对策研究》，《经济问题》2018 年第 1 期。

王洪庆：《我国地区开放型经济发展水平动态变化趋势研究》，《江西财经大学学报》2015 年第 4 期。

陈辉、牛叔文：《经济开放度评价及对策研究——以甘肃为例》，《经济问题》2010 年第 6 期。

梁静波：《河南开放型经济发展评价及战略构想》，《企业经济》2010 年第 11 期。

李豫新、王改丽：《“丝绸之路经济带”建设背景下外向型经济评价及动态预测——以新疆地区为例》，《国际商务：对外经济贸易大学学报》2015 年第 5 期。

欧阳琳、洪敏、陈政、陈国生：《“一带一路”背景下湖南开放型经济水平及贡献评价》，《经济地理》2017 年第 10 期。

吕志鹏、王红云、赵彦云：《经济开放度的测算与国际比较》，《国际贸易问题》

2015 年第 1 期。

孙敬水、林晓炜：《开放型经济的评价体系研究进展》，《国际经贸探索》2016 年第 2 期。

裴长洪：《中国建立和发展开放型经济的演进轨迹及特征评估》，《改革》2008 年第 9 期。

马红霞、张光磊：《金融发展水平对服务贸易出口结构的影响》，《湖湘论坛》2016 年第 6 期。

刘晓玲、熊曦：《外商直接投资、进出口贸易与区域经济增长——以湖南省为例》，《管理世界》2016 年第 2 期。

B.4
新冠肺炎疫情冲击下布局长江中游城市群汽车产业链集群研究

赵 霞 朱艳娟*

摘 要： 以武汉为中心的长江中游城市群汽车产业链集群是我国六大汽车产业链集群之一，工业基础深厚，整车生产优势突出，且湘鄂赣三省汽车产业发展各具特色、优势互补。然而受新冠肺炎疫情暴发及在全球蔓延的影响，汽车产业链供应链发展面临的市场风险加剧。为全面落实中央“保产业链供应链稳定”任务，应立足全球汽车产业链和供应链重塑，加快布局长江中游城市群汽车产业链集群，有序推进跨区域的资源要素流动，突出强链补链延链，提升汽车产业链现代化水平。

关键词： 长江中游城市群 汽车产业 新冠肺炎疫情 产业链集群

2020年，百年未有之大变局和百年不遇“大疫情”碰撞叠加，汽车供应链发展面临市场不确定性加剧的风险，集中体现在欧美市场的上游供应中断、去全球化及供应链长度改变。全球产业链供应链失序、断裂和分化直接影响长江中游城市群（简称“中三角”）汽车产业体系的稳定发展，中三角区域汽车产业亟须全面而深度的整合。

---

* 赵霞，湖北省社会科学院长江流域经济研究所副所长、副研究员，硕士生导师，研究方向为区域经济学、产业经济学；朱艳娟，湖北省社会科学院长江流域经济研究所硕士研究生，研究方向为区域经济学。

一　中三角汽车产业发展的现状分析

（一）中三角汽车产业发展的总体概况

1. 中国汽车制造业的全球地位

中国汽车产业发展迅速，稳居世界第一产销大国。2019 年，中国汽车产销量分别为2572.1 万辆和2576.9 万辆。2019 年产量占全世界汽车总产量的 28.02%。[①] 2018 年产量占全世界汽车总产量的 29.08%，高出排名第二的美国 17.25 个百分点（见表 1）；销量占排名前 20 名国家的汽车销售总量的 33.59%，而美国、日本、印度和德国四个国家的总量占比为 37.32%（见表 2）。可见中国汽车产业已有足够大的规模。

表 1　2018 年汽车产量前五名的国家

单位：万辆，%

排名	国家	产量	占比
1	中国	27809196	29.08
2	美国	11314705	11.83
3	日本	9728528	10.17
4	印度	5174645	5.41
5	德国	5120409	5.35
世界总产量		95634593	

资料来源：根据中国汽车工业协会公布的《2018 年世界各国汽车（分车型）产量》整理得出。

表 2　2018 年汽车销量前五名国家

单位：万辆，%

排名	国家	销量	占比
1	中国	28080577	33.59
2	美国	17701402	21.18

① 资料来源于中汽协会行业信息部。

续表

排名	国家	销量	占比
3	日本	5272067	6.31
4	印度	4400136	5.26
5	德国	3822060	4.57
前20名国家的总销售量		83587685	

资料来源：根据中国汽车工业协会公布的《2018年世界各国（地区）汽车销量》整理得出。

中国汽车产品进出口规模较大，2019年，汽车出口102.4万辆，同比下降1.6%。商用车出口29.9万辆，增长5.7%，其中乘用车出口72.5万辆，同比下降4.3%；[①] 中国商用车在发展中国家具有较强的竞争优势，商用车出口增长一定程度上弥补了中国乘用车出口的下滑，支撑中国自主品牌汽车的海外发展。

中国新能源汽车发展态势良好。2019年产销量达到124.2万辆和120.6万辆。海关数据显示，2019年我国电动载人汽车出口25.4万辆，同比增长73.1%。

中国汽车消费市场潜力巨大。2015年到2017年，汽车销量稳步增长，占全球汽车销量的比例也由27.43%上升到30.19%。2017~2019年呈下降趋势，由30.19%下降到28.22%（见图1）。意味着汽车产业已经由高速增长阶段进入产业结构调整阶段，汽车行业由增量竞争逐渐转变为存量竞争，更加注重质的提高。

2. 中三角汽车产业发展状况

（1）中三角是我国重要的汽车制造基地

中三角完备的产业链体系为汽车行业提供了产业发展支撑力。工业基础深厚，整车生产规模优势突出，拥有完整的重工业产业链和多个汽车生产基地。

东风汽车公司作为区域龙头企业，可充分发挥其强大的影响力带动区域

① 许海东、王军：《2019年汽车出口形势分析》，《汽车纵横》2020年第2期。

图1　中国历年汽车销量及全球占比变化

产业协同发展。其中，武汉是中三角汽车产业重要的投资领域，吸引吉利汽车、东风云峰等车企的投资。长江中游地区形成了以武汉为中心的长江中游集群区。湖北、湖南、江西三省2019年汽车总产量358.85万辆，占全国汽车产量的13.95%。

（2）中三角汽车企业发展态势长期向好

截至2018年底，湖北汽车产量241.93万辆，占国内汽车总产量的比重为8.70%左右，汽车工业总资产贡献率约占湖北省工业总资产比重的15%。2019年汽车产业整体产能300万辆，产值3200亿元。除了东风汽车之外，上汽通用、比亚迪、吉利汽车等车企均在武汉布局有工厂，还有4家客车企业、31家专用车企业在汉建厂。武汉同时还是零部件企业的“聚集地”，包括博世、电装、李尔、法雷奥、康明斯、佛吉亚等都在武汉设厂。

长株潭城市群集聚了湖南汽车产业55%以上的企业，70%以上的生产要素，80%以上的重点企业，拥有300多家规模以上汽车工业企业。2018年，长株潭城市群12家重点整车制造类生产企业实现整车生产104万辆，产量占同期全国汽车生产量的3.74%。

江西省出台《支持汽车产业平稳发展的若干措施》在引导采购省产汽车，加大金融、资金、研发支持等方面的政策扶持力度，形成长效机制。

（3）中三角新能源汽车稳步发展

当前汽车行业整体景气度不高，新能源汽车却呈现长期向好态势，发展潜力巨大。长江中游三省会城市通过科技合作，开展新能源汽车设施城际规划布局，打造新能源汽车产业链集群。

《湖北省新能源汽车及专用车产业“十三五”发展规划》为该省新能源汽车的发展描绘了清晰愿景，为建成较为完善的配套设施支撑体系，目前襄阳正在打造中国新能源汽车之都。湖南 2019 年新能源汽车产量 11.8 万辆，比上年增长 148.1%。随着总投资 150 亿元的世冠汽车总部、研发及生产基地正式签约落户宁乡经开区，湖南省有了首个自主品牌的新能源汽车总部及研发、生产基地。该项目的落户将为整个长沙新能源汽车产业链的壮大奠定坚实基础。江西省新能源汽车产业初步形成了从整车到“三电”关键零部件较完整的产业链。

（4）汽车产业发展各具特色、优势互补

湖北汽车产业实力雄厚，乘用车产销量在全国居于领先地位，充当中三角汽车产业发展龙头。江西以生产轻型皮卡和客车为主，而湖南则是以三一重工、中联重工为首，以专用汽车、工程机械制造为主。① 湘赣鄂三省汽车产业的发展方向各有侧重，具有互补性。

（二）湖北省汽车产业发展现状及特点分析

汽车产业是湖北的重要支柱产业，在全省国民经济发展中具有举足轻重的地位。湖北省是汽车大省，汽车产业优势突出。近年来，又在数字化、网络化、智能化等方面不断更新升级，对新能源汽车也在积极探索，未来发展前景广阔。

1. 湖北省汽车产业现状

（1）湖北省是全国重要的汽车及零部件产业基地

湖北省作为全国交通枢纽和中部经济核心区，形成了两大汽车产业走

① 李永康：《中部地区汽车产业结构优化研究》，武汉大学博士学位论文，2015。

廊。两大汽车产业走廊推动了湖北省汽车制造及产业链的快速发展，2019年湖北省汽车产量占全国的8.74%，2017年曾经一度达到9.2%，成为全国汽车及零部件制造的重要生产加工基地。具体看，2014～2017年湖北省汽车产量直线上升，2018年受全国汽车行业下行因素的影响，湖北省汽车产量较2017年有小幅度下降，达到241.93万辆，2019年其汽车产量为224.75万辆，较2018年有小幅度上升（见图2）。湖北拥有十余家整车制造厂、42万汽车从业者，已经形成了一个庞大而完整的汽车产业链集群。

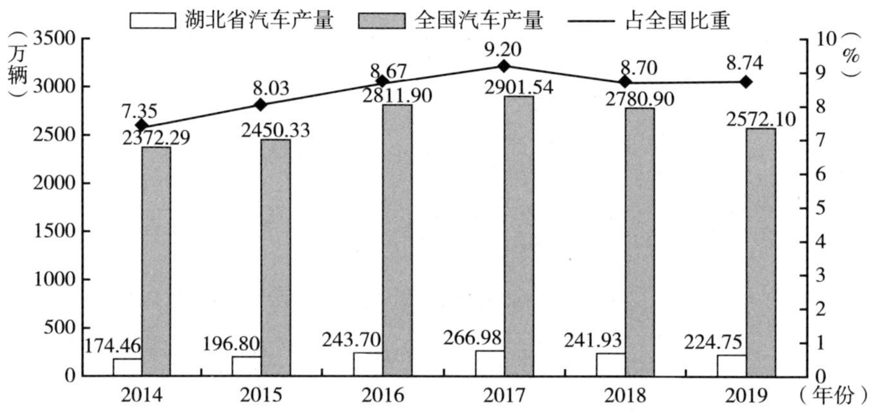

图2　2014～2019年全国及湖北省汽车产量统计

（2）传统汽车生产增降分化

2018年，湖北传统汽车行业出现分化，乘用车产量降幅最大，客车次之，载货汽车微降，中高端车增长。截至2018年底，全省乘用车产能249万辆/年，全年产量191.2万辆，同比下降11.6%（全国乘用车产量2353万辆，下降5.2%），产能利用率为76.8%；载货汽车生产能力50万辆/年，全年产量39万辆，同比下降3.7%，产能利用率为79%；客车生产能力8万辆/年，全年产量5万辆，同比持平，产能利用率为62.5%。

（3）新能源汽车发展强势

湖北新能源汽车产业起步较晚，但发展较快，近年来先后有武汉、襄阳、十堰、黄石、荆门、黄冈等地建设新能源整车企业。2018年，全省新能源汽车产量6.7万辆，同比增长14.5%（全国产量129.6万辆，同比增长40.1%）。东风股份、美洋汽车等襄阳市企业生产新能源汽车4万辆，同比增长23.8%。全省新能源汽车动力电池生产增长较快，金泉新材料生产锂电池5000Mwh，同比增长133.7%；格林美生产三元电池前驱材料6.5万吨，产值99.6亿元，同比增长48.9%。2018年湖北省汽车骨干企业生产情况见表3。

表3 2018年湖北省汽车骨干企业生产情况

企业名称	产量(万辆)	同比增幅(%)	产值(亿元)	同比增幅(%)
东风本田	73.9	0.037	1198	0.122
上海通用	65	-0.079	548	-0.012
神龙公司	17.9	-0.348	132	-0.422
东风乘用车	8.5	-0.272	77	-0.232
东风雷诺	5	-0.331	82	-0.354

（4）改装汽车生产逆势增长

截至2018年底，全省拥有改装汽车生产能力34万辆，全年生产改装车24.1万辆，同比增长7.6%，综合产能利用率为70.9%。随州市2018年生产改装汽车13.1万辆，同比增长16.5%，其中程力专用车生产3.6万辆，增长32.7%，实现产值50.2亿元，增长39.1%；东风随州专汽生产1万辆，增长21.6%，实现产值15.1亿元，增长43.7%；厦工楚胜生产1.4万辆，增长5.5%，实现产值12.5亿元，增长16.2%；驰田股份生产2.1万辆，增长12%，实现产值38.9%，增长59.6%。

2. 存在的主要问题

（1）产能发挥不足

当前，湖北汽车整车企业产能利用率约70%，低于全国9个百分点。特别是新能源汽车产业起步较晚，加之国家补贴政策调整，产能发挥严重不足。2018年全省新能源汽车综合产能利用率仅14.9%，年产量仅占全国的5.2%，同比增长率低于全国水平25个百分点。尽管目前部分企业计划推出新能源汽车，也多只是在双积分政策推动下的一项举措，距真正量产和实现销售还有差距。武汉、襄阳等地骨干整车厂均制定了新能源汽车投产计划，但投产速度和力度均不及北汽、上汽。

（2）零部件配套滞后

湖北整车规模优势和带动作用发挥不足，零部件产业发展滞后。全省汽车整车与零部件的产值比例在1∶0.4左右，全国为1∶0.7，国际为1∶1.7。武汉作为“车都”，比值仅在1∶0.56左右，随州“专用车都”的比值只有1∶0.3。从行业发展规律看，汽车强国强企都离不开强大的汽车零部件配套企业支撑，而东风旗下，研发设计和零部件领域配套企业，均处于多、小、散状态，没有按“全产业链”生态配套形成集团军或者领军零部件企业。目前，湖北汽车零部传企业（含规下企业）虽有7000余家，但规模多在亿元以下，产业集中度、技术水平和制造能力均不及长三角和珠三角地区，关键零部件需要从国外进口和省外配购。

（3）研发设计能力较弱

湖北整车生产企业产品个性化不足，车型较为单一，市场适应能力不强。以东风雷诺为例，2013年成立，2016年正式投产，至今仅推出了4款车，受制于车型单一，在SUV车型竞争加剧的背景下，产销量明显下滑，2019年全年仅生产18607辆，2020年4月东风雷诺退出中国市场。同时，“创新找死、不创新等死”的“魔咒”尚未打破，多数整车及零部件企业创新意愿和创新能力不强，研发投入不足，核心技术缺乏。在锂电子生产领域，骆驼集团拥有专利数17件，居全省首位，而全国龙头比亚迪专利数达3718件。

（三）湖南省汽车产业发展现状及特点分析

湖南汽车工业起步于20世纪60年代，但出于多方面的原因，湖南人的“汽车梦”并非一帆风顺，曾经错过了我国汽车工业发展黄金期的很多机遇。党的十八大以来，湖南省把汽车工业作为重点支持产业，推动湖南汽车工业在中国汽车制造版图中崭露头角，发展成效斐然。

2019年湖南省汽车产量85万辆，比上年降低2.1%，轿车产量33.6万辆，比上年降低21.4%，运动型多用途乘用车（SUV）产量36.4万辆，比上年增加6.8%。新能源汽车产量11.8万辆，比上年增长24.21%。2019年汽车类社会消费品零售额及其增长速度分别为1681.2亿元和8.3%。2019年末民用汽车保有量875.4万辆，增长11.3%；私人汽车保有量812.7万辆，增长11.7%；轿车保有量479.4万辆，增长11.4%。①

1. 全国地位提升，“湘”造汽车逐步崛起

随着产业规模的迅速壮大，湖南汽车制造业崭露头角，逐渐在全国汽车制造版图中占据了一席之地。从整车制造看，2019年湖南省汽车产量为85万辆，占全国总产量的3.3%，相比2018年占全国的比重上升了0.82个百分点（见图3）。从产业综合规模看，2019年，我国汽车制造业整体营业收入规模为80846.7亿元，湖南省汽车类产业营业收入为1681.2亿元，占全国同行业的2.1%。在汽车制造领域，湖南跃升为全国重要的汽车生产基地，成为全国汽车产业生态圈的重要一员。

图3　2015~2019年湖南及全国汽车产量

2. 三大优势，铺平湖南新能源汽车发展之路

“十三五”规划中新能源汽车产业被列为国家战略性新兴产业，湖南省新能

① 湖南省2019年国民经济和社会发展统计公报。

源汽车产业迅猛发展，聚集了中车电动、长沙比亚迪、长沙众泰、北汽株洲等全国知名的13家新能源汽车生产企业和300多家规模以上汽车工业企业，成为湖南“绿色发展”的一张亮丽名片，更是全省重点打造的支柱产业（见图4）。

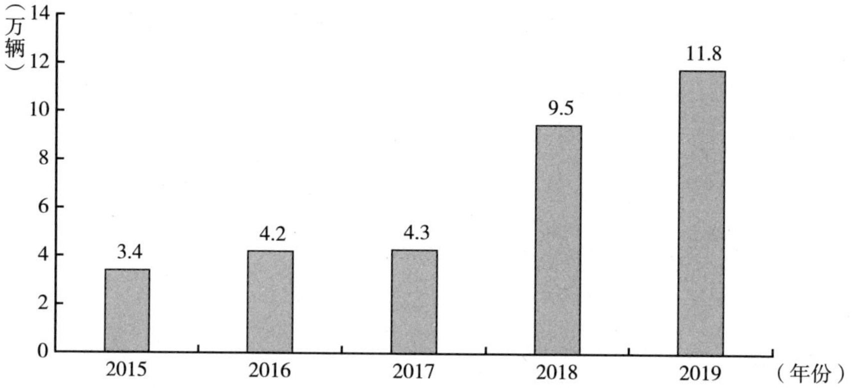

图4　2015～2019年湖南省新能源汽车产量

3. 配套能力增强，制造产业链逐步健全

产业配套完整是产业持续、高效发展的重要条件。在整车制造能力不断增强的同时，湖南高度重视汽车制造上下游产业链的配套建设，围绕整车制造龙头企业加强配套产业的招商和建设，努力提高产业配套率，着力提升行业聚合力。随着博世汽车、吉盛动力、罗佑发动机、索恩格等知名零部件制造企业入湘发展，湖南汽车制造产业链配套更加完善，为汽车工业的崛起发展奠定了良好基础。目前，全省汽车整车制造能力过百万辆，汽车零部件及配件制造产品领域不断拓展和丰富，不仅有结构件、车桥、车身、空调、电子电器、火花塞、沙发座椅等基础性零部件，还覆盖了发动机、变速箱等关键零部件。整体来看，湖南汽车制造产业体系逐渐完善，区域配套水平日见提升，综合竞争实力显著增强。

（四）江西省汽车产业发展现状及特点分析

1. 汽车产量增长缓慢

2019年江西省汽车产量49.10万辆，同比下降10.69%，有轿车、客车、卡车和货车等多种类型产品。江西省汽车产量远远落后于湖北省，2019年汽车产量约为湖北省汽车产量的21.85%；与湖南省相比也有较大差距，2019年汽车产量约为湖南省的57.76%（见图5）。

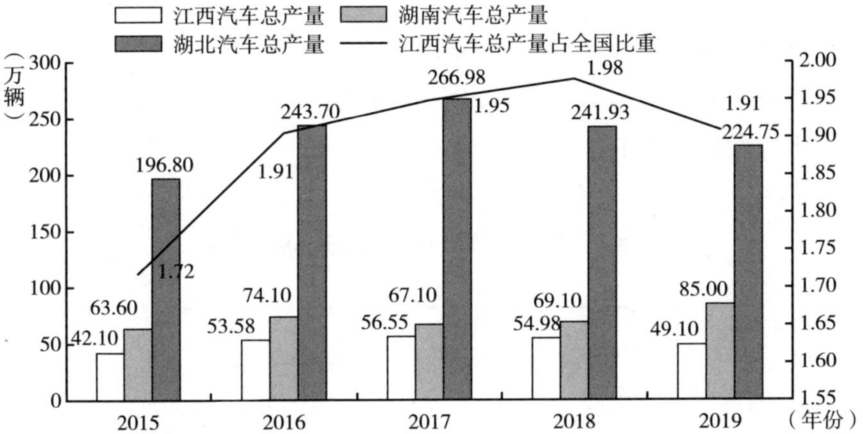

图5　2015～2019年江西省汽车产量情况

2. 零部件和整车发展失衡

从表4可以看出，江西省的大型整车企业如大乘和昌河主要从事整车生产业务，而汽车零部件生产企业相对较少。省内零部件生产企业分散、缺乏合作，整体规模较小，缺乏统一的专业生产标准和具有影响力的大型零部件生产企业，零部件和整车的发展失衡。①

表4　2018年江西省部分整车和零部件产量详情

单位：辆，台

企业	乘用车产量	商用车产量	汽车发动机产量
江铃控股	77378	—	282263
昌河汽车	56799	14387	2215
大乘汽车	—	16043	—
江西五十铃	—	34897	—

① 聂炳胜：《江西省汽车产业国际化战略的研究》，江西财经大学硕士学位论文，2019。

江西省零部件生产和整车供应体系分割严重。没有做好整车生产和上游零部件供应的沟通协调，使整个汽车产业链条运转不灵，效率低下。

3. 汽车品牌规模较小

江西省大型汽车集团为江铃和昌河。江铃汽车品牌主要生产轿车和SUV，北汽昌河除了轿车和SUV，还生产MPV品牌和交叉型乘用车（见表5）。从整体来看，江铃和昌河集团旗下各汽车品牌产量偏低，和欧美大型汽车企业存在很大差距。①

表5　2018年江西省部分汽车品牌产量

单位：辆

项目	江铃	昌河
轿车	44422（E100、E160、E200）	22704（北斗星、A6、H40D）
MPV品牌	—	21985（M50、M70）
SUV品牌	32956（陆风、驭胜）	11856（Q25、Q35）
交叉型乘用车	—	254（福瑞达）

4. 汽车零部件出口较多，整车出口较少

截止到2018年，江西省汽车制造企业的数量约为1036家。整车制造企业有26家，改装汽车制造企业有24家，低速载货汽车制造企业有2家，电车制造企业有12家，汽车车身和挂车制造企业有11家，汽车零部件及配件制造企业有961家（见图6）。

江铃汽车在海外的主要市场还是集中在北非、中东、东南亚和中南美四块地区，而江西凯马百路佳客车的产品主要销往美国、澳大利亚、新西兰、中东、南美等32个国家。总的来说，汽车出口量相对较少，高端汽车出口量比重少。

江西的零部件出口量虽然大于整车出口量，但是江西省的汽车零部件企业中，出口量较大的多为外资企业，江西本土缺乏具有影响力的零部件企业。

① 聂炳胜：《江西省汽车产业国际化战略的研究》，江西财经大学硕士学位论文，2019。

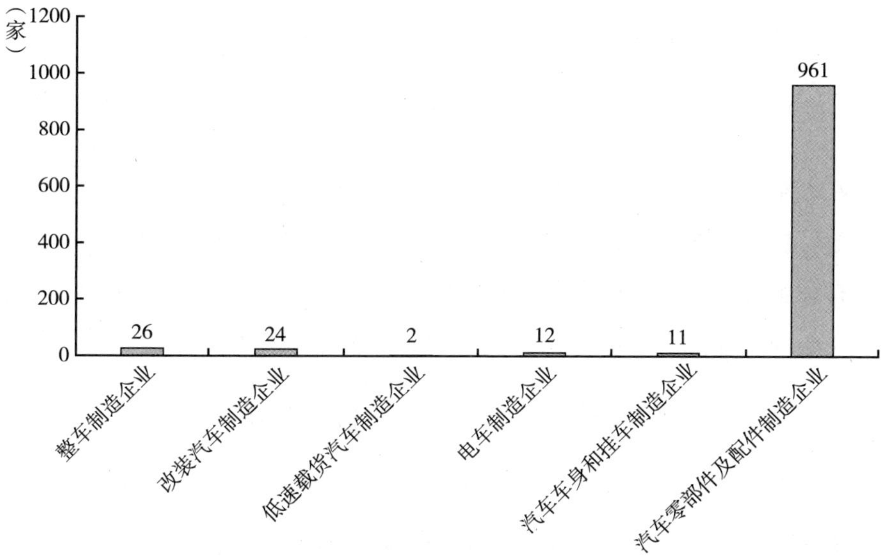

图 6　2018 年江西省汽车制造企业分类

二　中三角汽车产业分工协作的基础条件分析

2015 年国务院批复《长江中游城市群发展规划》，其中重点任务是打造优势产业集群，构建具有区域特色的现代产业体系。①

中三角汽车产业发展状况不一、分工合理，为避免恶性竞争提供了有利条件。同时产业呈现集聚发展态势及三省地缘优势推动经济联系日益紧密，便于优化汽车资源配置、分工协作提升区域整体竞争力。②

（一）三大次城市群实现汽车产业合作的利益结合点

1. 推动汽车产业高质量发展的共同历史使命

在构建现代汽车产业体系、增强经济发展新动能的大背景下，促进汽车

① 陈丽媛：《加快长江中游城市群发展——长江论坛会议综述》，《江汉论坛》2015 年第 6 期。
② 白洁：《长江中游城市群产业分工协作的基础条件分析》，《湖北社会科学》2012 年第 6 期。

产业高质量发展成为国家赋予三大次城市群共同的战略使命。中三角汽车产业的合作是应对外部激烈竞争的首选之路，同时在协作分工、信息共享、技术发展等方面已经有合作基础，推进中三角汽车产业进一步深化合作是大势所趋。

2. 长江经济带开放开发的共同战略任务

随着长江经济带发展战略的深入推进，中部沿江城市面临更多发展机遇。有利于进一步扩大外向型经济规模，提高进出口贸易量。湘鄂赣优化沿江产业布局，加强分工协作，促进中三角整体汽车实力提升。

（二）三大次城市群产业分工协作的现实基础

1. 区位、交通条件

中三角地处我国中部腹地，具有明显区位优势。区域内部京广、京九、沪昆铁路构成交通网络，以长江中游交通走廊为主轴，对物资的流动带来了极为便捷的条件，三省建立了较为完备的综合交通运输体系。① 中三角南接珠三角，东临长三角，北承环渤海。中三角与上述三大经济增长极形成互补，并与之实现产业、人才和贸易的双向流动。

2. 产业基础条件

中三角三省都把发展汽车产业作为推动经济发展的重要举措，但是三省汽车产业在发展程度、规模、方向等方面都存在差异。湖北省汽车产业生产总值及市场占有率具有绝对优势，处于区域龙头地位。湖南省近年来发展速度加快，主要以重工改装和引进广汽品牌为主。江西省抢占轻型客车和载货车市场，利用丰富的锂矿资源，打造新能源汽车产业链。三省汽车产业发展各有侧重，差异明显，有效避免了区域内部恶性竞争。

3. 汽车人才密集、科技实力雄厚

中三角三省高校众多，智力资源丰富，汽车人才密集，为推动汽车产业高质量发展提供了有利条件。武汉理工大学是中国最早设立汽车专业的高校

① 资料来源于文化信息网。

之一，已形成全球汽车先进教育体系，多年持续输出高质量汽车人才。湖南大学拥有汽车国家重点实验室。中三角通过企业联盟、地区合作，加速推进“产学研”一体化进程。

三　中三角汽车产业面临重大机遇

（一）全球产业链结构性重构的机遇

随着世界制造业的深入发展，全球产业链形成明确分工的同时，也加剧了产业链断裂的风险。一旦遭遇新冠肺炎疫情这样的世界危机，制造业整体都将面临重大风险。

为应对这种脆弱性，必须重构产业链集群，既能融入全球化分工体系，又能在某些区域实现生产关系的垂直整合，从而提高抗风险的能力。中三角区域要抓住全球产业重构机遇，打通三省的协同联动，盘活整个上中下游产业链，打造世界级汽车产业链集群。

（二）“新基建”建设带来的机遇

投资作为经济增长的重要动力，是当前中国经济应对疫情的重要着力点。2020 年《政府工作报告》指出，我国将进一步加大对新型基础设施、新型城镇化建设投资，落实好交通、水利等重大工程建设。

新型基础设施主要包括信息基础设施、融合基础设施、创新基础设施等三方面，强调在新科技时代下，互联网、5G、智能网联、新能源等技术的发展和应用，与汽车“五化”（轻量化、电动化、智能化、网联化、共享化）趋势高度吻合，为下一代汽车产业的发展带来机遇。

中国新型基础设施建设进展迅速，充电桩是七大重点领域之一。在动力电池很难取得突破性改革、锂电池能量密度提升技术难度大的背景下，通过建设充电桩可以有效缓解用户的能源里程焦虑问题，也为新能源汽车的普及创造了条件。

（三）国企加快推进汽车产业协同发展的机遇

为了凝聚央企的技术、渠道优势，推动自主品牌的进一步发展，一汽、东风、长安等企业，投资设立 T3 科技平台公司，未来将重点研发电动平台及先进底盘控制、氢燃料动力平台、智能驾驶及中央计算平台等领域核心技术。一汽和东风还在车联网和燃料电池等领域签订战略性合作协议，以期自主汽车的弯道超车。为推动自主品牌全面崛起，上汽和广汽于 2019 年 12 月 23 日签署战略合作协议，双方在多方面开展深度合作。

四　新冠肺炎疫情给汽车产业带来的深层影响

新冠肺炎疫情对汽车产业的影响深远，主要表现在三个方面。

（一）新冠肺炎疫情按下了消费升级的转换键

中国车市 2020 年 4 月止跌，5 月销售环比增长 5.9%，同上年同期相比增长 14.5%，销量逐渐靠近产量，购车需求累积效应效果逐渐显现。在 5 月，虽然高端车销售增幅超过 20%，但是 8 万元以下车型需求并无明显增长。汽车消费的升级倒逼汽车品质和品牌的升级。

（二）新冠肺炎疫情按下了企业优胜劣汰的加速键

5 月，国内销售前十的车企呈现严重的贫富不均。同比增幅有的高达近 70%，有的下降近 20%。头部车企市场集中度为 61.8%。市场占比最低只有 4% 左右，最高的达到 11%。新冠肺炎疫情进一步加速了国内车企的优胜劣汰。

（三）新冠肺炎疫情按下了产业整合的回车键

在疫情压力下，更深层次的资源整合，由规划变成了现实。产业链集群化是全球产业重构的方向。通过产业整合，在一定区域内，既能融入全球化分工体系，又能在某些区域实现生产关系的垂直整合，从而提高抗风险的能力。产业链集群化是今后全球产业链重构的发展方向，汽车产业将向垂直整合的方向，更多元化的、更具韧性的方向发展。

五　中三角布局汽车产业链集群的对策建议

（一）抓住全球产业链重构机遇，提升产业链现代化水平

围绕新能源、智能网联等重点领域，强化关键环节及领域，提高产品质量保证，运用点式突破、链式创新方式，打造耦合式产业链集群。注重产业集群组织培养，建设非营利性、合作共享的开放型跨区域产业集群，营造产业创新生态。

加快推进信息基础设施互联互通。国家政策让换电模式迎来更好的发展环境，工信部在 2020 年 4 月补贴新政中提出，取消换电模式车型售前价格限制。在 2020 年全国“两会”上，换电站纳入新基建范围。三省可将换电站作为试点，提高布局密度，有力推动换电在出租车、网约车等对公领域的发展。

加大财政金融支持力度。充分发挥武汉光谷联合产权交易所的作用，整合武汉股权托管交易中心、武汉知识产权交易所功能，帮助中小企业解决融资难困境。

（二）通过龙头企业的跨区域布局，促进资源要素有序跨区域流动

在产业要素配置方面，围绕土地、人才、资本、数据等要素，发挥龙头企业在跨区域产业布局中带动作用，促进生产要素的有序流动，形成优势互补、合理分工的产业链条。加大在区域重大工程和项目的合作，实现科研、生产、营销最佳效果的发挥，推进产业集群化发展。

一是突出各省主导优势产业，避免产品趋同导致地区内部恶性竞争。二是延伸产业链，以骨干企业为龙头，兼并、重组一批中小企业，加强分工协

作，提升地区产业集群实力。三是整合产业组织结构，突出地区大企业集团实力，充当地区快速发展引擎。

（三）支持核心零部件发展，突出强链补链延链

当前，产业链全球化受到冲击，推动供应链本地化、区域化是未来发展方向。产业链的本地化分为三个层次：一是底层，主要包含本地化组装生产，侧重人员、设施本地化；二是中间层次，为本地研发，包含研发体系、人员及设备的本地化；三是高层次，知识产权本地化，包括自身及合作伙伴知识产权的本地化。高层次的知识产权本地化是核心，需要中三角汽车产业在全球产业链、价值链中低端向中高端攀升的过程中布局创新链。

目前汽车核心零部件被“卡脖子”的局面依旧存在，要给本土零部件企业以发展机会。2019 年全国汽车零部件行业企业百强中，中三角地区仅三环集团（排第 9 位）、东风汽车零部件（排名第 13 位）、恒隆集团（排名第 48 位）3 家企业入围。加大高端零部件、关键材料、核心部件和高端装备的布局，瞄准发动机、电控、电机、燃油供给系统、点火系统等核心零部件，对于关键性的、“卡脖子”技术和部件要实现本土化，提高产品科技含量和附加值，以品质、品种、品牌赢得市场。

B.5
新冠肺炎疫情下长江中游城市群环境治理与生态建设提升研究

陈丽媛*

摘　要：　2020年新冠肺炎疫情的发生和传播极大地影响了全国经济发展和社会稳定，对生态文明建设也提出了新的要求。“人与自然和谐共生”理念更加突出，人民对健康的食品、清新的空气、清洁的水源要求更加凸显，环境保护的重要性更加凸显。疫情过后，作为中国“绿心”的长江中游城市群，应在完善生态环境治理体系上进一步发力，以高水平环境治理推动高质量发展。

关键词：　长江中游城市群　环境治理　生态建设　新冠肺炎疫情

习近平总书记指出，“绿水青山就是金山银山”。[①] 良好的生态环境已经成为影响高质量发展的重要因素。长江中游城市群作为中国的“绿心”，是中国“两型”社会建设引领区，环境监测治理和生态保护是疫情防控的关键环节，面对疫情产生的新情况新问题，要进一步完善生态环境治理体系，实施更加精准的环境治理与生态保护，实现长江中游城市群高质量发展。

---

* 陈丽媛，湖北省社会科学院长江流域经济研究所副研究员，研究方向为区域经济、生态经济。

① 《习近平谈治国理政》第2卷，外文出版社，2017，第559页。

一　长江中游城市群环境治理与生态建设现状

（一）积极推进污染防治攻坚战

湖北是长江径流里程最长的省份，武汉城市圈是国家“两型”社会建设综合配套改革试验区，生态文明建设责任重大、任务非常艰巨。湖北将推动湖北长江经济带发展作为推动高质量发展的重要内容，以长江大保护十大标志性战役和九大行动为行动指南，全面打响污染防治攻坚战。以武汉为例，武汉水资源特色突出，水生态环境问题也突出，针对部分湖泊水质为五类甚至劣五类、污水收集体系不完善等问题，武汉实施“一水一策”，全面提升建成区水体水质。加强武汉市空气污染四大“元凶”（工业生产污染、机动车排放污染、扬尘污染、燃煤污染）的治理。工业污染方面，武汉“抓大不放小”，不仅强化钢铁、石化等重点企业节能减，同时分类整治“散乱污”企业。机动车排放污染方面，通过加快淘汰老旧车、提升油品质量、加快建设地铁等公共交通等举措，全方位治理机动车排气污染。再如，土壤污染防治黄石模式初步形成，其经验做法获全国推广。2019 年，湖北省 13 个国考城市平均优良天数比例 76%，PM2. 5 累计平均浓度比 2015 年下降了 25%，每立方米仅 44 微克，达到了省“十三五”空气质量改善进度目标要求。武汉军运会期间，武汉、咸宁等省内多个地方空气质量连续二十多天保持优良。2019 年 12 月湖北省地表水环境质量月报显示，12 月，全省主要河流总体水质为良好。对 176 个河流断面开展监测，89. 7% 的断面水质优良为Ⅰ～Ⅲ类。全年长江干流、汉江干流水质总体为优，长江支流、汉江支流水质总体良好主要湖库总体水质为轻度污染。地级以上城市集中式饮用水源地水质达标率 100%。

就湖南而言，习近平总书记先后对湖南生态环境保护工作的出了“真正把生态系统的一山一水、一草一木保护好”（2013 年 11 月湖南考察）、“守护好一江碧水”（2018 长江岳阳段考察）等的重要指示。湖南 96% 的土地面积属于长江流域范畴，长江岸线长 163 公里。因此，湖南污染防治攻坚战的一项重要任务就是打好长江保护修复攻坚战，守护好“一江碧水”。围绕“4+1”工程和八大专项行动，同时，围绕长株潭区域大气同治、洞庭湖水环境整治、湘江流域重金属（土壤）治理三大重点，打好蓝天、碧水和净土三大保卫战，湖南的污染攻坚战成效显著。2019 年，湖南城市环境空气质量优良率在 83% 以上，PM2.5 年均浓度在 42 微克/立方米以下。全省 60 个国考断面水质优良率为 91.7%，比 2018 年提高 1.7 个百分点，与全国平均水平相比，更是高出 16.8 个百分点。湘江干流水质优良比例继续保持 100%，同时重金属的浓度持续降低。洞庭湖总磷浓度持续保持下降，2019 年总磷浓度由 2018 年的 0.069 毫克/升持续下降到 0.066 毫克/升，接近三类水质标准。全省地级城市集中式饮用水水源水质达到或优于Ⅲ类比例高于 96.4%，地级城市建成区黑臭水体消除比例在 90% 以上。全省森林覆盖率达 59.9%，湿地保护率达 75.8%。

江西以青山绿水著称，森林覆盖率在全国稳居第二。近年来，江西聚焦“八大标志性战役、30 个专项行动”，进一步守护好江西的蓝天碧水净土。统计数据显示，2019 年江西省 PM2.5 浓度比 2017 年下降 26%，为 34 微克/立方米，达到二级标准要求。国家考核断面水质达到 94.7% 的优良率，全省县级及以上断面劣Ⅴ类水被消灭，长江干流（江西段）所有水质断面全部达到Ⅱ类标准。鄱阳湖对调节长江中下游水生态水安全发挥着重要作用，2018 年鄱阳湖水质轻度污染，总磷为主要污染物。2019 年，江西推进“清磷行动 2019”专项行动，对环鄱阳湖重点区域 3 市 13 个县（市、区）开展清磷行动。

专栏一　长江中游三省污染防治攻坚战举措

1. 湖北长江大保护十大标志性战役和九大行动

十大标志性战役：湖北省沿江化工企业专项整治、湖北省农业面源污染整治、湖北省城市黑臭水体整治、湖北省非法采砂整治、湖北省非法码头整治、湖北省饮用水源地保护、湖北省沿江企业污水减排、湖北省城乡垃圾治理等湖北省磷石膏污染整治、湖北省固体废物排查。九大行动：深入实施森林生态修复、湖泊湿地生态修复、生物多样性保护、工业污染防治和产业园区绿色改造、城镇污水垃圾处理设施建设、农业和农村污染治理、江河湖库水质提升、重金属及磷污染治理、水上污染综合治理九大行动。

2. 湖南“4+1”工程和八大专项行动

“4+1”工程：以长江干流、主要支流及重点湖库为重点，重点推进城镇污水垃圾处理、化工污染治理、农业面源污染治理、船舶污染治理及尾矿库污染治理。八大专项行动：开展重点断面整治、入河排污口整治、自然保护区监督管理、“三磷”排查整治、固体废物排查整治、饮用水水源保护、工业园区规范化整治、黑臭水体整治等八大专项行动。

3. 江西八大标志性战役、30个专项行动

“八大标志性战役”：长江经济带“共抓大保护”、鄱阳湖生态环境专项整治、蓝天保卫、碧水保卫、净土保卫、自然生态保护、工业污染防治、农业农村污染防治。30个专项行动：打好蓝天保卫攻坚战，含城市扬尘治理专项行动等6个子项；打好碧水保卫攻坚战，含饮用水水源地环境保护专项行动等5个子项；打好净土保卫攻坚战，含城镇生活垃圾处理专项行动等4个子项；打好自然生态保护攻坚战，含自然保护区整治专项行动等4个子项；打好工业污染防治攻坚战，含开发区环保基础设施建设专项行动等5个子项；打好农村污染防治攻坚战，含畜禽养殖污染治理专项行动等4个子项。

（二）生态治理体系逐步完善

生态立省，制度先行。湖北有着与全国其他省相比较为严厉的水土气污染防治条例，编制全省生态保护红线划定方案，纳入红线保护的面积占全省22.3%的面积，“四屏三江一区”的生态安全格局形成；基本建立“1+6+N”生态文明制度体系。顺利开展省级空间性规划“多规合一”试点工作；推行五级河长制，建立水资源和水生态联合调度机制、信息共享

和协同应急处置机制，严格实行跨界监测断面考核。探索推进流域横向生态补偿试点；深化排污权交易试点。积极推进湖北碳排放权交易试点，交易规模与金额在全国名列前茅。进行环保领域“放管服”改革，实行“一站式”办理环保行政审批事项，“三线一单”编制完成，生态文明体制改革不断发力。

湖南出台《湖南省贯彻落实〈长江保护修复攻坚战行动计划〉实施方案》《污染防治攻坚战三年行动计划》《洞庭湖水环境综合治理规划实施方案（2018～2025年）》《湘江保护和治理第三个三年行动计划》《湖南省流域生态保护补偿机制实施方案（试行）》等系列环境保护方案、行动计划。为进一步全面建立和完善生态环境保护体制机制，形成齐抓共管的大生态环境保护格局，2019年，湖南省生态环境厅制定《湖南省生态环境保护工作“四严四基”三年行动计划》，成为湖北省生态环境保护工作的一个总盘子和四梁八柱。2019年10月，出台长江经济带发展负面清单实施细则，率先建立省级环保督察和自然资源督察体制机制等，生态环境治理体系逐渐完善。

专栏二　湖南省“四严四基”三年行动计划①

1. “四严”：“严督察、严执法、严审批、严监控”

（1）严格生态环境保护督察：强化省级生态环境保护督察职能，有效衔接中央生态环境保护督察，同时进一步建立健全生态环境保护责任体系，制定生态环境问题（事件）责任调查办法，做到失职必追责。

（2）严格生态环境保护执法：明确执法层级责任，按照统一规划、力量下沉的思路，有效整合分散在其他部门的生态环境执法职责和力量，强化生态环境综合执法思维，切实形成生态环境综合执法能力。

（3）严格生态环境保护行政审批：立好生态环境总规矩，编好用好生态环境保护“三线一单”，使所有行政审批在“三线一单”管控措施下规范

① 资料来源：《湖南省生态环境保护工作“四严四基”三年行动计划（2019～2021年）》。

运行，严格生态环境准入。服务经济高质量发展，实行差别化的生态环境准入政策，倒逼经济结构调整，推动产业转型升级。

（4）严格生态环境保护监控：加强日常监管和线下监控，建立生态环境风险隐患排查制度，实行动态跟踪监控和管理；建立生态环境监控信息快速响应机制，对生态环境监控发现的数据异常、重大风险隐患、重大舆情迅速进行预警、推送、核实、处置；提高应急处置能力。

2. “四基”：“基本格局、基础工作、基础数据、基本能力”

（1）构建生态环境保护基本格局：构建生态环境保护齐抓共管总体格局，制定并落实生态环境保护责任清单，做到“党政同责”“一岗双责”和“三管三必须”。

（2）夯实生态环境保护基础工作：加强规划工作，编制“十四五”生态环境保护规划，科学谋划未来五年生态环境保护发展的目标任务；健全法律法规，制定、修订土壤污染防治、区域流域水环境保护等一批地方性法律法规。

（3）强化生态环境保护基础数据：完善生态环境质量自动监测网络，形成生态环境保护大数据中心，建立生态环境保护数据的分析研判机制，强化生态环境基础数据在生态环境日常监督管理、生态环境工作考核评价、生态环境综合决策等方面的支撑和运用。

（4）提高生态环境保护基本能力：提高监测能力，完善监测网络，提高生态环境监测的自动化和信息化水平。

江西不断完善具有江西特色的生态文明制度体系。制定了《江西省河道采砂管理条例》《江西省大气污染防治条例》等一批地方性环境保护法规。坚持“源头严控、过程严管、后果严惩”建设机制，积极推进省域空间规划编制、“多规合一”试点、自然资源统一确权登记等工作；设定生态文明建设评价指标体系，全面实行河长制、湖长制、林长制，实施全域生态补偿制度；出台重点生态功能区产业准入“负面清单”；实行涉水规划、河湖监管、行政执法“三个统一”，推进生态环境领域行政执法和刑事司法衔接；出台党政领导干部生态环境损害责任追究实施细则。为推进美丽中国“江西样板”建设，江西省生态环境厅积极创新，在领导体系、组织体系、目标体系、制度体系、责任体系、奖惩体系、服务体系、保障体系①等八个方面的创新，提高生态环境保护水平。

专栏三　江西创新八大体系

创新领导体系：构建省市县三级环境保护委员会，形成全省齐抓生态环境保护、治理、修复的格局。

做实组织体系：推进机构改革、环保垂改、综合执法改革等。

创建目标体系：江西省将生态环境质量改善三年目标任务按年度细分到各设区市。

形成制度体系：在环委会层面构建十项工作制度，推动生态环境系统治理。

创新责任体系：让管发展的必须管环保、管生产的必须管环保、管行业的必须管环保。

创新奖惩体系：设立污染防治攻坚战专项奖补资金，鼓励各市、县加大污染防治工程性投入。

做好服务体系：实行建设项目环评“瘦身”、提速，帮助企业制定环境治理解决方案。

夯实保障体系：持续深化“五型”机关建设，组织开展创新型、主动型、落实型、被动型、懒散型、糊涂型“六型”干部评比测评。

（三）绿色发展水平不断提高

湖北省牢记习近平总书记提出的“绿水青山就是金山银山”的理念，

① 陈化先：《创新八大体系　江西力争生态环境质量走前列》，凤凰网江西，2019 年 12 月 12 日。

坚持生态立省，绿色引领产业升级，推动高质量发展。武汉城市圈中重化工业城市武汉、黄石、鄂州等逐渐向电子信息、航空航天、生物医药、海洋工程装备等新产业进军，促进数字经济、生物经济、绿色经济发展。目前，湖北四大国家级产业基地加快建设，集成电路、智能制造等战略性新兴产业快速成长。“芯屏端网”产业规模突破3000亿元。2018年，武汉市“三新”经济增加值占GDP的比重达27.7%，比全国高11.6个百分点。同时，新服务业增加值、战略性新兴产业占“三新”经济增加值的比重分别达26.3%、71.5%，结构进一步优化。2018年湖北省实施绿色发展“四大行动”，加强农业污染治理，打造专业化、规模化、标准化的农业生产基地，探索“稻渔共作”、水稻“一种两收”等高效种养模式。随着“互联网+”的快速发展，湖北新兴服务业出现较快增长。2019年1~6月，全省规模以上互联网和相关服务业实现营业收入同比增长52.9%，达50.91亿元，规模以上软件和信息技术服务业实现营业收入同比增长38.6%，283.54亿元。

湖南借助长江经济带生态优先、绿色发展的倒逼机制，大力推动绿色产业发展。积极培育战略性新兴产业，包括高端装备、生物技术、新材料、新一代信息技术、绿色低碳和数字创意等产业。2019年长沙荣获国家级科技奖22项，在全国居前列，高新技术企业3000多家，78个国家创新型城市排名中，长沙创新能力居第8位，智能制造装备产业集群成为国家首批战略性新兴产业集群。中国老工业基地株洲，依托轨道交通、汽车、航空三大动力产业，“中国动力谷”已经初具规模。“复兴号”高铁最核心的零部件产自株洲，电力机车、城轨、动车组等出口至70多个国家和地区，是流动的国家名片。长沙绿茶、浏阳油茶、望城蔬菜、花卉苗木等特色农业产业链加快发展。2017年，湘潭市列入国家首批产业转型升级示范区，工业机器人、新能源装备、先进矿山装备、海工装备等智能装备产业成湘潭的支柱产业，同时，大力创新发展汽车及零部件、食品医药、新一代信息技术、新材料等重点产业，产业转型升级“湘潭经验”被推选为全国典型。

江西大力推进产业生态化、生态产业化发展，构建现代化的绿色农业体系、绿色工业体系、绿色服务业体系。通过创新引领，实施“2+6+N”产业高质量跨越式发展行动，[①] 加快新旧动能转换，电子信息、航空、新材料、中医药发展迅速，鹰潭下一代信息网络入选国家首批战略性新兴产业集群。科技创新步伐加快，申报的景德镇国家陶瓷文化传承创新试验区实施方案、鄱阳湖国家自主创新示范区获得国家批准。江西被农业农村部列为全国唯一的“绿色有机农产品示范基地试点省”，认证的绿色食品、有机农产品、农产品地理标志数量位居全国前列，2018 年全省“三品一标”产品数量5335 个，是2014 年的2.2 倍。大力发展全域旅游、文化创意等现代服务业，促进现代服务业高质量发展。2019 年，江西服务业增加值占 GDP 比重达到47.5%，高新技术产业占规模以上工业增加值比重为36.1%、战略性新兴产业增加值占规模以上工业增加值的比重达21.2%；新兴产业发展较快，2019 年1～12 月，全省互联网和相关服务业营业收入增长45.7%，达98.56 亿元，占规模以上服务业营业收入的3.8%；商务服务业营业，占规模以上服务业营业收入的9.2%，达239.83 亿元，增长20.9%，软件和信息技术服务业营业收入达到107.16 亿元，增长14.1%。江西经济发展的“绿色含量”不断提高。

二　新冠肺炎疫情对环境治理与生态建设提出新要求

2020 年突发的新冠肺炎疫情，考验着一个国家和地方的治理体系和治理能力建设情况，同样也考验着长江中游城市群三省环境治理体系和治理能力建设情况。新冠肺炎疫情的首要发生地在湖北武汉，湖南、江西与湖北一衣带水，人员往来密切，受影响都不小。虽然新冠肺炎疫情的发生不会改变长江中游城市群生态环境质量持续向好的态势，但是短期内新冠肺炎疫情会对生态环保工作造成一定影响，对生态环境治理体

① 《江西省人民政府关于下达江西省2020 年国民经济和社会发展计划的通知》，2020 年3 月8 日。

系提出新的要求；长期内会引发对人与自然和谐关系的进一步反思，对高质量发展的要求更为迫切。

（一）要求进一步完善生态环境治理体系

党的十九届四中全会作出了《推进国家治理体系和治理能力现代化若干重大问题的决定》（简称《决定》）。《决定》中进一步提出："坚持和完善生态文明制度体系，促进人与自然和谐共生。"要求实行最严格的生态环境保护制度、全面建立资源高效利用制度、健全生态保护和修复制度、严明生态环境保护责任制度。疫情期间，生态环境治理不足的问题有所体现，如疫情发生以来，感染性医疗废物增长速度非常快，像武汉等疫情防控重点地区增速甚至在50%以上。对医疗废物的处置专业性较强、较为复杂和处理具有特殊性，如果管理、处置不好，很容易造成二次感染等严重后果。这次疫情有些地方就表现出对危险废物、医疗废物收集处理设施的应急处理能力表现不佳。同时，疫情对环境监测能力也提出了更高的要求，比如，水源地的安全直接关系百姓身体健康，关系国家安定，疫情期间，确保各类地表水和地下水不受病毒污染尤为重要，但是长期以来我国生态环境监测事权主要在地方，监测数据指标各地区没有统一，技术力量有高有低，造成数据的科学性、权威性难以保证，尤其对跨流域、跨区域等环境问题的监测，难以统筹解决。再有，疫情的发生推动生态环境保护法律法规的进一步完善。比如我国20世纪80年代制定的《野生动物保护法》，注重的是对野生动物的利用，更多地强调野生动物的资源性。中国法学会环境资源法学研究会副会长、中国政法大学环境资源法研究所所长于文轩教授指出：我国现行相关立法对出售、购买、食用野生动物是将其纳入重点保护野生动物的范畴进行管理，并没有置之不理。而对其他非重点保护野生动物，如果提供合法来源证明和检疫证明，并未明确禁止食用，因此为那些非重点野生动物及其制品的出售、购买和食用提供了可能。这也是引发此次疫情的原因之一。所以进一步完善野生动物保护法非常重要。要强化公共卫生法治保障，全面加强和完善公共卫生领域相关法律法规建设，认真评估传染病防治法、野生动物保护法等法律法规的修改完善。

（二）要求人与自然关系更加和谐

世界卫生组织指出，野生动物可能是新型冠状病毒（COVID－19）的来源。随着工业化的进一步发展，人类活动对野生动植物栖息地破坏更为严重，越来越多的疾病通过动物传染到人类身上。科学家也提出，由于病原体很容易传播到家畜和人类身上，栖息地如果不断退化，可能会加速进化进程，并导致疾病的多样化。恩格斯在《自然辩证法》一文中指出："不要过分陶醉于我们人类对自然界的胜利。对于每一次这样的胜利，自然界都对我们进行报复。"① 这次疫情暴发的最根本的缘由，在于人类自身打破了人与自然和谐共生的状态。重新反思人与自然之间的关系，充分认识到人只是依赖自然而生存的一部分，不应该成为自然的主宰，早在人类产生之前，自然就已经存在，而且有它自身稳定的自我循环系统，自然具有内在生命力，并不依赖于人，所以，人与自然万物和谐共处，与自然和谐共生才应该是生态文明时代应有之义。因此，如何更好地保护人类赖以生存的大自然、如何树立生物安全观、如何建立更加健康文明的生活方式，应成为疫情之后人类共同的思考。

（三）要求经济发展必须走绿色发展的道路

党的十八大以来生态文明建设的实践充分证明，经济发展不能以破坏生态为前提，良好生态也是生产力，改善生态环境就是发展生产力。"绿水青山就是金山银山"理念应成为全体社会的共识和行动。要着力转变经济发展方式，由传统的高投入低产出、高消耗低收益、高速度低质量粗放型增长模式向低投入高产出、低消耗高收益、高质量集约型模式转变。正如习近平总书记强调的："加快转变经济发展方式，根本改善生态环境状

① 《马克思恩格斯文集》第9卷，人民出版社，2009，第559页。

况，必须改变过多依赖增加物质资源消耗、过多依赖规模粗放扩张、过多依赖高能耗高排放产业的发展模式。”① 要推动产业提档升级，按照绿色低碳循环发展要求，加快改造传统产业，淘汰落后产能，污染比较重、资源消耗比较大的项目坚决不能上；不断提升企业技术和管理水平，减少污染排放，推动实现绿色发展；抓住机遇大力发展新兴产业，既有利于转变发展方式、培育壮大新动能，又有利于发展绿色低碳经济。习近平总书记指出，要建立完善以企业为主体、市场为导向、产学研深度融合的技术创新体系。所以，要加强科技创新，向技术创新要动力。同时，人才是创新的基础，要加大人才培养的力度，向高素质人才要动力，增加高素质人才的供给。

三　进一步提升长江中游城市群环境治理与生态建设对策建议

生态兴则文明兴。党的十九大报告提出“推进绿色发展，建设美丽中国”的重点任务。长江中游城市群是赣鄂湘三省经济社会发展的集聚地区，属于国家重点开发区，同时江河湖集聚，水资源非常丰富，其生态安全尤其是水生态安全关系到长江流域的生态安全。针对疫情出现的新情况新问题新要求，长江中游城市群应进一步完善生态文明治理体系，通过环境保护倒逼绿色发展提速，在生态环境保护与推进经济发展高质量上走在全国前列。

（一）建立现代化的生态环境治理体系

2018 年全国生态环境保护大会上，习近平总书记提出，要加快建立健全以治理体系和治理能力现代化为保障的生态文明制度体系。② 中共中央办公厅、国务院办公厅印发了《关于构建现代环境治理体系的指导意见》，从

① 《习近平谈治国理政》第 2 卷，外文出版社，2017，第 395 页。

② 《构建现代环境治理体系 为建设美丽中国提供有力制度保障》，《旗帜》2020 年第 6 期。

领导责任体系、企业责任体系、全民行动体系、监管体系、市场体系、信用体系、法律法规政策体系[①]等方面建立健全环境治理体系。意见强调，要完善修订固体废物污染防治、生态环境监测、清洁生产等方面的法律法规，并且鼓励有条件的地方在环境治理领域先于国家进行立法，同时要严格执法等。2020 年，湖北构建“1 + 1 + N”制度体系，通过了《中共湖北省委关于贯彻落实党的十九届四中全会精神、推进省域治理现代化的决定》和《中共湖北省委 湖北省人民政府关于推进疾病预防控制体系改革和公共卫生体系建设的意见》以及系列关于公共卫生、大健康产业发展、城乡基层社会治理和应急管理的配套文件，积极推进省域治理现代化。长江中游城市群三省要树立系统思维，第一，进一步完善水土气污染防治、环境监测等法律法规，为生态文明建设提供制度保障。第二，补齐短板，进一步加大生态环境监测监控能力、执法监管能力、综合分析决策能力、污染物收集处置能力、环保科技支撑能力[②]等方面的建设力度。唯有如此，在面对重大突发环境事件发生时，才能迅速做出响应。就这次疫情而言，进一步补齐医废处置短板，补齐危险废物焚烧设施、生活垃圾焚烧炉、工业窑炉等应急处置设施短板，提高应急储备能力，尤为重要。第三，加强环境经济政策创新。充分发挥市场机制的作用，进一步激发企业、居民等保护环境的积极性，尤其激发企业治污减排的积极性。建立跨省流域共同出资的生态补偿基金。充分发挥绿色金融的作用，发行绿色信贷、绿色债券的金融产品，同时要制定减税、补贴、配额等相应制度来促进绿色投资发展。完善长江中游城市群省级排污权交易平台，共同探索，不断完善排污权交易制度。进一步完善环境污染强制责任保险试点。第四，建立长江中游城市群跨区域环境联防联控机制。长江中游城市群的发展，三省虽然相对独立，但必须像习近平总书记在推进长江经济带座谈会上讲的那样，要树立“一盘棋”的思想，要从总体上来谋划长江中游城市群生态保护与环境治理。对长江中游城市群生态建设

---

① 《构建现代环境治理体系 为建设美丽中国提供有力制度保障》，《旗帜》2020 年第 6 期。

② 于红霞：《构建江苏现代化生态环境治理体系》，《唯实》2019 年第 9 期。

来说一样，共同探索建立跨区域生态环境保护综合管理机构，定期协商对话，讨论协商解决各类生态环保问题；加强大气污染联防联控联治；构建跨区域（流域）自动化、立体化的应急监测体系；加强信息互联互通等。

（二）危中寻机，强链补链，进一步推动产业高质量绿色发展

疫情的发生造成三省尤其是湖北一些企业和行业发展进入困境，但同时危中有机，在一定程度上也为产业转型升级提供了机遇，要抓住时机，利用环境倒逼机制，进行产业结构调整、转型、升级，推动产业高质量绿色发展。三省要有“壮士断腕”的决心，加快淘汰重点行业落后产能；严格按主体功能区规划定位要求，严守环境容量底线，充分发挥区域比较优势，加强重点行业的产业布局。湖北省全面实施“一芯两带三区”区域和产业发展战略布局，推动产业高质量发展；要充分利用好中央经济社会发展一揽子政策，策划一批打基础、强功能、管长远的重大产业项目、基础设施项目，稳住湖北经济基本盘；突出稳定产业链供应链，提升竞争力。湖南省“危中抢机”，瞄准产业链薄弱环节，抓住机会补链延链强链，提高湖南省制造业发展质量。目前，各地正聚焦重大基础设施、产业链、新基建、公共服务设施四大领域，加大投资力度。同时，围绕优势产业链带动新的产业建设，湖南自主可控计算机、新材料、轨道交通、北斗应用、无人驾驶等领域新技术的产业化、新产品的批量化，不断催生新的重大产业项目建设。湖南长沙将推动制造业高质量发展作为主路径，打造国家智能制造中心，形成独特的“长沙模式”。江西创新施策，围绕有色金属、电子信息、汽车、虚拟现实、航空等省级重点产业链，查找厘清各产业链发展中的薄弱环节，提出“一链一长”，全面实施产业链链长制，推动全省产业链高质量发展，构建具有江西特色的现代化产业体系。

（三）健全全民参与机制，建立长江中游城市群共建共治共享的环境治理体系

党的十九大报告强调，着力解决突出环境问题，构建以政府为主导、企

业为主体、社会组织和公众共同参与的环境治理体系。政府是执法与行政的主体，三省政府要在决策行为、行政行为的规范化、科学化与民主化方面重点发力，制定行之有效的环境保护各类政策，同时，要加强监督，严格环保执法。企业是市场经济的主体，也是环境治理体系的主体。作为环境保护的重要参与者，企业要强化主体责任，承担环保社会责任，根据政府部门的统一部署，主动实施关停、搬迁，主动淘汰落后产能、提升工艺装备、加强污染防治；积极实施清洁生产，提高资源综合利用率，从源头防治污染；要依法公开企业环境信息，自觉接受监督。鼓励全民参与生态环境保护，鼓励公民积极参与环境保护监督工作，对举报环境污染问题的群众进行奖励；进一步加强平台建设，打造方便社会公众参与的各类载体；加强生态环境宣传教育，大力支持社会组织开展环保公益活动，倡导绿色健康的生活方式。

参考文献

《生态文明建设背景下疫情防控的环境治理和生态保护思考》，http：//www. lnses. org/xueshujiaoliu/648. html。

汤学兵：《跨区域生态环境治理联动共生体系与改革路径》，《甘肃社会科学》2019 年第 1 期。

《促进绿色发展 共建长江中游城市群生态文明》，http：//m. haiwainet. cn/middle/455817/2015/0615/content_ 28835670_ 1. html。

《生态治理成效在疫情大考中凸显》，《中国青年报》2020 年 5 月 8 日。

区 域 篇

Regional Reports

B.6

新冠肺炎疫情对湖北经济社会发展的影响及对策建议

湖北省社会科学院课题组*

摘　要： 疫情造成全省经济社会发展主要目标完成的难度较大，经济增长动能全面减速，重点区域和产业、企业受到严重打击，经济社会运行风险明显增加，湖北形象受损社会负担加重。为实现疫后重振，湖北要以统筹好疫情防控与经济社会发展之间的关系为重点，主动作为、奋发有为，将疫情对湖北的

* 课题组成员：张忠家，湖北省社会科学院党组书记、教授；袁北星，湖北省社会科学院党组成员、副院长、研究员；彭玮，湖北省社会科学院科研处处长、研究员；夏梁，湖北省社会科学院经济所副研究员；倪燕，湖北省社会科学院经济所副研究员；赵霞，湖北省社会科学院长江所副研究员；陈莉莉，湖北省社会科学院财贸所助理研究员；胡才龙，湖北省社会科学院财贸所助理研究员。

影响降到最低，寻求中央和各部委最大支持，化危为机加快补齐湖北发展短板，培育新动能增强湖北经济发展韧性，重塑湖北形象，提振湖北发展信心。

关键词： 新冠肺炎疫情　湖北　经济社会发展

当前，全国疫情防控形势持续向好，生产生活秩序加快恢复的态势不断巩固和拓展，统筹推进疫情防控和经济社会发展工作取得积极成效。湖北省疫情防控已取得决定性胜利，但由于国外疫情形势复杂多变和国内复工复产人员流动加速，疫情对湖北省经济社会发展的影响更加错综复杂。必须在继续做好艰巨繁重的疫情防控和后续工作任务的基础上，加快建立同疫情防控相适应的经济社会运行秩序，积极有序推进企事业单位复工复产复市，努力把疫情造成的损失降到最低限度。

一　疫情对湖北经济社会发展冲击影响分析

（一）经济社会发展主要目标完成难度加大

疫情如能在第一季度基本得到控制，第二季度经济有望企稳，第三、四季度实现反弹，全年经济应可呈现前低后高走势。2019 年湖北第一季度地区生产总值为 9110 亿元，占全年比例在 20% 左右。受疫情影响，2020 年第一季度湖北地区生产总值 6379.35 亿元，比 2019 年同期下降 39.2%；上半年地区生产总值 17480.51 亿元，按可比价格计算，同比下降 19.3%，降幅较第一季度收窄 19.9 个百分点。预计全年地区生产总值在第三、四季度仍将低于上年同期水平，很难完成经济增速 7.5% 的预期目标，出现负增长和零增长的可能性增大，由此还将引发财政、税收、金融、产业、投资、就业、进出口等方面的系统连锁反应。

在全面建成小康社会目标中，原定的城镇居民人均可支配收入达到1.8万元、农村居民家庭人均纯收入达到8000元，服务业增加值占GDP比重达到50%、全社会研发支出占GDP的比重在2.5%左右等重要指标，恐难完成。全省农民工超过1000万人，据测算，2020年湖北农民工务工收入将减少800亿~1600亿元，工资性收入对农村居民人均可支配收入的增收贡献率将降低10个百分点左右。在决战决胜脱贫攻坚方面，全省尚有5.8万人口没有脱贫，疫情期间各级政府财政支出主要用于疫情防控，降低了对贫困地区的投入力度，确保未脱贫人口脱贫难度加大。疫情还使一些贫困户的创收路径被切断，省内务工人员就业时间不断推迟，省外就业空间大幅缩小，收入急剧减少，政府扶贫项目停工停产，农产品滞销严重，脱贫人口返贫可能性增大。在"十三五"经济社会发展目标方面，原定的"率先、进位、升级、奠基"总目标，其中投资、消费、进出口等经济发展目标，研发支出占生产总值比重、高新技术产业增加值占生产总值比重等科教目标，城镇登记失业率、城镇居民人均可支配收入、农村居民人均纯收入等人民生活目标的实现，难度加大。2020年湖北省政府工作报告中提出的年度工作总体要求和重点任务，也将受到全方位的影响。

（二）经济增长动能全面减速

1. 消费净损失巨大

由于消费需求和消费供给同时大幅下降，湖北省消费总量将急速下降。虽然目前疫情对消费的冲击主要在服务性消费、线下消费，但随着疫情的延续和企业生产能力削弱，生产性消费、线上消费也必然会受到明显影响，湖北省消费总量将在中部六省排名中居于靠后位置，打造强大中部市场的战略可能需要更长时间才能实现。2020年上半年，全省共实现社会消费品零售总额7062.43亿元，下降34.1%。其中，全省限额以上企业（单位）共实现消费品零售额2525.36亿元，下降31.0%。分行业看，限额以上批发业、零售业、住宿业、餐饮业销售额（营业额）分别下降23.4%、27.3%、45.8%、42.0%。

2. 投资大幅下滑

防控疫情需要避免人口大规模的流动与聚集，导致工人返程、工厂复工延迟，企业停产减产，制造业、房地产、基础设施投资在短期内基本处于停滞状态。而第一季度往往是重大项目集中开工的旺季，以 2019 年第一季度为例，该时段全省开工的重点施工项目 11592 个，其中新开工重大项目 1385 个，对完成全年投资目标的重要性不言而喻。因此，在疫情冲击影响下，湖北省全年固定资产投资可能大幅下滑，尤其是民间投资较 2019 年出现断崖式下滑。据统计，2020 年上半年，全省固定资产投资（不含农户）下降 56.2%。从投资结构看，全省民间投资、基础设施投资、工业投资分别下降 57.0%、58.5%和 61.6%。高技术制造业投资下降 51.2%，全省完成房地产开发投资 1604.51 亿元，下降 38.3%。

3. 进出口总额增速继续保持在低位

湖北省贸易结构偏内贸。国内贸易方面，2019 年湖北全年社会消费品零售总额 20224.23 亿元，占全国比重 4.91%；对外经济方面，2019 年湖北省的进出口总额、出口总额占全国比重分别为 1.25% 和 1.44%，与经济体量地位相差甚远，湖北总体呈现内陆经济的特征。

WHO 认定此次疫情为“国际公共卫生突发事件（PHEIC）”，全省对外通道基本关闭，进出口受影响。各地区特别是湖北省和武汉市出口受到较大影响，武汉市的光缆、汽配、医药等贸易受到较大影响，影响时长 3～5 个月。“疫区”的标签将对全国商品的出口造成从实物到形象的重大影响，完全消除这些影响可能会超过一年的时间，湖北作为疫情中心可能遭受的损失更大，外向型经济发展的短板将“更短”。跨国公司纷纷暂停在中国境内的运营，外贸订单大幅减少。省内出口产品生产停滞，外贸企业履约能力下降，恢复生产后还将面临更严格更长时间的检验检疫。如武汉某外贸公司 2 月初反映，该公司预计 2020 年第一季度业务完成 30%～40% 都困难。据统计，2020 年上半年全省完成人民币计价进出口总额 1666.6 亿元，下降 1.5 %，降幅较第一季度收窄 19.4 个百分点。其中，出口总额 982.7 亿元，下降 7.6%，降幅较第一季度收窄

30.5 个百分点；进口总额 683.9 亿元，增长 8.8%，增速较第一季度下降 2.3 个百分点。

（三）重点区域和产业、企业受到严重打击

从某种程度上说，经济发展水平较高的区域是这次受疫情影响较为严重的区域。比如，武汉市占全省 GDP 高达 35%，包括孝感、黄冈等地的武汉城市圈也是全省经济的重要贡献者。而武汉新冠肺炎病例占全省病例的 73.75%，武汉、黄冈、孝感三地病例更是高达 83%，且这些地方均采取了时间最长、最为严格的防控措施，疫情对武汉城市圈经济的冲击无疑极为严重。随着全省按照疫情风险高低来依次安排复工复产，而风险较高的地区恰好大多数是经济发达的中心城区或重要工业城市，可以说疫情对经济强县（市、区）的冲击要大于其他地区，这也导致全省经济恢复难度增大。

对产业和市场主体的影响，是疫情对经济社会发展造成冲击的最直接体现。疫情对劳动密集型产业、汽车等装备制造业、生活性服务业、出口为主的产业影响最大。化学原料及化学制品制造业、交通运输设备制造业（主要是汽车零部件）、金属冶炼及压延加工业分别占到全省工业增加值的 31%、22% 和 10%，三项总量占比超过 60%，疫情对湖北省第二产业链中上游企业的冲击最为突出。从企业来看，疫情对中小微企业冲击最大。按 2019 年前三季度数据，全省共有 122.10 万户中小微企业，占企业总数的比例在 99% 以上。截至 3 月 18 日，全省已有 7629 家工业企业复工复产，复工率 49.3%，员工到岗率则更低。大部分接受调查的中小微企业表示，若不能尽早复工复产，其流动资金撑不过三个月。工业企业损失亦非常严重，如将 2019 年全省工业营业收入 4.5 万亿元按 365 天匡算，停工一天将平均损失 123 亿元。

（四）经济社会运行风险点凸显

1. 财政风险加大

2 月湖北财政只有零星收入入库，全省各级财政收支矛盾非常突出，基

层财政更是“雪上加霜”；金融风险方面，由于疫情期间员工薪酬、租金、设备折旧、贷款利息等固定成本减少幅度有限，收入却受到疫情冲击大幅下降，所以企业流动性约束普遍加强，债务违约、订单违约风险加大，中小微企业遭遇破产倒闭的风险极大；通胀风险方面，2 月 CPI 同比上涨 5.2%，食品价格上涨 21.9%，尤其是畜肉类价格上涨 87.6%，生活必需品价格上涨压力将长期存在。

2. 农民工和大学生就业压力加大

全省外出务工人员约 1100 万，其中 600 万出省工作。疫情不但导致省内吸纳农民工就业的建筑、制造、餐饮、商贸等行业岗位减少，而且省外就业岗位已多被替代。2020 年湖北省预计有高校毕业生约 45 万人，受疫情影响，岗位需求和岗位结构等都可能会发生较大变化，大学毕业生就业压力将明显增加。

3. 社会不稳定因素增加

突出表现在网络诈骗、网络谣言、网络黄赌毒等涉网犯罪，反传染病防治法，危害公共卫生的犯罪行为，非法经营药品以及生产、销售假药、劣药和不符合卫生标准的医用器材等涉医犯罪行为，以及囤积居奇、哄抬物价，破坏市场经济秩序的违法犯罪行为等明显增多。

（五）湖北形象受损社会负担加重

区域形象是其软实力的重要体现，城市品牌是其经济社会发展的重要推动力。这次疫情对于湖北、武汉的区域形象、城市品牌的打击也是致命的。疫情发生以来，国际上一些别有用心的国家和地区将新冠肺炎称为“武汉病毒”，湖北被严重污名化；国内也有一些地方简单地将疫情防控等同于防控湖北和湖北人，导致湖北在空间上和精神上都被“隔离”。湖北整体形象的受损，给湖北人外出务工、出差旅行造成了极大不便，湖北产品出口、跨省销售难度加大，人才吸引力降低，企业投资信心受到打击，由此导致全省营商环境和市场竞争力整体受损。同时，新冠肺炎疫情还大大加重了社会负担，恢复生产、生活、就业、教育、医疗社会正常秩序，抚慰罹难和牺牲者家属，帮扶困难群体，解决因疫情引起的后遗症等，都需要付出巨大的沉没成本和机会成本。

二　疫情对湖北经济社会运行影响的特征

（一）经济下行压力与疫情冲击力双重叠加

2015～2019 年湖北省 GDP 增速分别为 8.9%、8.1%、7.8%、7.8%、7.5%，固定资产投资、社会消费品零售总额增速分别从 2015 年的 16.2%、12.3% 下降至 2019 年的 10.6%、10.3%，下行趋势明显。原本较大的经济下行压力与疫情的负外部性冲击叠加，将全方位放缓经济增长动能。固定资产投资方面，疫情将导致湖北省房地产（特别是武汉市）、制造业投资大幅下降，民营企业的投资信心可能会受到长时间的较大损害。社会消费品零售总额将在消费供给减少、消费需求抑制、城乡居民可支配收入下降、收入分配改革放慢、医疗负担加重等多重不利变量的影响下，增速可能出现负增长。

（二）经济影响与社会影响相互交织

疫情从供需两端同时挤压经济活动空间，生产、流通、消费、分配的循环体系彻底打乱。湖北省中小微企业破产风险加剧，大学生和农民工就业压力加大，市场主体增速放缓，城乡居民收入减少，导致就业、脱贫攻坚难度加大，社会风险上升，社会负担加重等一系列问题，解决这些社会问题所要付出的成本将明显增加。这将进一步凸显湖北省财政收支矛盾，增加经济运行成本。疫情使经济影响与社会影响相互交织，合理确定湖北省疫情防控与恢复经济社会发展之间的平衡点难度较大，高风险地区面临“两难选择”。

（三）国外疫情对湖北省造成“二次冲击”

虽然 2019 年湖北省外贸进出口总额占全省 GDP 的比重只有 8.6%，但是增速已从2015年的7.3%上升至13.1%，再加上湖北省汽车零部件、化工等多个重要行业主要为沿海外贸企业生产配套产品，因此外需对全省经济发展的作用不可忽视。集成电路、高端装备制造、生物医药等高新技术产业发展，部分供应链对日、韩、欧、美企业依赖较大。因此，国外疫情加重势必影响湖北省出口和引进外资增长的良好势头，影响产业结构升级和新动能培育，尤其是机电、纺织服装、优质农产品等行业企业影响最为严重，出口占到全省六成的武汉市承压最重。

（四）原有短板与新短板同时显现

当前，湖北省正面临项目投资后劲不足、科教资源优势转化不够、新动能支撑不力、高水平开放短板明显、中小企业困难较多、公共服务和民生保障不足等突出问题。疫情的出现，不但放大了已有的短板弱项，使短板更"短"，而且弥补难度更大，耗费时间更长，受疫情影响更凸显了应急管理、公共卫生服务、社会治理能力等新短板，大大增加了经济社会恢复发展的难度。

（五）直接影响与次生灾害并存

疫情一方面造成湖北省地区生产总值下降、人民群众收入减少和企业生产经营困难等看得见的损失，另一方面对湖北省整体形象造成严重损害，群众自尊受到伤害，心理遭受创伤，企业和产品品牌受到负面影响，外界对湖北省发展信心明显减弱，给外出务工、出差旅行、招商引资、产品销售等带来了许多无形的压力，巨大的直接影响下的次生灾害隐患也不容小觑。

三　统筹疫情防控与经济社会发展的对策建议

针对以上突出问题，坚持用全面、辩证、长远的眼光看待湖北省经济社会发展，既要有正视问题、迎难而上的坚定决心，更要有化危为机、战胜困难的强大信心，根据疫情发展趋势及时调整工作着力点和应对举措，早日推动全省经济社会运行全面步入正常轨道。

（一）采取务实举措，将疫情对湖北的影响降到最低

1. 制定《湖北省恢复经济社会发展工作方案》

在全面系统地研判疫情对湖北经济社会运行影响的基础上，实事求是地调整湖北 2020 年经济社会发展的年度发展目标和考核方式，制定《湖北省恢复经济社会发展工作方案》。从“保增长”向“保底线”转变，主要目标重点放在固定资产投资、财政“三保”、稳定就业、“两不愁三保障”等方面。重点抓好“六稳”工作，加快建立同疫情防控相适应的经济社会运行秩序，畅通经济社会循环。有序推进企业复工复产，复工就是稳就业，复产就是稳经济，推动“促进经济社会发展 30 条”等援企惠企措施落实，切实降低企业融资成本，减轻企业负担，增强中小微企业自我修复能力和经济活力，为创新创业营造良好环境。摸清就业供需底数，通过互联网平台将供需双方迅速对接起来，推动湖北籍务工人员就近就地就业，加强就业服务针对性，提高就业匹配度。加大就业扶贫力度，发挥村“两委”、驻村工作队等的作用，优先解决贫困劳动力就业。

2. 建立健全工作机制

树立疫情防控与经济发展相互促进的理念，建立疫情防控与经济社会恢复发展工作机制和部门联动机制。制定政策时要考虑到精准性、统筹性、协调性、有效性，加大省内不同区域之间、部门之间政策的统筹协调，及时纠正“一刀切”的简单粗暴疫情防控方式和“以文件落实文件”的形式主义作风。

3. 确保中央政策在湖北落实落地见效

全面贯彻落实中央关于统筹疫情防控和经济社会发展的战略部署，迅速行动，建立机制，狠抓督导，成立湖北省恢复经济社会发展工作领导小组，建立政策落实的指导协调、沟通联络、督导检查工作机制，主动向中央及各部委汇报工作进展，积极争取指导和支持，保障各项政策措施落实落地。

（二）寻求中央和各部委最大支持，形成湖北发展强大合力

1. 争取中央加大对湖北转移支付和财税金融支持力度

财政资金在湖北疫情防控中发挥了重要作用。建议中央设立“重点疫区疫后经济社会发展”专项基金，重点支持湖北经济社会快速回归正常发展轨道，为实现全面建成小康社会目标提振信心，以实际成效彰显制度优势。争取中央给予湖北1～2年的过渡期财力补助，提高湖北、武汉税收留成比例，帮助地方政府恢复财力，切实兜住保基本民生、保工资、保运转“三保”底线。实施重大税收减免政策。除对湖北现有企业实施税收优惠政策外，对近三年内湖北急需引进的重点产业项目提供税收优惠政策支持；对东湖高新区等国家级高新区急需人才实施个人所得税税率优惠政策。实施特殊金融政策。提高对湖北不良贷款的容忍度，放宽各大全国性银行在鄂分行的信贷规模管控；开辟融资绿色通道，针对急需复工复产的重点企业，鼓励银行发放复工复产优惠利率，通过无息贷款、减免逾期利息和罚息、信贷重组、征信保护等措施，有效缓解企业资金压力；对个人贷款适当减免贷款利息，允许一定期限内不还贷款本息；为湖北拟上市企业开辟IPO绿色通道。

2. 争取中央和国家各部委加大对湖北重大项目投资的对口支持

争取交通运输部加大对武汉枢纽直通线等湖北重点铁路项目的资金支持，重点支持沿江高铁渝恩宜段、京九高铁阜阳至黄冈段、呼南高铁襄阳至常德段、武汉至南昌高铁、武汉至贵阳高铁等项目，加速构建全省综合性铁路网络，完善以武汉为中心“米”字形高铁网；加大对建设天河机场枢纽、湖北国际物流核心枢纽、支线运输和通航服务网络三大工程的支持力度；加大对长江航道整治“645工程”的支持力度。争取农业农村部对湖北省农业大数据平台建设、鲜活农产品收储保供、动物疫病检测防控体系建设、小龙虾收储补贴、农村人居环境整治等设立专项资金支持；建议将农村安全饮水巩固提升项目、地方重大水利项目等纳入中央预算内投资和政府专项债券支持范围并加大支持力度。争取国家发改委、财政部、水利部对湖北省华阳河蓄滞洪区西隔堤加固工程、杜家台蓄滞洪区蓄滞洪和安全建设工程、大中型

病险水库除险加固、水系连通综合治理加大资金支持；争取教育部扩大在鄂高校2020年对湖北考生本科和研究生招生名额，必要时采取降低录取线等非常规措施。增加在鄂高校、湖北籍学生奖学金名额。

（三）化危为机，加快补齐湖北发展短板

1. 补齐公共卫生短板

针对本次疫情暴露的公共卫生服务、应急管理、民生服务、科学研究、医疗保健等方面的短板，策划一批重大公共投资项目，引导社会资本加大投资力度，缓解疫情造成的固定资产投资和民间投资急剧下滑的压力。针对近年来中国的公共卫生问题，结合武汉的区位优势和科教医疗资源，建议在武汉成立中国公共卫生研究中心和国家公共卫生应急储备中心。建立公共卫生基础研究大科学设施，建设新冠肺炎调查数据库，着眼于中长期科研攻关以及公共卫生领域的科研能力建设，提升中国传染病领域研发实力，为学术界、政府、医疗机构和监管部门搭建合作平台。建设公共卫生应急物资储备库，加强对疫情防控医用物资、专用医疗设备等的储备。

2. 补齐产业发展短板

针对汽车、集成电路、化工、生物医药、食品、旅游等受疫情冲击较大的重点产业，出台稳定供应链、振兴产业链的专项政策措施。汽车产业，要推动“汉孝随襄十汽车产业走廊”整车与汽车零部件厂商同步复工复产，把握疫后汽车补偿性消费、新能源汽车消费等消费趋势，利用降低购置税，开展汽车下乡、皮卡进城等举措，深入挖掘汽车消费潜力。集成电路产业，密切关注美、日、韩因疫情对湖北省集成电路产业上游产品供给和国内外市场产生的影响，积极争取国家集成电路产业基金二期投入，加强集成电路基础理论研究和核心技术突破，推进集成电路产业高质量发展。化工产业，要快速打通长江黄金航道、铁路等交通大动脉，解决化工原材料供应和产品运输通道问题，大力开拓海外化工产品市场。生物医药产业，用好出口退税、出口信用保险等外贸政策工具，优先支持行业重点企业研发、生产和出口防疫产品。食品产业，以保障食品安全为重点，加强正面宣传和推广力度，加

大生产企业与商超、外卖平台的对接力度，推广运用无接触式配送等方式，促进食品产业健康发展。旅游产业，积极推进景区有序开放，加大旅游形象宣传，加强旅游景点开发，大力推广养生休闲游，提升旅游品质。鼓励大规模开展促销活动，通过预售旅游产品等模式，充分挖掘旅游消费市场。

3. 补齐对外开放短板

紧抓2020年中日韩自贸区谈判和协定成功签订的机遇，积极争取中央将湖北确定为中部地区中日韩自贸区先行示范区，建议湖北尽快打通国际物流节点，拓展南向（东南亚）、东向（日、韩）的新通道。以我国与日韩在此次疫情互相支持中建立的新信任与友谊为基础，大力推动湖北在医疗健康、智能制造、智慧城市、文化娱乐、数字经济、新兴产业等重点领域开展全方位技术和经贸合作。持续对接东盟与中日韩“10+3”国家的需求，用足用好出口退税、出口金融保险等政策，加快推动湖北机电、电器及电子产品、机械、纺织服装等重点产业以及卫生防疫、医药、医用器材等防疫需求大的产品出口。

（四）培育新动能，增强湖北经济发展韧性

1. 培育新模式

疫情冲击必将带来意义深远的调整，各行各业加速触网、上网进程，工业化和信息化深度融合，先进制造业与现代服务业加速融合，城市智能化改造等，体现出经济社会对数字化技术更加丰富、广泛的需求。疫情还将带来生产生活方式的变革、消费习惯的改变、新商业模式的产生等更长远的影响，围绕疫情催生的消费新需求，培育发展生鲜电商、在线诊疗、线上教育、网络视频、数字娱乐、无接触配送等“宅经济”“云生活”消费新模式。

2. 发展新产业

重点关注此次疫情暴露在医疗器械、健身器材、生物医药、卫生用品、绿色食品等行业的短板项目，打造中医药全产业链，建议国家在湖北省设立中医药联合创新实验室。以大健康产业领域的楚商企业为基础和依托，推动

楚商医药企业做大做强。加快编制湖北省数字产业及5G基础设施建设规划，重点推进湖北在智慧交通、智慧城市等九大垂直行业的5G项目建设以及在工业、能源、医疗、交通等领域打造全国领先的5G示范项目，确保在2021年前完成在武汉和宜昌、襄阳主城区实现5G基站全覆盖的目标。

3. 刺激新消费

进一步释放军运会效应，充分发挥35座军运场馆作用，提高武汉市体育场地综合利用效率，促进全民健身和体育产业发展。建议依托现有场馆，完善配套服务设施，规划建设体育综合体，为市民提供以体育为主的一站式综合服务。积极争取武汉取得赛马牌照，大力发展赛马经济。

（五）重塑湖北形象，提振湖北发展信心

1. 加大抗疫主题宣传力度

以抗疫中湖北英雄人民、武汉英雄城市为主题进行正面宣传，提升湖北在全国乃至全世界的正面形象。

2. 加大招商引资力度

国家出台相关税收优惠等激励措施，打造“最美逆行湖北”招商引资品牌，扭转各地对湖北“疫区”的标签印象，消除歧视，鼓励各地企业雇用湖北籍务工人员，鼓励对口支援的兄弟省份通过政府采购方式购买湖北农副产品，解决务工难、农副产品滞销困境。

3. 加快恢复湖北旅游业

打造湖北旅游新形象，依托现有的旅游资源，结合抗疫中英雄人物、英雄事迹，通过多媒体渠道加大旅游宣传力度，打造湖北旅游新亮点，在湖北实施国家级康养产业试点，增强国内外游客对湖北的信心与安全感。

参考文献

湖北省统计局、国家统计局湖北调查总队：《湖北省2019年国民经济和社会发展统

计公报》，2020 年 3 月 23 日。

湖北省统计局、国家统计局湖北调查总队：《2020 年上半年湖北经济运行情况》，2020 年 7 月 20 日。

肖金成、沈体雁、凌英凯：《疫情对区域经济发展的影响及对策——“中国区域经济 50 人论坛”第十五次专题研讨会纪要》，《区域经济评论》2020 年第 4 期。

胡鞍钢：《新冠全球大流行背景下中国疫情防控与扩大内需》，《新疆师范大学学报》（哲学社会科学版）2020 年第 6 期。

B.7

疫情防控常态化下湖北创新驱动产业高质量发展对策研究

张　静*

摘　要： 实施创新驱动发展战略，是以习近平同志为核心的党中央统揽全局、顺应大势作出的重大决策。2020年4月，习近平总书记在陕西考察时强调：围绕产业链部署创新链、围绕创新链布局产业链，推动经济高质量发展迈出更大步伐。本文系统梳理了湖北创新驱动产业升级发展的主要做法和成效、难点和痛点，从统筹优化创新制度供给、加快推动全产业链调整升级、培育壮大创新主体、加快推进科技成果转化、强化财政金融支撑功能等方面提出加快湖北技术创新驱动产业升级发展的对策建议。

关键词： 湖北　创新驱动　高质量发展

2018年4月，习近平总书记视察湖北，明确要求湖北要注重创新驱动高质量发展，推动科技创新和经济社会发展深度融合，塑造更多依靠创新驱动、更多发挥先发优势的引领型发展。新冠肺炎疫情带来的全球经济下行压力和宏观经济不确定性，使湖北经济高质量发展面临重大挑战。创新驱动产业高质量发展是长江经济带建设引领全国转型发展的创新驱动带的重要保

---

* 张静，湖北省社会科学院长江流域经济研究所所长、长江中游城市群研究中心副主任、研究员，研究方向为区域经济、经济史。

障，是湖北全面落实“六稳”“六保”任务、奋力夺取常态化疫情防控和经济社会发展双胜利的重要举措。

一 湖北技术创新驱动产业升级发展主要做法和成效

近年来，湖北始终把创新驱动作为产业转型升级发展的核心战略，紧扣产业升级发展，持续加大科技投入，加快建设创新体系，大力培育创新主体，优化创新创业环境，不断引导各主体开展协同创新。

（一）加强系统谋划，为产业升级发展提供政策支撑

一是建立健全政策法规体系。近年来，湖北省、市（县）各级政府强化“问题导向”，强化顶层设计，强化服务意识，聚焦破除制约湖北科技资源优势向发展优势转化的体制机制障碍，湖北省委、省政府先后出台“科技成果转化十条”“高校院所科技人员服务企业新九条”“激励企业开展研发活动十一条”“科创 20 条”等突破性政策。省人大相继出台《东湖国家自主创新示范区条例》《湖北省自主创新条例》《湖北省专利条例》等地方性法规，将湖北近年来科技体制改革的一系列成熟做法，以地方立法形式予以确立和保障。针对湖北企业创新能力不足、科技成果转化不够、县域创新驱动发展能力不强等短板，推进出台了一系列政策文件，如《关于激励企业开展研究开发活动的暂行办法》《促进科技成果转移转化行动方案》《关于县域创新驱动发展的实施意见》等，进一步优化了全省科技创新发展环境。全省各地纷纷出台实施方案和配套细则，形成了上下联动、齐抓共管推进科技创新的工作体系，创新驱动政策环境日益优化。

二是切实确保各项政策落实。围绕全省重点产业高质量发展需要，全力推动科技成果转化工作，如宜昌制定的《关于加快建设科技企业孵化器的意见》被企业称为“史上最管用的孵化器奖励补贴办法”。该意见实施五年，共兑现奖励补贴资金 1700 万元。全市科技企业孵化器从意见出台前的 7 家增长到目前的 23 家，其中国家级 4 家、省级 14 家，在孵企业由不到

100 家增加到 1000 多家，成效明显。

三是区域创新活力不断提升。围绕全省“一芯驱动、两带支撑、三区协同”区域和产业发展布局，加强对区域创新发展的宏观指导和统筹推进。2013～2018 年，湖北区域科技创新水平全国排名从第 12 位上升到第 7 位，进入与湖北经济社会发展水平相匹配的“第一方阵”。科技进步贡献率大幅度提升，达到 57.53%。武汉加快创建综合性国家科学中心和综合性国家产业创新中心，推进“光谷科技创新大走廊”建设，依托东湖国家自主创新示范区，打造高端人才、创新要素、高端产业汇聚的创新发展核心承载区和具有全球影响力的科技创新策源地。武汉、襄阳、宜昌顺利通过国家创新型城市建设验收，荆门、黄冈、孝感、黄石 4 市争创国家创新型城市已进入评审阶段。宜都、大冶、仙桃三市成功入选首批国家创新型县（市）。

（二）推进技术创新，为产业升级发展提供转化动能

党的十八大以来，湖北科技力量结构和布局得到优化的同时，科技创新在优化产业结构、提升供给质量、助力发展新动能方面的支撑引领作用显著增强。

1. 科技创新助力工业向中高端加速跃进

一是积极推动高新技术产业。2013～2018 年，全省高新技术产业增加值由 3604.96 亿元增至 6653 亿元，翻了一番；高新技术产业增加值占 GDP 的比重逐年提升，由 14.61% 提高到 16.9%。32 层闪存芯片、100G 硅光芯片、红外探测成像、万瓦光纤激光、数控 8 系装备、深之度操作系统等一批核心技术创新突破并产业转化。高技术、高附加值产品成为出口主力。工业互联网发展迈出实质步伐，国家级工业互联网基础设施——工业互联网标识解析国家顶级节点（武汉）上线，已建成 5G 基站 313 个，其中开通试运行 278 个。2018 年，湖北有 5 个项目入选全国智能制造试点示范项目，2 个项目入选全国工业互联网试点示范项目。大数据产业发展初具规模，赛迪智库《中国大数据发展指数报告（2018 年）》显示，湖北大数据发展指数 42.1，列全国第 8 位、中部第 1 位。以国家网安基地、武钢大数据产业园、“光谷

云村”、左岭大数据产业基地为代表的产业载体加速发展。

二是加快推动传统产业改造升级。湖北省政府出台传统产业改造升级“十五条”，整合设立传统产业改造升级资金，重点支持工业企业技改项目、工业试点示范项目、“单项冠军”和“隐形冠军”示范（培育）项目。把沿江化工企业搬迁改造与技术、产品、工艺更新相结合，全省沿江化工企业完成关改搬转清单任务101家。钢铁、水泥、煤炭、电解铝等重点行业实现从总量性去产能向结构性优产能转变，落后产能应退尽退工作基本完成。推进化工、钢铁、建材等传统产业在产业规模迅速扩大的同时，不断通过淘汰落后产能，加快技术改造等实现产业升级、向价值链高端攀升。

2. 科技创新助力农业产业链延长增值

一是高度重视农业科技发展。习近平总书记多次强调，农业出路在现代化，农业现代化关键在科技进步。湖北坚持科教兴农战略。出台《关于加快推进农业科技创新工作的意见》，成立了农业科技创新中心、省农业科技创新联盟，建立省级现代农业产业技术体系。加快农业科技成果的转化与推广应用。积极推进农业领域创新平台建设。全省建成农业科技示范基地319个，以江汉平原国家现代农业科技示范区为龙头的40多家农业高新区、农业科技园区。加强基层农业技术推广体系建设。出台《关于深入推行科技特派员制度的实施意见》，进一步完善科技特派员体制机制。累计派遣农业技术人员9872批次、2.3万人次，示范推广省级农业主推技术701项，关键技术到位率达到85%。2018年，湖北主要农作物耕种收综合机械化水平达到69%，农业科技进步贡献率达到58.7%。

二是农业源头技术创新取得突出成效。围绕农产品质量安全、农业良种培育及农产品生产加工、农业信息化、特色农业等方面，开展了水稻主要病虫害综合防控等重大关键技术的研发。推广应用了中稻—再生稻—油菜（绿肥）周年高效栽培技术、油菜绿色高产高效技术“345”模式、主要粮食作物农药减量控害增效技术、化肥减量增效集成技术、“虾稻生态种养”等一批新技术新模式，助力打造油料、蔬菜、小龙虾、大宗淡水鱼、茶叶等超千亿元和柑橘、食用菌、中药材、猕猴桃、鸭等超百亿元农业全产业链。

3. 科技创新助力服务业新动能加快孕育

生产性服务业步入快速成长期。2012～2018 年，服务业对 GDP 贡献率呈现加速上升趋势，6 年提高 10.8 个百分点。其中与制造业生产密切相关的服务行业发展势头较快。为制造业迈向价值链中高端提供了更多的专业服务支持。基于移动互联、物联网的新产品、新业态、新模式蓬勃发展。2019 年上半年，软件和信息技术服务业较快发展，实现主营业务收入 1226 亿元，继续居中部第 1 位。以 5G 为代表的新一代信息技术走向实用，东湖高新一批直播平台、教育云平台、翻译平台、新零售平台、车联网平台等平台经济迅猛发展，催生出一大批大数据企业、独角兽企业、瞪羚企业。斗鱼直播、安翰光电、卷皮网、斑马快跑、药帮忙（小药药）5 家企业荣登“2018 中国独角兽企业榜”。

（三）培育创新主体，为产业升级发展提供动力源泉

1. 实施科技企业创业与培育工程

2013 年，湖北启动实施了“湖北省科技企业创业与培育工程”。各级政府积极整合集成各类创新创业扶持措施，以科技企业孵化器为主要抓手，提升创新创业服务水平。荆门、咸宁、仙桃等地方专设创新创业服务局，黄冈市设立市校合作办，黄石科技局设立创新创业服务科等。各地相继打造了“武汉·青桐汇”“荆门·龙泉汇”“黄冈·千企联百校”等科技创业品牌，武汉留学生创业园、华工科技企业孵化器、光谷创业咖啡等成长为具有较强区域影响力的孵化器品牌。截至目前，全省科技企业孵化器数量已从最初的 150 家，增长到 500 余家，在孵企业数量从 4400 余家到突破 2 万家。全省共有国家级科技企业孵化器 47 家，数量为全国第六、中部第一；国家级众创空间 61 家；国家级专业化众创空间 5 家，与北京、江苏、上海、广东并列全国第一。

2. 扎实推进万企万亿技改工程

湖北自 2017 年起滚动实施“万企万亿技改工程”，每年发布全省技术改造投资指南，分季度滚动更新全省技术改造导向计划项目库。省级设立

500 亿元的新旧动能转换基金、8 亿元传统产业改造升级资金，各级政府每年再安排 30 亿元左右财政专项资金支持重点企业技术改造。全省累计有 7000 多家规上工业企业开展了新一轮技术改造。2018 年，全省规模以上工业增加值增长 7.1%，其中高技术制造业增长 12.8%；工业利润总额增长 19%，主营收入利润率 6.5%，创近五年来新高。

（四）建设创新平台，为产业升级发展提供要素资源

1. 加快建设重大基础研究平台

依托湖北重点产业、优势产业，发挥科技资源优势，围绕产业链打造创新链，全面做好研发平台项目争取与组建工作。实施重大科技基础设施带动战略。拥有包括亚洲首座、全国唯一的高等级生物安全（P4）实验室、国家光电研究中心等在内的一批高层次创新平台，以及脉冲强磁场实验装置、精密重力测量等国家重大科技基础设施。科技成果丰硕。2013 ~ 2018 年，湖北共登记重大科技成果 10319 项，其中针对绝大部分的重大科技成果进行评定，达到国际领先水平和国际先进水平的成果 2450 项，所占比重高达 23.7%。

2. 积极构建产学研合作平台

扎实推进“科技成果大转化工程”，实施“科技项目揭榜制”，重在探索科技成果转化新机制，加快推动重大科技成果转化，打造各类科技服务资源和科技服务机构聚集区，统筹建设湖北技术交易大市场。围绕地方产业发展需求，组建一批产业技术研究院、产业创新联合体，获批信息光电子、数字化设计与制造 2 个国家级制造业创新中心；成立智能装备、光电、遥感等 16 个省级新型产业技术研究院；组建新能源汽车、移动互联、机器人等 50 家产业技术创新战略联盟。

3. 积极建设创新人才平台

坚持“高精尖缺”导向，实施更加积极、更加开放、更加有效的海外人才引进政策。不断创新引才方式和人才服务模式，组织实施国家“万人计划”、创新人才推进计划、高层次外国专家项目、省“百人计划”、“双

创”战略团队、高校学科创新引智基地等重大人才工程。2018 年，湖北入选国家“万人计划”33 人，入选科技部“创新人才推进计划”人才 135 名，创新团队 20 个，人才培养示范基地 8 个，新增国家杰出青年 11 人，国家优秀青年 22 人，国家创新研究群体 5 个，各类创新人才数量居全国前列。

4. 发展壮大科技创新园区

发挥东湖高新区的龙头引领和辐射带动作用，在全省高新区内推广东湖高新区先进经验，推动高新区联动发展。加快建设“园外园”“一区多园”等区域创新合作载体，有效破解个别园区土地空置、“筑巢引凤难”难题，促进创新资源和要素的优化整合。坚持“以升促建”，推动高新区创新发展。依托东湖国家自主创新示范区，规划建设“光谷科技创新大走廊”。2013 ~2018 年湖北国家级高新区数量，从 4 家增至 12 家，位居全国第四、中部第一。省级高新区达到 22 家；宜都、大冶、仙桃三市成功入选首批国家创新型县（市）行列。

（五）深化体制改革，为产业转型升级提供优良环境

1. 深化科技领域“放管服”改革

推进落实科技成果转化激励、科技金融创新、军民融合创新等科技领域“放管服”改革举措，不断构建完善与创新驱动发展相适应的新机制、新模式，打造有利于科技创新创业的服务体系和市场环境。整合优化科技计划体系，完善项目指南编制和发布机制，优化科研项目分类评审方式，进一步完善公开公平公正的科研项目评审流程，简化科研项目实施过程管理。实施省级科技创新基地分类管理办法，着力提升科技创新基地建设质量，提高科技资源配置效率。进一步加强科技监督和科研诚信建设，大力弘扬科学精神和科学家精神，推动建立鼓励创新、宽容失败的容错机制，进一步推进科技奖励制度改革，明确湖北科技奖励改革的具体举措和有关制度。

2. 大力推进科技金融结合

加快构建完善全省科技投融资服务体系。湖北省创业投资引导基金于 2016 年首次荣登“全国政府引导基金 20 强”。武汉、宜昌、襄阳、荆州、

十堰、鄂州、黄石、黄冈、仙桃、潜江、天门等地市先后设立了政府性创投引导基金。安排省级科技专项资金重点用于基础研究、关键技术研发、科技服务平台和重大科技项目建设。采取后补助方式，对全省企业开展研发活动给予支持，激励企业加大研发投入。推动建设湖北科技金融创新创业服务平台，建立了线上线下服务对接工作机制，为科技型企业提供一站式融资服务。积极搭建科技投融资对接平台，组织开展“中部（湖北）创业投资大会”“创投走进孵化器”等投融资对接活动，助推科技型中小企业快速成长。

二　湖北创新驱动产业升级发展的难点和痛点

湖北创新推动产业升级发展存在科技创新政策红利叠加与成果转化不相匹配、现代化产业体系构建与高质量发展不相适应、区域科技创新能力提升与不平衡明显加剧、企业总量增加与科技竞争力影响力相对不足等痛点，主要基于理念转化不到位、部分创新政策落实有误差、企业创新活动不够普遍、创新平台体系建设仍待完善、要素制约影响没有明显缓解等原因。

（一）四大痛点

1. 科技创新政策红利叠加与成果转化不相匹配的矛盾

近年来，湖北省级和各市（州）制定和颁布一系列鼓励科技创新的优惠政策，这些政策的改革力度和领先程度值得肯定。湖北作为中部地区重要的科技成果产出大省，围绕建设成为全国重要的科技成果转化与技术转移核心区，高度重视科技成果转化工作，有关政策创新一直走在全国前列。随着“科技十条”出台，湖北促进科技成果转化激励比例最高、管理程序最简便、定价机制最放开，科技部拟在全国范围内推广实施科技成果转化工程。科技成果转移转化工作取得显著突破。在制度红利的持续驱动下，湖北省科技创新综合实力稳步提升，创新成果丰硕。2013～2017 年，湖北发明专利申请量增加了 183.5%。2017 年发明专利拥有量全国排第 9 位，但仅为广东、江苏的19.38%和22.45%。

2. 现代化产业体系构建与高质量发展不相适应的矛盾

党的十八大以来，湖北产业结构呈现明显的转型趋势，三次产业增加值比重由2012年的12.8∶50.3∶36.9调整为2018年的9.0∶43.4∶47.6，第一产业比重较低且呈不断下降趋势。第二产业比重逐年下降但创新能力显著增强，2018年全省高技术制造业占规上工业比重达8.9%，比2012年提高2个百分点，全省六大高耗能行业完成增加值占规上工业比重为29.1%，比2012年下降1.9个百分点。第三产业发展呈现明显的上升趋势，三次产业发展协调性显著增强（见图1）。

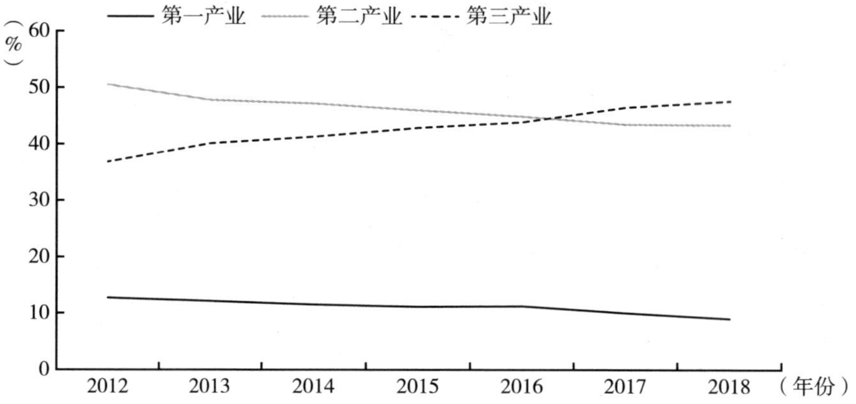

图1　2012～2018年湖北省三次产业变化情况

虽然湖北产业转型升级成效显著，对比全国产业结构发展状况，湖北产业结构总体发展趋势与全国产业结构发展趋势吻合，但是发展速度落后于全国整体发展速度。全国从2012年起第三产业比重超过第二产业，距离稳定的“三二一”结构尚有距离。

农业内部结构不合理。农业产业结构优化缓慢，种植业占比高。三次产业融合不够，农产品加工多以初级产品生产为主。如宜昌2018年柑橘、茶叶、蔬菜产量均创历史新高，但农产品加工仍处于初加工阶段，精深加工延伸不够。农机新技术、新装备有效供给不足导致农业机械化水平欠佳。湖北是农机使用大省，八大主要农作物耕种收综合机械化水平普遍高于全国，居南方10个省份第1位。调查显示，全省多数农民购买的农用机械，九成以上都是外省制造。省内各类农机生产企业有180多家，但低端产品居多，无法顺应市场需求。

工业结构性问题突出。先进制造业已经成为工业增长的新动能，但由于基础较差、起步较晚，传统产业比重大，新兴产业发展相对不足，转型升级仍是任重道远。湖北规上工业企业普遍存在内生实力不强、自主创新水平低、缺乏核心技术、高端人才紧缺、流动资金短缺、产品竞争力不强等弱项。制造业总体还处于价值链、市场链和创新链的中低端环节，主导产业集中度不高，链条不长，以低端领域产品为主，附加值低。高新技术产业虽然涉及电子信息、先进制造、新材料、新能源、生物医药、环境保护、农业、生产性服务业等多个领域，但产业结构偏重于化工、电力、有色、农产品加工等传统产业，大多数传统企业仅仅是粗加工，科技含量不足、转型升级和创新性不够，无法纳入国家重点支持的高新技术领域。

区域产业升级发展不平衡。各市（州）高新技术产业增加值占GDP比重，最高武汉达28.66%，最低恩施仅为6.2%。黄冈和恩施高新技术增加值增速为负（见图2）。部分市（州）高新技术企业主要集中在城区，县市区工作力量偏弱、县域创新能力相对滞后、成效不足。如十堰县域工业产值占全市比重较小，仅占1/3。

部分市（州）基础工业发展严重滞后，新技术、新产业、新业态和新模式等新经济培育发展缓慢，高新技术产业及战略性新兴产业等规模块头较小，尚未形成骨干支撑能力。如荆州市多以低端制造业或环境依赖型产业为主，经济发展主要依托医药化工、纺织服装、农副食品加工、轻工建材等传统产业的情况短期难以扭转；恩施州纳入统计的15家规上企业年产值过亿元的仅3家，高新技术企业仅3家；荆门市高新技术企业190家，仅占规模企业的17.9%；十堰市汽车产业作为传统支柱产业，产业规模大，转型升级难度大，内部结构调整压力较大，市场多元化以及产品电动化、乘用化、专用化、轻量化、智能化依然任重道远。

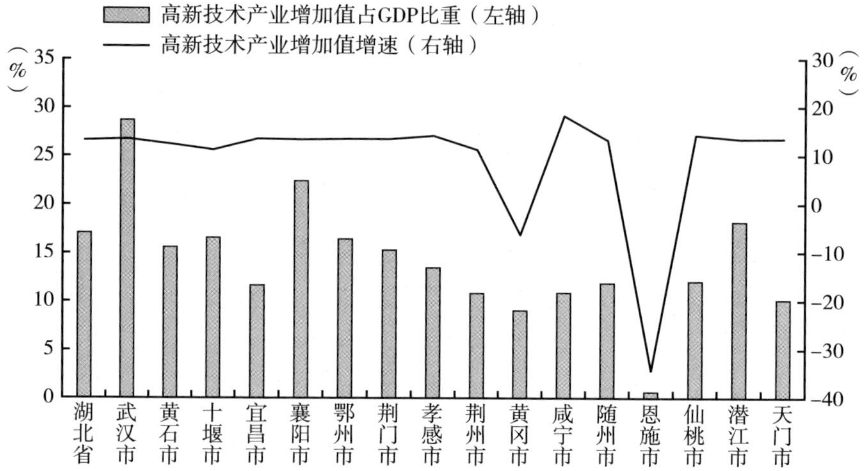

图 2　湖北各市（州）高新技术产业增加值情况比较

3. 企业总量增加与科技竞争力影响力相对不足的矛盾

湖北高新技术企业数量显著提升。2013～2018 年，高新技术企业数量从 1545 家增至 6597 家，增加了 327%，居全国第 7 位、中部第 1 位。入库科技型中小企业达 3505 家。高新技术产业市场主体快速成长。2018 年全省规上高新产业市场主体达到 5206 家，增长 13.7%。其中，高新技术企业 3174 家，占比 60.97%；新增登记备案的高新产品 1946 项。新增高新技术产业市场主体对全省高新技术产业增长的贡献率达 28.5%。民营企业发明专利占到全省企业发明专利数的 73.2%。

高新技术龙头企业较少，企业核心竞争力有待提高。据"2018 年中国企业 500 强"榜单，湖北省上榜企业数量为 10 家，其中前 100 名仅有 1 家。主要集中在汽车、商业、有色、化工、农产品加工等领域，传统制造业所占比重仍然较高。高新技术企业后备梯队不足，部分市（县）高新技术企业数量持续高速增长，但申报企业的质量逐年下降，真正符合高新技术企业标准的企业较少，部分企业存在"带病提拔""突击申报"的情况。创新资源向优势产业转化能力较弱。2017 年湖北规上工业企业专利申请数 22244 件，仅为江苏、广东、安徽省的 17.8%、11.16%、42.04%，规上工业企业专利申请数占全省专利申请数比重为 20.18%，低于江苏（24.3%）、广东（31.74%）、安徽（30.09%）水平。规上工业企业新产品销售收入 75234883 万元，仅为江苏、广东、安徽省的 26.33%、21.58%、85.08%，规上工业企业新产品销售收入占规上企业主营业务收入比重为 17.41%，低于江苏（19.18%）、广东（26.03%）、安徽（20.51%）水平。

民营经济体量不大，实力较弱。湖北规模以上民营制造业企业 15361 户，居中部第 3 位、全国第 8 位，与沿海江苏、浙江、广东、山东 40000 户以上的规模数量有较大差距。拥有自主知识产权、掌握核心技术、具备国际竞争力的民营制造业企业偏少，2017 年湖北规模以上私营工业企业中有研发活动的企业仅占 20.01%，研发经费支出共 98.33 亿元，研发经费投入强度仅为 0.28%。而同期江苏省规模以上私营工业企业中有研发活动的企业占 40.1%，研发经费支出 645.64 亿元，研发经费投入强度为 0.99%。2019 年，湖北共有 18 家民营企业入围中国民营企业 500 强，其中 12 家企业入选 2019 中国民营企业制造业 500 强，4 家企业入选民企服务业 100 强。居全国第 7 位，中部第 1 位（见表 1）。但大部分排名靠后，18 家民营企业中仅有九州通和卓尔控股进入前 100 名。12 家制造业企业中，仅有稻花香集团和金澳科技化工有限公司 2 家进入前 100 名。湖北民营制造业多数产业处在产业链前端和价值链的中低端，叫得响的品牌少。据省质量技术监督局提供的数据，湖北拥有品牌的企业占比 44.04%，比广东低 18.71%。知名品牌数量差距更大，“最具价值中国品牌 100 强”已连续几年榜上无名。

表 1　入围 2018 年中国企业 500 强和 2019 年中国民营企业 500 强企业名单

单位：家

类别	企业数量	企业排名
中国企业 500 强	10 家	东风汽车公司（15）、九州通医药集团股份有限公司（228）、卓尔控股有限公司（244）、大冶有色金属（264）、稻花香集团（313）、武汉金融控股（集团）有限公司（363）、山河控股集团有限公司（381）、金澳科技（湖北）化工有限公司（413）、武汉商联（集团）股份有限公司（429）、宜昌兴发集团有限责任公司（450）

续表

类别	企业数量	企业排名
中国民营企业500强	18家	九州通医药集团股份有限公司(67)、卓尔控股有限公司(77)、恒信汽车集团股份有限公司(131)、稻花香集团(136)、山河建设集团有限公司(161)、金澳科技(湖北)化工有限公司(172)、天茂实业集团有限公司(271)、福星集团控股有限公司(298)、当代科技产业集团股份有限公司(304)、新八建设有限公司(310)、新七建设(318)、武汉市金马凯旋家具投资有限公司(362)、三环集团有限公司(387)、程力专用汽车股份有限公司(442)、骆驼集团股份有限公司(467)、新十建设集团有限公司(471)、武汉联杰能源有限公司(478)、宝业湖北建工集团有限公司(496)

注：括号内数字为对应企业的排名位次。

三　加快湖北创新驱动产业升级发展的对策建议

推动产业链与技术链精准对接，坚持技术创新和制度创新双轮驱动，统筹优化创新制度供给，培育壮大科技创新主体，加快推进科技成果转化，加快推动全产业链调整升级，强化财政金融支撑功能，推进科技与产业深度融合、良性循环。

（一）统筹优化创新制度供给

1. 改革科研项目管理机制

建立健全科研项目决策、执行、评价相对分开、互相监督的管理机制。探索依托专业机构管理创新项目。学习借鉴美国 NSF 不完全依赖同行评议的甄别机制、流动的项目官员机制、提升新评议人比例以及创新灵活的评议流程等方面的做法。完善创新项目绩效评价机制，加强对创新项目的后向管理。推行科研管理清单制度，赋予高校院所更多的科研自主权。将研发成果所有权、处置权和收益权交给科技人员。引导区域知识集群形成，促使高校院所的学科资源、学术成果、人才培养等与创新体系的需求相契合。激发知识驱动创新动能。借鉴上海研发公共服务平台经验，通过大数据、云计算、“互联网+”等技术手段，通过系统集成，形成共享平台门户对外服务。重点在检验检测、科技文献、专利成果、技术服务、技术转移、科技人才、专家咨询等方面，推进跨地区开放共享。

2. 加快知识产权管理改革

知识产权管理是产学研合作利益机制的核心问题。以东湖高新区获批国家知识产权服务业集聚发展试验区、国家知识产权示范园区和首批国家专利导航产业发展实验区为契机，积极争取国家支持，在武汉申请设立区域知识产权法院，服务区域知识产权纠纷诉讼与仲裁。设立重点产业知识产权运营基金，助力新兴产业、创新型企业或成长性的企业进行知识产权运营。鼓励社会资本投资设立知识产权运营公司，开展知识产权收储、开发、组合、投资等服务。

3. 着力实化工作推进机制

以“科技创新20条”实施为平台，建立常态化工作推进落实机制，抓好重大决策部署的落实细化配套政策。建立部门联动和联席会议制度，各地各有关部门、高校院所按照职责分工，制定相应的实施办法、配套政策措施和任务清单加强考核督查。构建可考核、能量化、动态性的考核评价体系，实行科技创新政策落实情况专项督查和问责，确保政策落实落地。

（二）加快推动全产业链调整升级

1. 着力优化产业链布局

以“一芯两带三区”战略为引领，牢固树立全省“一盘棋”思想，全地域谋划、全产业链对接，发挥“一芯”产业驱动力，增强“两带”产业支撑力，提升“三区”产业协同力。加强区域协调，突出产业协同，注重特色分工，推进要素集约。推进协同进行创新策源、成果转化和新兴产业育成。“一主两副”建设国家综合性科学中心协同合作和三市产业科技创新中心，发挥创新策源地功能，多极城市提供科技成果产业化和加工制造基地的空间，发挥技术转化产业创新功能。

围绕四大产业基地和十大重点产业43个细分领域科技创新需求，整合科技投入，组织实施一批重大科技创新专项，为相关产业迈向价值链中高端提供科技支撑。加快四大国家级产业基地建设，加快打造“芯屏端网”、光电子信息、新能源和智能网联汽车等世界级产业集群。积极发挥比较优势，对接东部地区先进技术和产业，推动纺织、食品、机械、钢铁、化工等传统优势产业加快产品升级和智能化、绿色化改造。进一步细化实化重点产业发展规划和重大项目、重点企业布局，谋划和推进一批补链、延链、强链的产业项目。

2. 加强创新产业园区合作

发挥高水平创新区域溢出效应。引导“一主两副”高水平创新区域与低水平区域的科技合作与交流，优先支持低水平区域中创新水平相对较高、创新发展潜力较强的市县。发挥国家级高新区溢出效应，引导高新区内主导产业的部分配套产业转移至周边腹地，支持其对区位相邻相近、产业关联同质的产业园区进行空间整合、资源整合和产业整合。发挥东湖自主创新示范区示范作用，以长江经济带国家级转型升级示范开发区（宜昌高新区、荆州经开区、浠水经开区）和国家级高新区为重点，探索开展委托管理、投资合作、扶贫帮扶和对口支援等各具特色的创新园区合作试点。

（三）培育壮大科技创新主体

1. 加快培育科技型企业

加大产业引导基金和财政科技经费支持力度。强调项目资助的阶段性，维持和提高企业在获得资助后的创新动力。从立法层面对企业研发费用加计扣除予以保障，完善和落实政府采购扶持中小企业发展的相关法规政策。学习借鉴深圳等地对自主创业企业在场租、社保、就业方面给予补贴的政策，实施技术改造倍增计划和技术改造投资资助“零门槛”申报。

2. 探索各类人才“引用留育”

进一步整合湖北“城市合伙人”等重大人才工程，用好用足各项创新人才优惠政策。进一步向技能型人才倾斜，构建和完善技能人才队伍建设工作的政策规划、引进培育、平台建设、评价激励及服务保障五大体系。加快形成区域性人才联合教育培训体系。整合大专院校、科研院所、知名企业等教育资源，通过企业委托、与企业共同培养、设立产学人才培养计划等形式，打造一批人才联合培训基地。推行产学研联合培养研究生的“双导师制”。共建博士后科研工作站等高层次人才培养平台。相互开放大学生就业见习基地和实训基地。支持社会资本创建创新人才培训机构。

3. 推进区域人才柔性交流

人才自由流动是释放人才创新创业活力的重要举措。加强人才政策衔接，探索专业技术职务聘任职业资格互认、毕业生实习创业互补流动、互派科技管理干部等人才流动新模式。省、市相互选派科技、商务、教育、卫生等领域优秀党政干部交流挂职和异地培训。采取共建院士专家工作站等方式，鼓励高层次人才通过兼职挂职、定期服务、技术联姻、项目合作、科技咨询等方式开展交流合作。依托企业创新平台，组织动员高校院所科技人才、创新团队跨区域到园区、企业挂职兼职。支持科技人才在企业、高校、科研院所之间流动或双向兼职。

（四）加快推进科技成果转化

1. 建立科技成果转化服务体系

为解决技术成果转化问题，发达国家加快布局新型创新载体，日本从 2004 年正式开始实施产学研一体化，英国 2010 年开始建设“弹射中心”，美国 2012 年启动国家制造业创新网络计划。抢抓争创国家科技成果转移转化示范区机遇，完善湖北省科技成果一站式服务中心功能。在运行机制上，探索由政府、企业、高校及科研院所以会员制、股份制、协议制等方式共同投资，引导社会资本加大投入，利用自有资金、社会资金、成果转化收益等逐步实现自我运营。引入第三方机构监管，及时改进、提高平台效率。

2. 加大科技成果转化激励力度

科技成果转化过程中的政策落地极为重要。建议探索加大符合科技成果转化特点的岗位管理、成果处置、职称评聘、收益分配、股权激励、人才流动、兼职兼薪等政策落实力度。试点纳税人提供技术转让、技术开发和与之相关的技术咨询、技术服务，免征增值税。开展股权激励试点，鼓励专利、商标等知识产权出资，探索推行实施期权、技术入股、股权奖励、分红权等多种形式的激励。建立产学研合作成果评价与奖励制度，根据评价结果改善参与产学研合作人员的待遇，并优先分配研究资金和资源。

3. 加大对科技中介机构扶持力度

加快高校院所科技中介机构所有制改革，鼓励股份制、合伙制等组织形式。实施“高校和科研院所知识产权转移转化机构建设项目”。通过前资助、后补助及政府购买服务等方式，培育一批以产业和企业为服务对象，以技术交易、技术经纪、技术咨询、技术评估、风险资本市场、人才和信息沟通为主要内容的技术转移服务机构和骨干企业，形成若干个科技服务产业集群。

（五）强化财政金融支撑功能

1. 充分发挥政策引导作用

充分发挥政府资金对全社会研发经费投入的引导和拉动作用，加大对基础研究、产业技术联盟、科学仪器设备共享、国家级和省级创新平台、对外经贸合作区等财政经费投入。建议提高引导基金规模、出资比例及让利，引导民间资本参与。银行和基金等投资机构，可“因地因时制宜”地设计产品。探索保险参与科技成果转化过程，创新保险产品，如科技成果转化费用损失险、新产品质量安全风险险等。

2. 改进财政科技经费投入方式

以市场为导向，不断提升资金投入的精准度。在创新平台的认定、税收减免、成本加计抵扣方面实施备案制。借鉴《深圳经济特区国家自主创新示范区条例》做法，综合运用前资助、后补助、以奖代补、风险补偿等多种方式，鼓励和引导企业、高校科研院所等采取公私合作等方式加大对创新合作的投入。改进申请财政性资金资助必须采取项目形式，让领衔科技专家有更大的经费支配权和资源调动权。

3. 探索建立投融资服务平台

推动武汉股权托管交易中心提档升级，将其建成面向中部地区的区域性股权交易市场。依托国家高新区开展科技企业信用体系建设试点，构建科技企业信用数据库和平台，建立健全适合科技企业特点的信用征集体系、信用评级制度和信息共享机制。试行科技企业信用贷款及科技企业联投联贷联保机制。推广东湖高新区“投贷联动”模式和宜昌自贸片区“小微快贷”模式。

B.8 湖北制造业复工复产的关键问题与对策研究

石军伟*

摘　要： 新冠肺炎疫情对湖北经济和制造业的强烈冲击是突然、全面而且深远的，值得从多个维度进行深入的反思。本文对新冠肺炎疫情暴发及防控常态化以来湖北制造业复工复产过程中的关键问题进行了研究，并提出了相应的对策建议。湖北制造业在疫后面临的主要挑战包括三个方面：一是制造业投资大幅下降；二是产业链上不同市场主体的复工复产进度不同，全产业链供应链的协同度较低；三是企业流动资金压力普遍上升，融资难度增加。为此，湖北制造业需要做好三个方面的主要工作：一是将制造业"稳投资"作为战略性专项重点政策；二是切实落实制造业复工复产的金融支持政策；三是完善制造业产业链供应链，提升关键技术创新突破能力与抗风险能力。

关键词： 制造业　复工复产　产业链　供应链　湖北

2020年1月暴发的新冠肺炎疫情，其传播面积之大、传染速度之快、传播毒性之强，远远超出了此前人们（包括各类医生、专家、学者、

---

* 石军伟，中南财经政法大学现代产业经济研究中心主任，教授、博士生导师，研究方向为工业竞争力、创新战略、产业政策。

官员、民众等）对地方流行性传染病的认知。此次疫情期间，我国人民群众的生命和健康受到了史无前例的威胁，付出了惨重的代价。以武汉为省会城市的湖北省，自然是此次疫情灾难的“风暴眼”，17 个地市的新冠病毒感染率平均来说远远超过省外绝大部分的地级市。累计确诊人数 68139 人，占全国确诊人数的 76.43%；累计死亡 4512 人，占全国的比重为 96.25%。[①] 这些数据表明，湖北毫无疑问是中国经历本次新冠肺炎疫情的重灾区，其经济体系与社会发展在疫情期间受到的冲击相较其他省份和城市也更为严重。作为传统的老工业基地，湖北的制造业在此次疫情冲击下受到了全方位的影响。

本文关注的是湖北制造业在此次疫情冲击下的复工复产过程中存在的主要问题。制造业在国民经济体系中地位和作用至关重要，因此，如何确保制造业在疫情期间以及疫情后期保持高质量的发展，不仅是保持以制造业为核心的实体经济的健康发展，更是保持湖北经济的区域竞争力和经济高质量发展的根本基础。自疫情暴发以来，党中央和国务院多次强调，各地在复工复产过程中，要特别关注制造业，要把优先支持制造业复工复产作为重中之重。近期新冠肺炎疫情在欧美、南亚、非洲等地继续大流行趋势，以及在我国北京、辽宁、新疆等地持续反弹，一方面说明疫情防控形势依然严峻，另一方面也给中国制造业和服务业的发展带来更大范围的冲击。本文结合实地调查与访谈资料以及统计部门公开发布的资料，归纳湖北制造业在复工复产过程中面临的主要问题和经验、教训，总结国家和湖北省委省政府出台的相关政策措施，在此基础上，综合考虑国内外疫情的发展趋势，提炼出相应的政策建议，以进一步推动湖北制造业的高质量发展。

一　湖北制造业疫情期间复工复产的总体历程

湖北制造业的复工复产工作，是在湖北省疫情防控工作的总体安排之下

① 截至 2020 年 8 月 9 日更新的数据，包括北京、辽宁、新疆等地后续的数据。http：//www.chinanews.com/m/34/2020/0127/1364/feiyan.html；https：//news.ifeng.com/c/specialClient/7tPlDSzDgVk？needpage=1&webkit=1。

逐步有序开展的。2020 年 3 月 11 日，湖北省新型冠状病毒感染肺炎疫情防控指挥部发布通告，对企业复工复产工作做出了具体安排。在这份通告中，主张复工复产的推进工作安排要差异化、务实化、细致化，不搞一刀切，实行灵活动态管理，要依具体地区、具体行业、具体企业、具体阶段和具体实情来进行。①

2020 年 2 月 8 日，湖北省人民政府就发布了《应对疫情支持中小微企业共渡难关有关政策措施的通知》，2020 年 3 月 13 日，发布了《湖北省促进经济社会加快发展若干政策措施》（简称“30 条”，分为八大方面，共计 30 条具体措施）。这些政策从为企业降本减负、强化财政金融支持、扩大有效投资、加大稳岗支持、保证经济循环畅通等多个方面做出了具体的要求，以帮助支持全省企业，尤其是中小微企业积极应对疫情影响，共渡难关，以实现经济和社会加快恢复健康发展。比如，“30 条”明确要求各金融机构，不得盲目抽贷、断贷、压贷，政策性银行要主动对接 3500 亿元专项信贷额度，对制造业、外贸等产业链上的中小微企业加大信贷支持力度，要全力保证企业不因资金问题影响复工复产。在财政税务方面，允许疫情防控重点物资生产企业将扩大产能而需新购的设备，可一次性计入当期成本费用并在税前扣除。省级财政对获得中央专项优惠贷款支持的企业，按贷款利率的 50% 提供不超过 1 年的贴息。此外，对疫情影响较大的部分行业延长企业亏损结转年限（最长至 8 年）、对中小规模纳税人免征增值税、部分社保内容免收 5 个月、企业职工医保部分减征。这些金融与财税政策的出台和实施，有力地减轻了企业的负担，推动了相关制造企业的复工复产进程。

2020 年 4 月 8 日，武汉市解除封城，标志着湖北全省的疫情防控工作进入新的历史阶段。截至 4 月 8 日，湖北规模以上工业企业复岗率为 89%，略高于全省“四上”企业②的复岗率（80.4%）。2020 年 4 月 29 日，中共

① 具体内容请参见湖北省政府网站权威通告栏目于 2020 年 3 月 11 日发布的《湖北省新型冠状病毒感染肺炎疫情防控指挥部通告》。

② 对规模以上工业企业、资质等级建筑业企业、限额以上批零住餐企业、国家重点服务业企业等这四类规模以上企业的统称。

中央政治局研究确定了支持湖北省在疫情后期重振经济与社会发展的一揽子政策，从财政税收、金融信贷、投资外贸等方面明确了具体措施，这在国际疫情开始快速蔓延和国内疫情防控常态化的新历史条件下，为湖北制造业的复工复产创造了更有利的政策环境。中央的一揽子政策明确指出，国家财政税收、金融信贷、投资外贸等相关部门，要帮助湖北加快复工复产、复市复业，帮助解决企业特别是中小微企业面临的困难。在工业和制造业方面，要大力促进汽车制造、电子信息、新材料、生物医药等支柱产业恢复发展，稳住经济基本盘。同时，在湖北启动一批重大项目，加快传统基础设施和5G、人工智能等新型基础设施建设。2020 年 4 月 30 日，湖北省政府结合疫情常态化防控工作进展，发布了《加大金融支持助力实体经济发展若干措施》，针对制造企业的复工复产进行总体安排。这份政策文件明确要求各级政府部门和相关单位，“进一步加大信贷资金投放，各银行业机构持续加大对民营和小微企业的信贷支持，提升首贷率和中长期贷款、信用贷款占比。同时要优化产业链上下游企业金融服务，通过应收账款融资、订单融资、预付款融资等方式，加大对产业链上下游中小微企业信贷支持，帮助企业缓解资金困难。各银行业机构建立评审‘绿色通道’，加大与长江大保护、先进制造业、交通基础设施、新基建等重大项目的融资对接力度”。[①]

上述一系列政策对制造业的复工复产起到了非常重要的推动作用。省经信部门按照省防指部署，牵头成立工业企业服务专班，建立交办、调度、协调、保障、督办工作机制，分区分级、分类分时、有序推进工业企业复工复产。实施日调度、日报告，对主营业务收入 10 亿元以上的工业企业建立台账，全力为企业排忧解难。到 2020 年 3 月下旬，湖北省“规模以上工业企业中已有 12381 户复工，复工率 79.97%；规模以上工业企业到岗人数 154.95 万人，到岗率54.7%”。[②]“到2020 年5 月31 日，规模以上工业企业

① 内容引自湖北省人民政府网站，http：//www.hubei.gov.cn/zfwj/ezbf/202005/t20200508_2263408.shtml。

② 数据来自《湖北日报》，2020 年 3 月 24 日。

已开工 15233 家，复岗率 96.7%”。[1]

我们于 2020 年 5 ~7 月，分别赴武汉、咸宁、荆门、孝感等地市的部分工业企业进行了实地调研。调研发现，各地制造企业的复工时间虽不尽相同，但也基本上遵循了 3 月 11 日湖北省新型冠状病毒感染肺炎疫情防控指挥部发布通告的总体安排。受访企业对上述相关政策及其主要内容是比较了解的，受访的大中型企业复工复产情况总体较好。

总的来看，湖北在疫后恢复经济与社会发展的各项政策，是湖北省委、省政府在国家疫情防控总体部署安排的指导下做出的，都将制造业的复工复产达产放在了非常重要的位置，对湖北制造业疫后恢复生产起到非常重要的作用。

二　湖北制造业复工复产过程中面临的关键问题

新冠肺炎疫情在全球蔓延，不仅使世界经济下行风险加剧，不稳定、不确定因素显著增多，也对湖北制造企业的复工复产带来了严峻的挑战。从 2020 年 3 ~6 月的复工复产情况来看，如下几个方面的问题是制造业复工复产过程中面临的主要挑战。

（一）制造业投资大幅下降

持续稳定的物质资本投资是制造业可持续发展的重要基础。与服务业和农业不同，制造业的生产活动是以稳健的固定资产投资和必要的人力资本投资为重要基础的。疫情期间，湖北省工业投资受到了非常大的影响，出现大幅下降，给工业生产活动的可持续性带来相当大的冲击（见图 1）。2020 年 1 ~4 月，湖北省制造业投资同比下降 79.6%，比同期工业投资下降幅度 79.1% 还多出 0.5 个百分点。1 ~5 月，制造业投资同比下降 70.9%，降幅大于电力、燃气及水的生产和供应业（67.2%），但小于采矿业（72.3%）。

① 数据来自《湖北日报》，2020 年 6 月 3 日。

在制造业中，电子设备业投资额下降幅度达 54.5%，好于全省制造业投资和工业投资的总体水平，高技术制造业投资下降 62.5%，高于湖北省制造业投资总体水平 8.4 个百分点。[①]

与全国总体水平相比，湖北工业投资的下降幅度是相当大的。主要原因有两个方面。一是湖北本身是此次新冠肺炎疫情的重灾区和防控重点地区，疫情对工业生产活动的影响范围和深度相对于全国其他各省份要大得多。二是湖北省复工复产进度比其他省份要晚大约两个月，这也对湖北工业（制造业）投资带来相当大的影响。直接结果就是由 2020 年 1 月以前持续高于全国平均水平，到 2020 年疫情暴发后大幅落后。

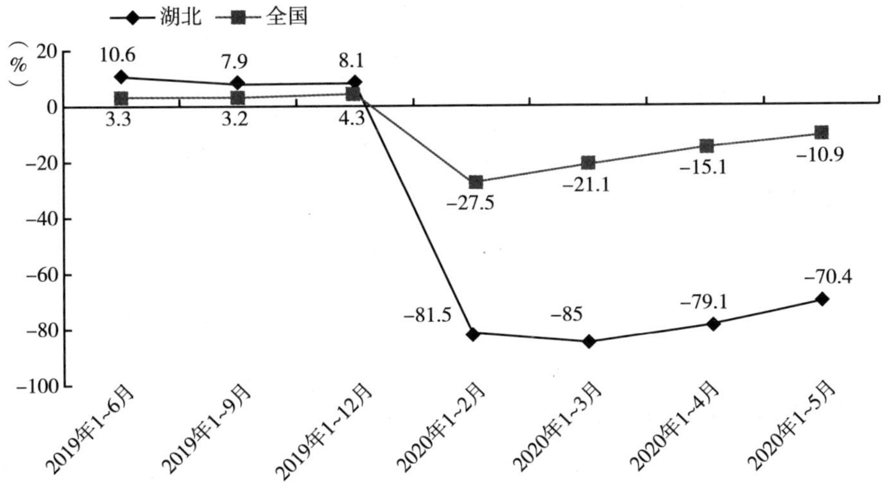

图 1　2019 年以来湖北省各月工业投资累计增速

在企业层面，湖北不同所有制类型的工业企业投资增速有较大的差异（见图 2）。2020 年 1～5 月，港澳台商投资企业投资下降幅度最大，同比降幅为 73.1%，内资企业投资降幅为 70.3%，外资企业投资同比下降 70%。其中，国有控股企业投资同比下降 66.8%，好于其他类型所有制的工业企

① 数据来自湖北省经济和信息化厅发布的经济运行文件，http：//jxt. hubei. gov. cn/bmdt/jjyx/202006/t20200624_ 2400224. shtml。

业，也好于湖北省全省工业投资的总体下降水平。在疫情冲击之下，国有企业在投资方面表现出了相对过硬的担当，对工业经济发展的企稳发挥了显著的作用。在2020年1～5月的工业投资中，内资企业的投资额占比为94%，外资企业的投资额占比为3.4%，港澳台商投资企业的投资额占比为2.6%。尽管内资企业在工业投资方面有着显著的贡献，但投资额大幅下降仍然是制造业持续发展面临的非常严峻的现实挑战。

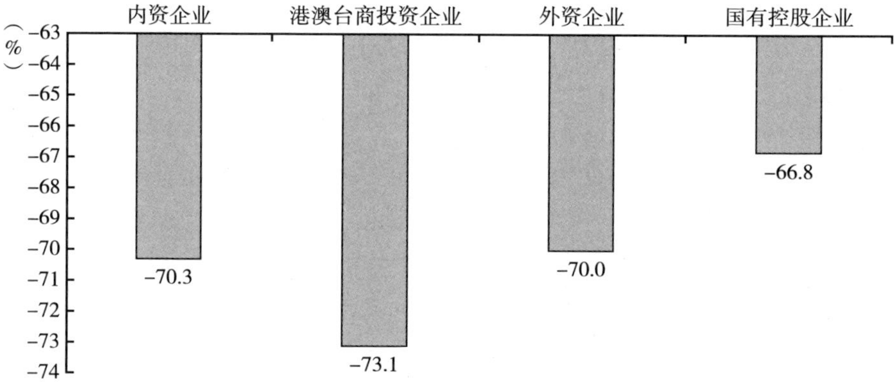

图2　2020年1～5月湖北不同所有制类型的工业企业投资增速

疫情导致制造业投资下降的另一后果是工业新开工项目严重不足。湖北省经济和信息化厅的经济运行统计数据显示：2020年1～5月，计划总投资同比下降17.4%，其中主要靠续建项目支撑；新开工项目投资额只占3.7%，新增项目投资额严重不足，同比下降78%。从实际投资额看，下降更为明显。与2020年初累计完成投资额相比，2020年前五个月实际完成投资额下降70.4%，其中新开工项目完成投资下降89.3%。新开工项目投资严重不足这一问题表明，社会各界对疫情影响的持续时间、持续强度、持续范围等因素无法形成准确估计，对经济发展趋势形成了严重的悲观预期，这非常严重地影响了工业企业、投资方、融资方等各方面对工业项目投资的信心，从而在投资决策、项目施工决策和融资决策等一系列环节表现出谨慎态度，对企业的发展战略可能做出重大调整。

（二）产业链上不同市场主体的复工复产进度不同，全产业链供应链的协同度较低

2020 年 4 月，中央提出各级党委和政府要“不失时机畅通产业循环、市场循环、经济社会循环”（简称“三大循环”），要“保居民就业、保基本民生、保市场主体、保粮食能源安全、保产业链供应链稳定、保基层运转”（简称“六保”），这为当前维护我国经济发展和社会稳定大局指明了战略方向，也为制造业复工复产工作点出了关键环节。但是，新冠肺炎疫情对制造业和工业生产活动的冲击是全方位的，全国各地先后实施的“封城”等严管措施，可以说导致整个国民经济体系几乎陷入停摆状态。在这种情况下，制造企业由于供应链条长，产业价值链涉及范围广、涉及主体复杂等行业特征和技术特征，在生产活动方面受到的冲击也就更为严重。

以湖北的汽车制造企业为例。汽车产业是制造业里产值最大、产业链最长、涉及相关产业最多、全球化水平很高的行业。一辆中档汽车的生产下线，需要 5000 多个独立的零部件，还不包括数以千计的互换及通用标准件，总体上需要超过 1 万个不可拆卸的独立部件。这无疑需要大量的零部件供应商集体协同才可能完成。这其中只要一个零部件不到位，都有可能影响到整车生产。因此，必须要让在汽车产业链供应链上的 100 多家配套供应商企业同步复工，实现全链条顺畅连接，共同参与，汽车制造企业的生产才能够真正实现复工复产。因此，汽车制造企业需要成立疫情应急管理小组，全面摸查产业链供应链企业，准确掌握供应商企业的疫情防控、用工到岗、复工进度、资源储备等方面的情况，才可能逐步推动产业链供应链整体复工节拍，实现有效的复工复产达产。

尽管中国有 10 万余家汽车零部件企业，生产了全球 80% 以上的汽车零部件，也已经深度嵌入全球价值链中，但中国生产汽车零部件大多侧重于附加值不高的中低端领域，在发动机、变速箱等高端零部件上，仍然依赖进口。因此，在疫情早期，中国汽车零部件企业停产，冲击了全球汽车产业链。但随着国内疫情基本得到控制，而欧洲、美洲等国外疫情加速蔓延，导

致欧美等国重要零部件厂商停工，国内相关企业的零部件面临断供风险。另外一个风险在2020年3月以后，国内汽车企业复工复产，但国际疫情的扩展和恶化使海外客户的收货率下降，出口货物在港口的滞留风险加大。汽车企业的产业链供应链因世界疫情的不确定而再度变得不稳定，面临进出口的双重压力。

湖北省经济和信息化厅对电子信息产业的调查报告显示，在2020年第一季度，电子信息产业的产业链受到了严重的冲击。例如，半导体行业中45%左右的企业面临部分设备、零部件及原材料全球断供的压力，这在很大程度上影响了该行业关键技术创新节点的研发进程安排。新型显示行业中，代表性重点企业受到疫情冲击也非常典型。武汉天马微电子有限公司的G6生产线于2015年开工建设，投资约120亿元，作为全球第一条同时点亮刚性和柔性显示屏的第6代AMOLED生产线，其产能利用率无法达到正常水平，主要原因在于外籍核心设备供应商人员受疫情影响无法入境，其装机工作不得已停滞近两个月之久。

（三）制造企业流动资金压力普遍上升，融资难度增加

在疫情冲击下，湖北制造企业的流动资金压力普遍骤升。这主要有三个方面的原因。一是企业订单流失情况较为严重。生产与市场，是一个钱币的两个方面，彼此不可分割。订单锐减，既是湖北省制造企业面临的最致命的冲击，也是企业复工复产工作的最大挑战。员工可以接回，资金可以硬撑，但订单则不由企业掌握。由于上下游产业链未完全畅通，老订单跑了，出口订单取消了，新订单还没有或还没谈妥，企业既不敢满负荷生产，也不敢停产待单，部分复产的话，成本又上升，资金压力有增无减。这可能是大部分工业企业的现实遭遇。2020年第一季度，湖北制造企业的订单流失风险非常高，国内国际市场形势都相当严峻。从国内市场来看，上一年从湖北市场采购额较大的部分地区，从湖北的采购份额大幅下降，多数只达到上年同期的50%左右。这样的情况，在湖北的优势产业，如汽车及零部件、电子、电器和钢铁等行业中表现得尤为明显。从国际市场来看，国外订单也随着疫

情在欧美等地的蔓延而陆续被取消或推迟，这对湖北出口导向型制造企业的影响是非常巨大的。猝不及防的疫情，扭曲了市场，不仅屏蔽了“订单”和具体需求，也割裂了市场循环与产业循环的有机连接。企业可以打通自身内部的各个生产流程，但需求不旺、市场疲软、供需在产量和容量方面严重不协调，使企业订单不再单单是企业经营者所能解决的个案问题。订单无法落实，也就限制了企业的进项收入，从根本上制约了流动资金的进项规模，加大了企业流动资金的周转压力。

二是由于技术特征和生产流程的连续性等因素，制造企业的刚性支出不降反升。在第一季度，这类情况更为明显。在疫情早期，企业尚未复工复产，这期间尽管企业没有营收进账，企业承担的厂房租金、贷款利息、员工工资、设备折旧等刚性支出却没有大的改变，仍然较大。再加上疫情早期物流运输严重受阻，导致企业的物流成本大幅增加，这也大量地挤占了企业的流动资金。另外，应政府疫情防控的要求，对于“停不得”的制造企业（如钢铁、化工等行业），它们在做好防疫口罩、测温仪、消杀用品和餐饮、员工集中住宿等方面的支出成本增幅也非常高。在后期进入复工复产期的企业，在这方面也不得不投入了大量的刚性支出，这也给企业的流动资金带来了压力。

三是银行贷款仍然艰难。从企业实践来看，贷款难比贷款贵更值得关注。疫情暴发后，国家和湖北省委、省政府做出了一系列重要举措来缓解制造企业贷款难的问题。据公开报道的数据，2 月 10 日前，在鄂的九家全国性银行在鄂分支机构面向疫情防控重点保障企业共发放优惠贷款 21 笔，利率区间 1.9% ~3.15%，加权平均利率 2.89%，发放金额 26.21 亿元，其中，全国重点保障企业 10.17 亿元，地方重点保障企业 16.04 亿元；三家地方法人金融机构发放优惠贷款共 12 笔，利率均为 3.15%，金额 8.15 亿元。[①] 然而，这些贷款主要面向湖北省相关部门指定的省级重点保障企业，如医疗防护服、口罩、抗病毒药品、消毒液、病床、救护车、体温监测仪生

① https://www.financialnews.com.cn/yh/shd/202002/t20200214_178777.html.

产企业和采购配送、食品加工类企业，以及全国性重点保障企业名单中所含的湖北企业。出于抗击疫情需要，本身无可厚非。但是，其他制造企业则绝大部分无法获得类似的金融支持。虽然不少商业银行公开承诺对确因疫情影响还款困难的企业不抽贷、不断贷、不压贷，但贷款难与贷不到款仍然是不少制造企业（尤其是中小企业）面临的最大的难题。从银行方面来看，由于贷款实行终身责任追究制度，银行想要不留后患，使风险可控，更偏好把绝大部分贷款给国有企业。而对民营企业来说，银行设置的贷款门槛高，上市公司或大型民营企业是优先贷款的考虑对象，而对中小民营企业，即使企业技术先进、科技含量高，没有抵押品、没有担保，没有充足的现金流水，银行不敢也不会贷款。据湖北省经济和信息化厅的调查结果，尽管第一季度全省企业贷款增加 2162 亿元，新增额占全部贷款比重为 92%，但部分银行对疫情影响较大的企业还款能力存在顾虑，贷款审批发放速度不高。这导致不少地市的工业企业在第一季度面临巨大的资金缺口。

三　进一步推动湖北制造业复工复产的对策建议

新冠肺炎疫情对湖北制造业的冲击是多方位、多阶段的。国内疫情的暴发和持续常态化防控趋势，首先影响的是制造企业的生产经营活动，其次是产业链供应链的稳定性。国际疫情的持续扩散和蔓延，主要影响的是制造企业的产业链供应链，其次是生产经营活动。但是，无论是国内疫情还是国际疫情，都对制造企业的市场需求带来了短期不可控的冲击，并且在相当长的一段时期内不会消失。所谓的“报复性需求”，出现的概率不会太大。因此，湖北制造业的复工复产，在未来可以预见的一段时期，需要企业、政府、社会等各方协同努力，共克时艰，做好以下几个方面的主要工作。

（一）将制造业“稳投资”作为战略性专项重点政策

制造业投资对优化供给结构有着重要的作用，是稳定全社会投资的关键，也是带动制造业内部和生产性服务投资的关键力量。“稳制造业投资”，既是提振实体经济、保就业的关键举措，也是为制造业高质量创新推动转型升级、实现高质量发展的关键路径。因此，湖北省委省政府应在未来三年中，将制造业“稳投资”工作升级为一项专项政策，出台系列政策激励，全力提升湖北制造业的投资水平。

首先，为制造业技术改造设立专项基金。技术改造是制造业投资的主要内容之一，也是制造业转型升级的主要途径。疫情对制造业投资的冲击，在某种程度上构成了一种倒逼机制，使制造企业不得不因应社会和消费者的需求而进行针对性的技术改造，对产品设计、生产流程、工艺安排、设备更新等方面进行提档升级，优化产品和服务供给结构，提升产品品质和服务质量。因此，可以依据行业技术特征，设立“湖北制造业提档升级计划”，成立重点制造业技术改造项目库，纳入制造业高质量发展专项资金支持范围，编制年度技术改造投资导向计划，加强对重点制造业技术改造项目的跟踪调度，有计划、有步骤、分阶段推进制造业的技术改造投资和提档升级。

其次，高技术制造业应成为提升制造业投资的“主战场”。制造业“稳投资”不应该是“撒胡椒面儿”，一定要有明确的战略方向，那就是制造业的高质量创新与转型升级。毫无疑问，以高技术制造业为主体的先进制造业才是湖北制造业需要大力发展的战略方向。疫情影响是短期内的强冲击，加上制造业的转型升级政策带来的长期战略性调整，构成了湖北制造业淘汰落后产能的双重动力。只不过，由于疫情的突然到来，新的制造业产能供给与先进的制造业还没有成长起来，无法及时补位，这也是导致制造业投资阶段性下滑的原因。但是，这并不影响大力鼓励高技术制造业投资的战略方针。这既符合国家供给侧结构性调整的政策指引，也符合湖北制造业疫后重振的现实省情。

如果说制造业技术改造投资是“存量改造”的话，那么高技术制造业或先进制造业投资则是“增量调整”。因此，应根据“实施一批、储备一批”的原则，做好三个方面的工作。一是加强“向上管理”，积极对接国家重大战略部署和产业布局，提前谋划战略性、基础性重大项目，争取国家政策支持，推动国家重大科技专项成果在湖北落地并实现产业化。抢抓中央支持湖北发展一揽子政策机遇，积极争取落实对湖北省企业实施“两免两减半”政策，对接中央技改、制造业高质量发展、产业基础再造和国家大基金等专项，围绕“光芯屏端网”等四个世界级先进制造业集群，加快推进重大项目建设。二是加强“规划管理”，依据湖北省委省政府的重大战略部署，坚持应急与谋远相结合、精准调度与有效帮扶相统筹、做优存量与做大增量相统一。要紧盯汽车、电子、烟草等重点行业和生物医药、新材料等重点领域，紧盯武汉、襄阳、宜昌等重点地区，坚持做好制造业产业合理布局、科学发展，建立湖北省“先进制造业重点项目库”，推进重点项目建设。省相关部门要加强跟踪调度，着力建设一批带动性强、市场规模大、成长性高、经济效益好的先进制造业项目，让投资跟着项目走，带动高技术制造业投资快速、稳健增长。三是积极做好先进制造业项目的推介工作，引导相关产业投资基金、金融机构、社会资本跟投跟贷，保障重点项目建设资金需求。通过引进更为多元化的投资主体，更多使用市场化的方法培育新供给，让新的供给自然冲击老的供给，实现新旧动能的顺利转换。

（二）切实落实制造业复工复产的金融支持政策

李克强总理在2020年《政府工作报告》中明确提出，要大幅增加制造业中长期贷款。中国人民银行的统计数据显示：2020年上半年，制造业中长期贷款增速为24.7%，创十年来新高。湖北省委省政府也先后出台了一系列的金融支持政策，意在大力支持制造业和相关产业企业的复工复产工作。但是，正如前文所分析的那样，大部分制造业企业得到的金融支持力度，由于种种原因，远未达到重点制造企业或疫情防控相关制造企业所得到的金融支持水平。

因此，湖北在未来制造业复工复产过程中，其融资问题的重点，在于如何落实省政府5月8日颁布的《加大金融支持助力实体经济发展若干措施》所提到的各项措施，使企业真正享受到相关部门颁布的金融支持和财税支持政策。金融支持与财税支持政策在疫情后期的重点，是如何紧抓落实，为更多需要资金的企业提供覆盖面广、有深度、切实有效的服务。

首先，应加大对湖北高技术制造业或先进制造业的长期融资支持。在当前及未来可期的历史形势下，加大对先进制造业的金融支持，对于稳定经济增长、深入推动供给侧结构性改革、实现高质量发展具有重要的现实意义。对湖北来说，落实金融支持先进制造业的主要任务在于如下三个方面。一是政策引导，结合国家对湖北的一揽子支持政策，大幅增加先进制造业、战略性新兴产业中长期资金贷款比例，满足其长期投资需求，为湖北制造业的整体转型升级创造强劲的增量动力。二是进一步疏通货币政策传导机制，维护金融市场平稳运行，提高政策传导效率，确保制造业所需融资需求放在最重要的战略地位，切实促进资金流向实体经济，支持先进制造业及产业链相关主体融资，为制造业发展提供较好的金融生态环境。三是促进货币金融与财政、科技、产业、就业、区域等政策的配合，落实融资担保贴息、落实延期还本政策以降低企业融资成本，形成金融支持、财税支持与相关政策共同作用的强大合力。

其次，金融机构需要进一步加大业务创新力度，坚定为制造业服务的经营信念，为特殊历史条件下的制造企业提供更为多元化的高端融资服务。支持制造业高质量发展是一项长期工程，其经济回报可能不会像房地产项目那样短期见效，因此，银行等金融机构需要坚定地树立为制造业服务的长期理念，不仅需要持续在年度贷款规模中配置制造业中长期贷款专项比例，还需要在经营绩效考核体系中加以体现。比如，可以在经营绩效考核中增设制造业高质量发展贡献度指标，从业绩奖励和业务考核两个层面为从业人员提供双重激励，解除营业人员的后顾之忧。这样，商业银行在满足制造业企业中长期融资需求方面，才可能从银行战略、管理方针、高层管理信念至基层作业人员等多个层次形成一致的经营价值观，才有可能为制造企业提供更具创新性的高质量服务。比如，商业银行可以利用自身丰富的金融资源，帮助制造业拓展融资渠道，通过股权、债权融资等方式支持制造企业开展并购业务，也可以结合制造业中的科技型和创业型企业的融资特征，创新融资模式，尝试投贷联动机制等。又如，针对制造业的行业技术特征和企业经营特征，银行可以优化风险管理标准，并开发出更具针对性的风险监测模型和风险防控工具，既可以有效防控风险，又可以从制度上降低优质制造企业客户的资本占用和定价要求，还可以引导制造企业更有效地监控自身经营风险。这样的高质量融资服务，不仅可以进一步引导信贷资源流向制造企业，还可以提高客户评价对制造企业经营活动的引导力，并提高信贷资金投向的精准度，实现金融业与制造业的双向互动式的“双赢”发展。

（三）完善制造业产业链供应链，提升关键技术创新突破能力与抗风险能力

此次疫情来得突然，令全球经济体系应声而裂，从侧面不仅证明了全球产业链供应链的脆弱性，也是一面镜子，反射出了湖北制造业产业链供应链的体系完整性与韧性。制造业在疫情防控常态下的复工复产，需要恢复全产业链供应链的完整性和产能供应水平。只有拥有了完善的产业链供应链，制造企业才可能真正实现常态化生产经营活动。有必要做好如下三个方面的工作。

首先，补链稳链是关键，打通断点堵点难点，加强国内外合作，重视重点产业链内大中小型企业之间的协同复产达产。依托湖北四大国家级产业基地（国家存储器、网络安全人才与创新、新能源和智能网联汽车、航天产业）和集成电路、数字、生物、新能源与新材料等十大重点产业，全力对接落实中央一揽子支持政策，集中政策资源，落实省委和省政府出台的系列政策措施，紧抓龙头企业带动上下游中小企业协同复产达产扩产，畅通资金流、信息流、人流、物流，加强产业培育，强基础、补短板，加快打造省重点产业链条，打通产业上、中、下游堵点，补齐企业劳动力、资本、土地、能源等生产要素断点，畅通产业循环。

其次，将关键技术创新突破作为完善制造业产业链供应链体系韧性的关键举措，提升制造业产业链体系的抗风险能力。疫情倒逼创新。此次疫情危机可以视为全球产业链重塑的外生冲击，却是湖北制造业完善产业链供应链体系的历史机遇窗口。依托湖北省全力支持武汉创建综合性国家科学中心的战略规划，湖北制造业应充分利用新型举国体制，集中优势资源，抢占新一轮科技革命和产业变革的制高点，加快建设重大科技基础设施群，组织实施

产业基础再造工程，加大关键核心技术的创新突破与集中攻关力度，把重点优势产业的产业链供应链中高端环节做“补链”“强链”的战略目标，提升湖北制造业产业链在国内和国际分工体系中的地位和竞争优势。以此为基础，将湖北打造成为中国制造业国家价值链的创新高地和关键区域价值链，形成直接对全球价值链的替代能力。这不仅会增强湖北制造业产业链供应链的抗风险能力，也是对中国制造业产业链供应链体系竞争力的直接贡献，是湖北建设综合性国家科学中心的实力体现。只有最大限度地减少产业链供应链中的“卡脖子”环节，制造业产业链供应链的韧性才可能得到实质性改善和提升。

最后，积极推动制造业服务化工程和数字化转型工程，不断提升制造业与现代服务业的深度融合水平。《中国制造2025》及此后的系列政策文件，纷纷指出要大力推动制造业由生产型制造向服务型制造转变。因此，制造业服务化是制造业向高级状态转型升级的演变路径，即制造企业为了获取竞争优势，从微笑曲线中较低价值的组装、制造环节向更高价值的设计、研发和服务环节移动。新冠肺炎疫情冲击下，制造业服务化的现实价值更加凸显。制造企业需要通过有效促进制造和服务的协同发展，通过业务流程再造面向行业提供社会化、专业化服务。湖北制造企业需要尽快探索成功的制造业服务化模式，以加快制造与生产性服务的深度融合。疫情期间，“无接触经济”、线上线下结合的商业模式大行其道，这使制造业的数字化转型也被迅速提上了议事日程。因此，加快制造业数字化、网络化、智能化转型，推动互联网、大数据、人工智能、物联网与制造业融合发展，培育一批有影响力的工业互联网平台，以此为基础，鼓励互联网平台带动外向型企业出口转内销。积极拓展线上线下新应用，激发潜在的消费活力，带动产业链供应链加快运转。实施服务业提速升级行动计划，发展现代供应链、人力资源服务等生产性服务业，扶持研发设计、检验检测认证等高技术服务业加快成长。当制造业服务化水平与现代服务业水平协同上升时，“两业融合”才会对湖北制造业高质量发展做出实质性的贡献。

B.9 新冠肺炎疫情下湖北省国土空间规划与“城市留白”研究

叶青清*

摘　要： 本报告围绕湖北省国土空间规划的背景与实施现状开展分析，结合此次新冠肺炎疫情下湖北省武汉市应对突发疫情的相关实践，借鉴“城市留白”的规划理念，提出提升国土空间规划弹性度的“城市留白”应急建设政策建议。

关键词： 国土空间规划　新冠肺炎疫情　“城市留白”　应急建设　湖北省

一　国土空间规划的工作背景与现实需求

2019年5月9日，《中共中央 国务院关于建立国土空间规划体系并监督实施的若干意见》（简称《意见》）印发。《意见》既标志着“多规合一”顶层设计基本完成，也标志着构建国土空间规划体系进入新时代。2020年1月17日，自然资源部办公厅印发《省级国土空间规划编制指南（试行）》，为推进省级国土空间规划编制明确了实施方向，为提高省级规划编制的针对性、科学性和可操作性提供了行动指南。

2020年新年伊始，由于新冠肺炎疫情在全国乃至世界范围内的急速暴

* 叶青清，湖北省社会科学院长江流域经济研究所助理研究员、博士，主要研究方向为区域经济、国土规划。

发，原本稳步推进的国土空间规划编制工作被迫暂缓。这一突发性的公共卫生事件，引发了一系列关于国土空间规划编制工作的理性思考，尤其是新冠肺炎疫情的暴发地、疫情的重灾区、防疫的主战场湖北省武汉市，回顾此次疫情的防控实际，更凸显国土空间规划在城市治理中的关键作用。在应对重大公共卫生问题时，如何通过国土空间规划强化城市韧性，贯彻“健康城市”发展理念，优化国土空间防疫体系，是未来各级政府与国土规划部门重点关注的关键问题。

（一）省级国土空间规划的定位与职责

省级国土空间规划是承接中央关于国土空间规划战略部署的重要一环，起到承上启下的关键作用，既执行国家空间规划相关政策，又负责管制省域内国土空间用途，同时对市县一级的国土空间实施精准管控，肩负着统筹协调、合理调配、进一步探索管理体制创新等多重使命。

（二）省级国土空间规划的现实需求

1. 实现以人民为中心的高质量发展的客观要求

步入新时代，人民对美好生活的需求与日俱增，人居环境亟须改善，国土空间品质亟待提升。省级国土空间规划以建设美丽中国、美丽国土为目标，肩负增进人民福祉的使命，促进“三生”（生产、生活、生态）空间格局协调发展。

2. 践行“两山理论”和绿色发展的规划支撑

省级国土空间规划立足于省域资源禀赋、发展特征、突出问题与治理需求，坚持“两山理论”，落实最严格的耕地保护制度和生态环境保护制度，严守三条红线，确保生态、粮食、能源资源的安全底线。省级国土空间规划为国土空间开发保护格局的形成提供了有力的规划支撑，通过优化国土空间格局，提高空间治理能力，平衡国土空间开发与资源保护的关系。

3. 推动共建共治、共享发展的有力抓手

省级国土空间规划编制过程中，能最大限度地发挥民众的参与作用，增强社会各级协同意识，推动共建共治，共商举措，促进国土空间体系与现代化治理体系的形成。

4. 补齐公共卫生突发事件应急系统短板的制度保障

随着全球化、信息化与城市化的快速发展，人口大规模流动将成为感染性疾病暴发的潜在原因。本次新冠肺炎疫情在湖北省内的暴发，正揭示了城市化进程中树立疫情灾害的风险意识以及危机应对体系建立是未来城市规划研究需要重点突破的课题。2019 年 6 月，《市县国土空间总体规划编制指南》（简称《指南》）颁布，《指南》中特别提到安全韧性城市建设，但并未涉及紧急突发事件、疫情防控、公共卫生安全等方面的内容。湖北省内对自然灾害以及人为灾害的防灾减灾都有相关规划出台，但仍缺乏有关疫情防控方面的规划与公共卫生突发事件的预警机制。疫情的大规模暴发导致城市韧性系统的停摆，从而对居民与城市整体发展造成不可磨灭的影响。因此，要尽快加大对疫情防控规划编制的工作力度，并纳入国土空间规划体系，将城市规划的重点放在公共卫生突发事件应急系统的构建上，规划重点关注对未来不可预测、不确定因素引起的突发性公共卫生事件适应性策略的制定，进而提升城市应对灾害疫情时的承载能力。

二　湖北省国土空间规划进展分析

2019 年 11 月 20 日，湖北省为贯彻落实《中共中央　国务院关于建立国土空间规划体系并监督实施的若干意见》（中发〔2019〕18 号），推进国土空间规划体系建立，强化监督实施，结合湖北省实际，制定了《湖北省推进国土空间规划体系建立并监督实施方案》。2019 年已经完成全省 1000 个美丽乡村示范村庄的规划编制工作。2020 年，将全面编制完成市、县、乡国土空间规划；优化调整相关专项规划；市县及以下编制详细规划；初步形成全省国土空间规划“一张图”。湖北省基于 2017 年以来多规合一工作的实践经验，遵循以问题为导向的工作原则，总结归纳省内各级规划部门遇到的实际问题，立足本省实际，积极探索出适合本省自然资源禀赋与经济社会发展阶段的国土空间规划编制方案。

（一）依托国家战略，构建国土空间开发与保护新格局

立足湖北得天独厚的区位优势，深入实施国家长江经济带战略与省级“一主两副多级”区域发展战略，确定国土开发格局。形成以武汉城市圈为主，襄阳、宜昌为副中心城市，沿长江经济带城镇密集发展带、汉江生态经济带发展带和“汉十”城镇发展轴、“襄荆宜”城镇发展轴，选取省域内3～5个经济基础好、辐射带动力强的市州作为重要节点，构建湖北省“一主、两副、一带、三轴、多节点”的绿色发展格局。依托湖北省域自然资源，以水系、山脉为界，形成沿省内水系长江、汉江、清江流域，沿省内山脉鄂东北大别山区、鄂西北秦巴山区、鄂西南武陵山区、鄂东南幕阜山区，统筹省内湖区资源、湿地水系，以及江汉平原地区构建“三江、四山、千湖、一平原”的生态保护格局。

（二）强化刚性约束，划分主导功能分区

贯彻执行国家对主体功能区划的有关政策，强化刚性约束，遵循因地制宜原则将省内主导功能区进行科学划分。一是摸清情况，开展评价工作。立足省域自然资源“七山一水二分田”的客观条件，系统开展资源开发限制性评价、适宜性评价、资源环境承载能力综合评价，摸清本底。二是科学划定功能分区及空间指引。以保护生态安全为规划指针，按照集中布局农产品优势区域、紧凑布局城镇、规划用地集约高效的原则，对主导功能分区进行科学划分，提出合理化的空间指引（见表1）。

表1　湖北省主导功能分区

单位：万平方公里，%

主导功能区类别	面积	占全省面积比例	主要分布区域
重点生态功能区	9.76	52.5	鄂西山地区、鄂东北丘陵地山区和鄂东南低山丘陵区
农产品主产功能区	7.34	39.5	江汉平原、沿江平原及鄂北岗地区等

续表

主导功能区类别	面积	占全省面积比例	主要分布区域
城镇发展功能区	1.48	7.96	武汉城市圈、“襄十随”城市群和“宜荆荆”城市群等区域

（三）大力实施国土综合整治与生态修复工程

截至2019年，省内已逐步形成符合省域实际的“四区一廊”国土综合整治修复格局（见表2）。

表2　湖北省国土综合整治修复格局

四区	一廊
城镇建设区 农业生产区 重点生态功能区 矿产资源开发集中区	水生态廊道

（四）探索因地制宜，彰显湖北特色的规划路子

一是依托湖北大江大河大湖优质自然资源，贯彻生态优先、绿色发展理念，规划沿江绿色发展区。遵循长江经济带“共抓大保护、不搞大开发”的绿色发展思路，确定湖北为长江经济带生态安全屏障的定位，科学划定沿江绿色发展区范围，在绿色发展框架体系内，明确沿江绿色发展区各项目标指标，确定空间管控细则。二是坚持走区域协调发展战略，构建内陆开放新高地。依托国家“一带一路”倡议、长江经济带战略，打造长江经济带与“一带一路”融合发展的重点示范城市；依托省级“一主两副多级”及区域协调发展战略，推动实施武汉城市圈、“宜荆荆”城市群、“襄十随”城市群空间协同举措，推进省域空间协同管制体系的建立。

三　疫情下国土空间规划面临的安全挑战与“城市留白”实践探索

新冠肺炎疫情在国内的迅速蔓延及初期防控形势的严峻性暴露出目前公共卫生体系建设的短板，国土空间规划尚未留出适当的弹性空间以抵御公共卫生突发事件的来袭，城市规划也缺乏对“公共卫生安全”的系统考量。针对此次疫情，湖北省防疫防控的相关举措既是对公共卫生突发事件应急建设的积极尝试，也是提高公共卫生安全水平，提升空间治理能力，在国土空间规划中贯彻“健康城市”理念的一次实践探索。

（一）国土空间规划面临严峻的公共卫生安全挑战

1. 国土空间规划系统与公共卫生系统缺乏衔接

近年来，随着社会分工精细度的大幅提升，空间规划与公共卫生两者之间由于专业领域的巨大差异性以及侧重点的不同，表现出明显的逐渐分离态势。尤其是当前地方政府对于国土空间规划工作依旧强调以提升空间资源经济效益为主要目的，较少关注公共卫生安全问题，未能促成公共卫生系统与城市规划系统的协调沟通，使两者长期处于分离状态，导致国土空间规划与公共卫生系统缺乏有效衔接。

2. 详细规划与社区管理匹配的精准度不高

国土空间规划中的控制性详细规划是面向管理实施的基础单元。省级规划在编制过程中编制单元大多基于城市道路围合和相对完整的城市功能单元，可能会出现社区单元遗漏以及社区管理界限不吻合的现象。这可能导致按照详细规划编制单元内的各个社区在配备相应的公共医疗卫生设施时出现不均衡的现象。当面临新冠肺炎疫情的暴发时，社区所配备的保障公共安全的医疗卫生设施不能完全满足疫情的需要，从而加大公共卫生设施调度与管理的难度。尤其是在疫情的暴发期，现有的详细规划尚未制定完整的社区公共卫生突发事件紧急响应机制，对可能引起的各类设施超负荷的情况也缺乏紧急预案，导致疫情状态下现有规划在应对居民需求和防范公共卫生风险方面的短板暴露无遗。

3. 空间规划对公共卫生风险的预判与应对能力亟待提升

随着城市化、全球化、信息化进程的不断加速，大城市的资源要素不断集聚以及人口高频流动加剧了公共卫生风险。城市化问题一直以来受到城市规划领域的广泛关注，为疏解中心城区人口的压力，城市规划者与管理者纷纷聚焦空间规划，试图通过城市空间规划使资源要素得到均衡配置，从而缓解特大城市人口过度集中的问题。2019 年武汉市各区的统计数据显示，江汉区人口密度为 2. 6 万人/平方公里，作为武汉市人口密度最高的行政区其新冠肺炎的感染比例也是最高的区域。相反，全市人口密度最低的行政区洪山区，人口密度为 0. 29 万/平方公里，其新冠肺炎感染比例在全市也是最低的。目前，美国的新冠肺炎疫情异常严峻，日均新增病例高达 6 万 ~7 万人，统计数据显示，感染比例较大的区域仍集中在纽约、芝加哥、旧金山、洛杉矶、休斯敦、迈阿密等特大中心城市及人流密集的旅游城市。可见，人口的过度稠密是新冠肺炎在全球范围内迅速暴发的关键原因。国内外特大城市和超特大城市由于强大的辐射吸引能力，还将继续吸引人口的集聚，或许还将面临公共卫生安全的巨大挑战，未来各类传染性疾病暴发的风险也将有增无减。城市规划过程中，资源向中心城区过度倾斜的现象时有发生，一些地方政府还存在片面追求经济效益，忽略中心城区建设强度过高、人口压力过大等问题，一旦面临突如其来的公共卫生事件，必定为城市治理与维护城市健康安全带来更大的隐患。因此，空间规划在面对公共卫生突发事件时亟须提高预判和应对能力。

（二）“城市留白”理念在空间规划中的相关探索

“城市留白”作为城市规划中提升规划弹性的重要手段，能为城市未来的发展提供更多的弹性空间，具有前瞻性、灵活性与可操作性的特征。在规划编制的过程中，对城市已划定或未来发展可能占用的地块进行预研预控，在可研分析的基础上科学划定预留区域的范围，且不确定其用地性质，划定功能区划，预留出足够的弹性空间，以期为城市发展所面临的突发事件或不确定风险提供精准的规划保障。

近年来，国内外基于国土空间规划体系对“城市留白”进行了相关探索，积累了不少成功的实践案例。例如，新加坡的“白地”是“城市留白”在规划领域的一次成功探索，也是最早将“留白”理念引入城市规划并贯彻实施至规划全过程的国家之一。在应对此次新冠肺炎疫情时，“留白”理念也发挥了相当积极的作用。为应对此次新冠肺炎疫情，新加坡于2020年2月18日重启公共卫生防范诊所计划（PHPC），重新激活873家分布在各大社区的私人诊所作为“传染病监测哨点”，充分发挥其基层救治的应急功能。以供应医疗物资和提供一定的资金报酬作为激励机制，促使“传染病监测哨点”将病人筛查结果如实上报，实时搜集疫情数据，及时监测疫情的动态变化，以应对紧急的疫情突发状况。

国内也有基于“城市留白”规划的相关探索。上海市积极借鉴国外“城市留白”经验，制定《上海市城市总体规划（2017～2035年）》，针对弹性空间问题进行探索，提出了建立“空间留白”机制，于2017年12月获国务院批复。2008年杭州市颁布的《杭州生态带概念规划》是杭州最大的“绿化”规划，确定了保护保留生态资源的六条生态带，为城市空间布局“留白”，其留白的区域占市域面积的60%，预留出足够的弹性空间，以协调未来城市发展过程中的用地矛盾问题。香港在城市规划过程中始终贯彻“留白”理念，划定其他用途指定功能区，为突发应急事件的发生提供规划保障。

（三）“留白”理念对武汉市疫情防控的积极作用

1. 空间规划的适度弹性政策

从概率上讲，发生重大公共卫生安全事件的概率较低。因此，提升空间规划的灵活性，保持空间规划的适度弹性政策以应对突发公共安全事件，能在有限的空间资源中发挥更大的作用。回顾此次疫情，武汉作为本次疫情防疫防控的主战场，在疫情暴发的第一时间，宣布于2020年1月23日封城；

在面对疫情濒临失控的艰难时刻，临危不乱集合一切力量，迅速建设“两山医院”，对新冠肺炎患者应收尽收，积极救治。这与武汉市政府与规划部门一直非常重视“城市留白”理念密切相关。2016 年 7 月，武汉市出台了《武汉市基本生态控制线管理条例》（简称《条例》），值得关注的是：《条例》将 75% 的生态空间纳入基本生态控制线，既强制性划定了市区内的生态空间，又在一定程度上预留出足够的弹性空间，同时，政策上允许具有特殊建设要求的项目进入，具备一定的应急功能，以抵御多级突发事件的发生，在规划上提供相对宽松的政策保障。因此，在此次疫情暴发时，火神山、雷神山两家临时性传染病救治医院才能迅速选址，顺利建设，保持“即需即用”的状态，为武汉市防疫防控争取宝贵的时间。

2. 提高建筑空间和设施的复合利用水平

武汉市为抗击疫情，在市内建立了 13 家方舱医院，发挥了缓解武汉医疗资源紧张、解决轻症患者收治难题的关键作用。这些方舱医院大多是利用展馆、厂房、高校宿舍等设施临时建立的，正是在防疫规划中的“常非结合”理念下产生。疫情发生时，武汉市面对突发卫生事件果敢决断，对平时利用率不高且功能用途多变的设施空间加以利用，在短时间内将其转变为紧急应对新冠肺炎疫情的医疗设施，提高这些建筑空间和设施的复合利用水平，实现建筑空间的模块化再利用，确保疫情暴发时能提供必需的救治空间与医疗卫生设施，使方舱医院发挥其强大的应急救治功能。

四　提升国土空间规划弹性度的“城市留白”应急建设政策建议

（一）增强“城市留白”规划理念

疫情的发生地武汉市是拥有千万级人口的国家级中心城市，庞大的人口规模与高频的人口流动是导致疫情快速蔓延至全省乃至全国的重要原因。2018 年联合国发布的《2018 年版世界城镇化展望》指出：世界上居住在城市地区的人口会从目前的55%增加至2050年的68%；预计到2030年，超过1000万人口的大都市会增加至43个。这些大都市面临公共卫生突发事件的风险也随之加大，面对突如其来的疫情，城市必须预留足够的安全留白空间以应对紧急状况下专门医院与隔离场所的建设。同时，适度调整留白空间的服务对象，不仅要为机动性的大型产业项目或战略性重大功能项目的建设预留出足够的规划空间，而且还应更多地关注公共卫生风险与安全的留白空间。增强国土空间规划弹性，强化“城市留白”规划理念，在城市规划与建设中多一分基于公共安全的留白考量，确保在疫情状况下的一系列应急设施建设具备充分落实的条件与规划保障。

（二）积极推动应急医疗设施建设规划

一是建立“平战结合”防疫防控预警机制，制定医疗救治预案。湖北省内三甲以上医院主要作为疫情暴发时主要救治空间，并且要为后续感染人数的增加设置好床位扩容机制，协调好各科室之间的转移与收治，预备足够的救治空间。同时，积极发挥社区医院发热门诊的常规排查作用，加强社区医院发热门诊及留看病房的建设，按照国家传染病医院的相关规定进行建设，注重医护人员的专业训练，重视医疗物资储备，以避免发生短缺情况，确保在疫情暴发初期轻症患者的确诊与救治工作有序开展，有效控制疫情的进一步扩大。

二是推动建立“应急空间”，布局新建应急医疗机构的选址。新建应急医疗机构是为了满足疫情暴增时确诊病例的治疗与安置需求。仅用10天时间建设完成并投入使用的雷神山医院、火神山医院在此次应对新冠肺炎疫情的工作中承担了第一时间救治确诊病人的重要职责。火神山医院的用地性质属于国有划拨医疗卫生用地，雷神山医院的用地性质为城镇建设用地。可见此次两座应急医院的项目用地均属于临时征用，并不属于规划中提前留白的“应急空间”。武汉市政府近年来虽一直重视规划留白理念，在政策上允许具有特殊建设要求的项目进入，以抵御多级突发事件的发生，但若能在城市规划中建立“应急空间”可以进一步缩短新建应急医院的选址和论证的时间，为疫情的防控节省出宝贵的时间，更高效及时地完成选址、规划设计与建设规划等工作。因此，在“应急空间”中科学规划出战略留白用地，不确定其用地性质与功能，能在疫情暴发的特殊时期提供应急战时医院选址及建设的规划保障，同时可建立空间上的相对安全屏障，以防止疫情的快速传播。

三是提前规划应急预备医疗机构。疫情期间，武汉市为满足轻症患者救治与安置需求而积极组建的方舱医院发挥了强大的应急救治功能。因此，提前规划应急预备医疗机构，将政府、企业腾退的大型体育场馆、工厂、库房和部分高校宿舍、党校等纳入战时转用的应急医疗机构，能确保在出现专门救治传染病患者的定点医院超负荷工作或运转失灵的情况下，迅速启动应急预备医疗机构，第一时间救助更多的确诊病人，防范疫情扩大。同时，在应急预备医疗机构规划中注重提升应急机构医疗设施的复合利用水平，不断挖掘其功能的多样化，在应对突发公共卫生危机时发挥关键作用。

（三）建立国土空间规划大数据平台

步入信息化时代，新一轮国土空间规划要以大数据为基础，加强现状资料的数据库建设与空间分析，构建国土空间规划信息平台。国土空间规划大数据平台的建设，能进一步提升规划监测的及时预警能力，提升国土空间防疫体系，使国土空间信息平台成为支撑城市空间智慧治理的基础。

1. 加强国土空间信息平台建设

强化湖北省内现状数据的搜集。武汉市及省内各市、县规划部门与业务相关的管理部门已着手开展现状调查工作，摸清现状，包括地类性质、设施用地、产权数据、建筑空间等数据的搜集，并将搜集的现状数据纳入数据库统一管理。进一步推动整合各层级的规划数据、现状数据和城市运行大数据，以这三大数据为基础构建国土空间信息平台，实现实时调取、实时监测。

2. 建立防控防疫大数据应用系统

依托国土空间信息平台建立防控防疫地理信息系统，对城市疫情隐患实施风险评估，一旦发生疫情能根据疫情发展的状况及时刻画城市“疫情地图”，使民众能通过手机 App 或政府官方认证的网站了解自己居住社区周边的疫情动态情况。疫情防疫防控的相关部门能通过“疫情地图”实时监测及掌控疫情传播与疏散的动态变化，亦能通过对疫情数据的判断与分析及时做出应对紧急医疗卫生状况的决策响应。疫情防控需要有效的空间据点，依托国土信息平台建立疫情地理信息系统能较为精准地预判隔离单元规模，为疫情救治空间提供空间分散化时空数据，同时，为相关防疫防控部门划定隔离单元范围提供精准有效的决策依据，能最大限度地满足跨区域协作的需求。

3. 依托城市大数据分析推动社区空间规划

国土空间规划作为现代化社会治理的重要手段之一，近年来越来越受到各级政府的高度重视。社区作为城市治理与公共卫生管理的最基本单元，亟须通过社区空间规划合理配置资源，以满足社区多样化人群的不同需求。以控制性详细规划为基础依托城市运行大数据分析、空间定位与分析等信息技术，实施社区生活圈的规划编制。针对此次新冠肺炎疫情，全面推动社区规划应从社区防控防疫的实际问题与需求出发，提升社区应对疫情的预警能力，提前规划应对突发传染病的隔离空间，严格按照国家医疗防疫防控标准预留具备应急与救治能力的医疗设施空间。同时，社区应加大提升社区医院救治能力的改造力度，在社会治理中最基础的网格单元基层社区筑起防控疫情的坚固防线。

参考文献

何子张、刘旸：《韧性城市视角下国土空间防疫体系构建的规划策略》，《北京规划建设》2020 年第 2 期。

王伟：《疫情防控面对复杂巨系统挑战及国土空间规划新治理》，《北京规划建设》2020 年第 2 期。

秦尊文、付晨玉：《新冠肺炎疫情对湖北经济的影响及对策建议》，《湖北经济学院学报》2020 年第 2 期。

金锋淑、黄金玲、孔庆熔：《国土空间规划体系下疫情防控规划编制思考》，《规划师》2020 年第 5 期。

石义、吕维娟：《基于公共卫生安全的国土空间规划再认识——结合武汉新冠肺炎疫情防控实际》，《中国土地》2020 年第 3 期。

谭纵波：《公共卫生突发事件引发的国土空间规划思考》，《中国土地》2020 年第 3 期。

徐晶：《省级国土空间规划编制方法探讨——以湖北省为例》，《中国土地》2019 年第 1 期。

金志丰、张晓蕾：《省域国土空间用途管制的基本架构》，《中国土地》2020 年第 3 期。

黄征学、潘彪、滕飞、宋建军：《从疫情防控看大城市如何健全应急管理系统》，《中国发展观察》2020 年第 Z2 期。

《国土空间规划必须“落实家底 + 完成评价 + 开门编制”》，《广东土地科学》2019 年第 5 期。

《湖北省人民政府关于印发湖北省推进国土空间规划体系建立并监督实施方案的通知》，湖北省人民政府公报，2020。

B.10
湖北推进长江经济带大保护的制度创新与治理效能研究

白 洁*

摘 要： 湖北是长江干流径流里程最长的省份，是三峡库坝区和南水北调中线工程核心水源区所在地，是长江流域重要的水源涵养地和国家重要生态屏障。湖北在优化制度顶层设计、构筑依法治水屏障、创新工作机制、发挥引领示范作用等方面积极探索，努力做好生态修复、环境保护和绿色发展“三篇文章”，长江流域人与自然和谐共生、绿色发展的新生态正逐步形成。“十四五”时期，践行绿水青山就是金山银山的理念，需要坚持问题导向，打好生态修复和污染防治战；推进绿色转型，统筹生态环境保护与经济高质量发展；加快改革创新，形成共抓大保护的长效机制，切实把生态文明制度建设成果更好地转化为生态环境治理效能。

关键词： 长江经济带　制度创新　治理效能

2020年，新冠肺炎疫情突如其来，位于长江经济带中游的湖北省生产生活秩序受到的冲击最为强烈。面对新冠肺炎疫情带来的不利影响，推进长江经济带生态环境保护形势更为紧迫、任务更加繁重。2020年5

* 白洁，湖北省社会科学院长江流域经济研究所副研究员，经济学博士，研究方向为区域经济。

月，推动长江经济带发展领导小组召开专题会议，研究部署长江经济带生态环境保护修复工作，明确提出切实做到长江经济带生态环境保护修复任务不减、标准不降、进度不缓，保质保量完成全年目标任务；同时要树立过紧日子的思想，拓展思路，多措并举，精准发力，不断提高长江经济带生态环境保护修复工作质量和效率。及时总结湖北推进长江经济带大保护的经验做法以及取得的成效，分析生态环境保护面临的突出问题和重点难点问题，切实把生态文明制度建设成果更好地转化为生态环境治理效能，对于湖北统筹做好疫情防控和推进长江经济带大保护工作具有重要意义。

一　湖北推进长江经济带大保护的制度创新

（一）坚持规划先行，优化制度顶层设计

为贯彻落实国家《长江经济带发展规划纲要》，湖北率先在长江经济带11省市编制《湖北长江经济带生态保护和绿色发展总体规划》，同时，编制包括长江经济带绿色生态廊道、综合立体交通走廊、现代产业走廊、绿色宜居城镇建设及文化建设等五个支撑性专项规划，构建“1+5+N”规划体系。“N”是修改调整已出台湖泊、湿地、饮用水源地等保护规划。该规划强化了生态环境保护硬约束和资源环境承载总量约束。例如，《现代产业走廊建设专项规划》中提出，原则上沿江不再新布局石化、造纸等重污染项目；《绿色生态廊道建设专项规划》中提出，建立负面清单管理模式，明确沿江限制或禁止开发的区域和产业，确保岸线留白、植绿，岸线后方尽量规划布置绿色空间；《综合立体走廊建设专项规划》中提出，努力通过科学布局，减少对生态用地的占用；《绿色宜居城镇建设专项规划》中提出，沿江依水布局要形成组团式、纵深式的城镇布局等。湖北通过优化顶层设计，一张蓝图干到底，推动长江经济带大保护的各项工作稳步推进。

（二）强化法治思维，构筑依法治水屏障

2017 年，湖北省十二届人大五次会议表决通过《湖北省人民代表大会关于大力推进长江经济带生态保护和绿色发展的决定》，从湖北责任、目标任务和保障措施三大方面提出具体要求，标志着长江经济带地方人大首个关于生态保护和绿色发展的决定正式出台，为湖北推进长江经济带生态保护与绿色发展提供强有力的法治保障。汉江是长江第一大支流，在湖北省流域面积占全省土地面积的 33.89%。2019 年 11 月，《湖北省汉江流域水污染防治条例（修订草案）》时隔 19 年后首次修订，该修改草案规定了饮用水水源保护区风险防范制度，明确更加严格管控措施，包括制定负面清单管理、船舶水污染防治、城乡污水和垃圾污染防治制度等。清江是长江在湖北省境内的第二大支流。2019 年 9 月，湖北省十三届人大常委会第十一次会议审议通过《湖北省清江流域水生态环境保护条例》，明确了排污企业的主体责任，不仅从工业、农业、船舶、旅游等各方面对水污染防治作出了规定，还对清江流域的山水林田湖草系统保护提出了要求，该条例从 2020 年 1 月 1 日起施行。目前，湖北基本形成与国家法律相配套、具有湖北特色的长江生态保护法规制度，为长江经济带生态保护提供有力的法治保障。

（三）完善工作机制，推动政策落地落实

1. 建立绿色 GDP 考评体系

2017 年，湖北省制定了《湖北省绿色发展指标体系》和《湖北省生态文明建设考核目标体系》，将环境质量指数、生态保护指数、增长质量、增长质量指数、绿色生活指数等纳入考评体系，采取年度评价和五年考核相结合的方式，考评结果作为领导干部选拔任用的重要依据。2019 年 12 月，湖北出台的《湖北省贯彻落实中央生态环境保护督察“回头看”及长江保护与湖泊开发专项督察反馈意见整改方案》中明确提出，“严格实施生态文明建设目标评价考核办法，建立科学合理的考核评价体系，考核结果作为各级领导班子和领导干部综合考核评价、奖惩任免的重要依据，引导各级干部树

立正确的政绩观，树立重实干重实绩鲜明导向。组织开展污染防治攻坚战成效考核，对考核结果为优秀的市（州）予以资金奖励，对考核结果不合格的市（州）党委、政府，进行约谈、实施生态环境保护‘一票否决’”。通过压紧压实主体责任，确保长江大保护工作向纵深推进。

2. 建立“河（湖）长”制全覆盖

2017 年 1 月，湖北省出台《关于全面推行河湖长制的实施意见》，在全国率先统筹建立“河长制 + 湖长制”，全面建立四级河湖长制体系。2018 年 11 月，湖北省出台了《湖北省全面推行河湖长制实施方案（2018 ~ 2020 年）》，细化明确了湖北省 2018 ~ 2020 年河湖长制工作的目标、任务、措施、责任分工和完成时限，为河湖长制工作提档升级描绘了“施工图”，为助推长江大保护提供了有力制度保障。通过进一步推行五级河长制，湖北建立信息共享和协同应急处置机制、水资源和水生态联合调度机制，严格实行跨界监测断面考核，流域水质得到明显改善。

3. 完善生态保护补偿机制

2018 年，湖北省出台《关于建立健全生态保护补偿机制的实施意见》，提出到 2020 年，实现森林、水流、湿地、耕地、大气、荒漠等重点领域和禁止开发区域、重点生态功能区等重要生态区域的生态保护补偿机制与政策全覆盖，跨地区、跨流域补偿试点示范取得明显进展；基本建立与经济社会发展状况相适应的生态保护补偿制度体系，生态保护者与受益者良性互动的多元化补偿机制不断完善，促进形成绿色生产方式和生活方式。2019 年 12 月，湖北制定了《湖北省建立市场化、多元化生态保护补偿机制行动计划》，旨在推动形成政府主导、企业和社会参与、市场化运作、可持续的市场化多元化生态保护补偿机制。

4. 建立领导干部自然资源资产离任审计制度

2016 年，湖北推进自然资源资产负债表和领导干部自然资源资产离任审计试点，首批确立鄂州市、神农架林区、宜都市、武穴市为试点地区。通过编制自然资源资产负债表、开展领导干部自然资源资产离任审计，倒逼全省各级各部门特别是主要领导干部严格落实生态环境保护责任，对责任不落实的予以严肃追责、严厉问责。2019 年 11 月，《湖北省领导干部自然资源资产离任审计规定（试行）》通过中办法规局备案审查。作为湖北省委党内重要法规之一，该规定的出台将有力推动领导干部自然资源资产离任审计工作常态化、制度化和规范化，促推各级各部门领导干部更好履行自然资源管理和生态环境保护责任。

（四）鼓励先行先试，发挥引领示范作用

1. 推进长江经济带绿色发展示范区建设

作为长江经济带绿色发展示范区，武汉市统筹生态、土地、空间等要素资源，做好绿色发展的顶层设计，科学编制了《武汉市加快推进长江经济带绿色发展示范实施方案》，重点围绕“四水共治”和科教资源创新驱动等方面先行先试。同时，武汉市制定了《武汉长江大保护滨江带规划》等一系列专项规划，提出“一轴、三区、六段”的滨江带总体功能布局，“江湖联通、四水共治、分区治理、立法管控”的滨江带保护利用模式和“功能提升、生态修复、特色塑造、设施重构”的滨江带保护利用战略。武汉市大力实施东湖水环境综合治理，引领生态治水“示范样本”，探索出以“水岸同治、生态修复、自我净化”为主的东湖生态治水模式。武汉市探索创新市域内跨区断面水质考核奖惩和生态补偿机制，精细设置奖惩标准，率先启动长江、汉江跨区断面水质考核奖惩和生态补偿。2020 年，武汉市在加强规划管控、生态保护修复、绿色产业发展和体制机制创新等方面的做法，获得国家推动长江经济带发展领导小组办公室的肯定，并向全国推介可复制可推广一系列经验。

2. 开展生态产品价值实现路径试点和生态补偿试点

湖北省从 2019 年 9 月至 2021 年 9 月，将利用两年时间，在 11 个县（市、区）开展生态产品价值实现路径试点和生态补偿试点工作。开展生态产品价值实现路径试点的 9 个县（市、区）分别是：襄阳宜城市，宜昌夷陵区、枝江市，黄石阳新县，荆州松滋市，咸宁咸安区、赤壁市及恩施市、建始县。开展生态补偿试点的两个县（市、区）分别是：十堰丹江口市、鄂州梁子湖区。两项试点工作主要包括以下四个方面内容：明晰自然资源权属边界；生态产品价值实现路径探索取得实质性进展；科学合理的生态价值

测算方法实现突破；生态产品价值实现制度体系初步建立。湖北省通过生态产品价值实现路径试点和生态补偿试点，建立并完善自然资源资产有偿使用制度，推动利用自然资源优势发展特色产业，打通“绿水青山”与“金山银山”的双向转化通道。

表 1　湖北推进长江经济带大保护的制度创新

类别	主要内容
规划先行	《湖北长江经济带生态保护和绿色发展总体规划》
	《湖北长江经济带绿色产业发展专项规划》 《湖北长江经济带综合立体绿色交通走廊建设专项规划》
	《湖北长江经济带综合立体绿色交通走廊建设专项规划》
	《湖北长江经济带绿色宜居城镇建设专项规划》
	《湖北长江经济带文化建设专项规划》
法治保障	《关于大力推进长江经济带生态保护和绿色发展的决定》
	《湖北省汉江流域水污染防治条例(修订草案)》
	《湖北省清江流域水生态环境保护条例》
机制创新	《湖北省绿色发展指标体系》
	《湖北省生态文明建设考核目标体系》
	《湖北省贯彻落实中央生态环境保护督察“回头看”及长江保护与湖泊开发专项督察反馈意见整改方案》
	《关于全面推行河湖长制的实施意见》
	《关于建立健全生态保护补偿机制的实施意见》
	《湖北省建立市场化、多元化生态保护补偿机制行动计划》
	《湖北省领导干部自然资源资产离任审计规定(试行)》
示范引领	《武汉市加快推进长江经济带绿色发展示范实施方案》
	湖北省自然资源厅开展生态产品价值实现生态补偿试点工作

二　湖北推进长江经济带大保护的积极成效与主要问题

（一）实施成效

1. 全生态链修复，确保绿水青山常在

按照山水林田湖草是一个生命共同体的理念，湖北全面推进长江大保护

“十大标志性战役”，对整个生态链进行系统修复、综合治理，推进长江、汉江、清江的主要流域和三峡库区、丹江口库区、神农架林区、大别山等重点区域的生态保护修复，筑牢安全屏障。建立覆盖全省、“落地”到单元的“三线一单”（生态保护红线、环境质量底线、资源利用上线和环境准入清单）管控体系，综合划定环境管控单元1076个。湖北22.3%的面积纳入生态红线的保护范围，严格落实“三线一单”管控措施。截至2019年底，湖北长江干线共取缔各类码头1211个，实现长江滩岸线生态复绿面积856万平方米。长江两岸造林绿化52.74万亩。与2015年同期相比，湖北纳入国家考核的114个地表水水质断面，优良比例从79.8%提高到85.1%，劣Ⅴ类比例由8.8%下降到1.8%，长江出入湖北断面始终保持在Ⅱ类。2019年，湖北完成造林面积29.92万公顷，其中人工造林面积9万公顷，占全部造林面积的30%。森林抚育面积26.7万公顷。截至2019年底，湖北国家级自然保护区22个。

2. 破解突出问题，改善生态环境质量

化工围江是长江经济带环境治理面临的突出问题。2019年，湖北“关改搬转”沿江化工企业110家，整治“散乱污”企业2172家。同时，湖北开展城市黑臭水体专项整治，12个市州消除城市黑臭水体212个，地级以上城市集中式饮用水源地水质达标率100%。通过开展农业面源污染专项整治，湖北划定禁养区2141个，建立15个化肥减量增效核心示范区，改造农村户厕163.6万座，828个乡镇污水处理厂建成并投入试运行，乡镇垃圾中转站实现全覆盖，城乡垃圾分类全面推开。湖北全面完成农用地土壤污染状况详查，重点行业企业土壤污染状况调查取得阶段性成果。2019年12月，湖北出台《湖北省建设用地土壤污染风险管控和修复名录》，涉镉等重金属重点行业企业排查整治初见成效。28个土壤污染治理与修复试点示范项目全面推进，从制度、技术、管理等方面初步探索形成土壤污染防治黄石模式，经验做法获全国推广。强化生态环境监管执法，2019年全省各级生态环境部门共下达处罚决定书2916件，处罚金额约2.83亿元，适用《环境保护法》四个配套办法和移送涉嫌犯罪案件数量共计597件。

3. 加快绿色转型，构建绿色产业体系

湖北通过实施长江经济带绿色发展十大战略性举措，加快发展绿色产业，构建综合立体绿色交通走廊，推进绿色宜居城镇建设，大力发展绿色金融，倡导绿色生活方式和消费模式等。全面实施5家国家级、9家省级园区循环化改造示范试点。截至2019年底，91项重大项目累计完成投资近6000亿元，约占规划投资的一半，有力推动了湖北绿色发展。自2017年开始，湖北实施“万企万亿技改工程”，累计完成技改投资8000多亿元，对汽车、食品、石化、纺织等传统支柱产业进行数字化、网络化、智能化改造。2019年，湖北高新技术企业7800多家，芯屏端网产业规模突破3000亿元，湖北“一芯两带三区”区域和产业发展布局初步形成。

4. 践行“两山”理论，推动生态文明体制改革

初步建立“四屏三江一区”的生态格局。“四屏”指鄂西南武陵山区、鄂西北秦巴山区、鄂东南幕阜山区、鄂东北大别山区四个生态屏障，“三江”指长江、汉江和清江干流的重要水域及岸线，“一区”指以江汉平原为主的重要湖泊湿地。同时，湖北成功创建2个“两山”实践创新基地，9个国家生态文明建设示范区，400多个省级生态乡镇和4000多个省级生态村。十堰、恩施等6地成功创建国家生态文明建设示范市县，咸宁向阳湖等13个国家湿地公园试点通过验收。

碳排放权交易试点成效显著。作为中部地区唯一的碳排放权交易试点省份，湖北先后制定了《湖北省碳排放权交易试点工作实施方案》《湖北省碳排放权管理和交易暂行办法》《湖北省碳排放配额分配方案》《湖北省温室气体排放核查指南（试行）》等法规和文件，建成规范稳定的注册登记、温室气体排放报送和交易平台，并成立由多部门、跨学科专家组成的碳排放权交易专家委员会，对碳市场建设提供决策参考和技术支撑。截至2018年12月31日，配额总成交3.23亿吨，成交总额74.7亿元。其中，配额二级市场累计成交量达3.21亿吨，占全国60.56%；成交额74.3亿元，占全国66.65%。

流域横向生态补偿取得积极进展。2017年，武汉市在市域内探索开展

上下游断面水质考核奖惩和生态补偿机制，明确在长江武汉段左右岸共设置13个监测断面进行水质考核。2018年10月，襄阳启动市内流域60%以上相关县（市、区）建立横向生态保护补偿机制，并选择汉江流域襄阳段小清河、滚河、蛮河3条支流流域在市内流域上下游所涉及7个县（市、区）探索实施，并鼓励唐白河、沮河、南河、漳河流域等地建立该机制。截至2019年底，湖北70个县（市、区）初步建立流域上下游横向生态保护补偿机制。

（二）面临的困难与问题

1. 长江流域生态环境形势仍比较严峻

生态环境部与中央广播电视总台组成联合调查组，深入长江经济带11省份，行程约14万公里，进行暗查暗访和明察核实，剪辑形成2019年长江经济带生态环境警示片。警示片反映出长江流域生态环境形势仍然较为严峻，部分地区对共抓大保护重要性认识仍有欠缺，对生态优先、绿色发展的认识尚不到位；各类污染物排放量仍然较大，岸线资源过度开发等问题仍比较突出；长江流域生物多样性保护迫在眉睫。湖北省仍存在磷化工产业集聚、畜禽养殖污染防控不到位、填湖占湖未有效遏制等问题。2019年12月，湖北省出台《湖北省贯彻落实中央生态环境保护督察“回头看”及长江保护与湖泊开发专项督察反馈意见整改方案》，对环保督察反映的突出问题进行逐一整改、全面整改。

2. 生态环境保护的多元投入机制尚待完善

经济下行压力加大，政府大力实施减税降费，各级财政收入持续放缓，财政收支矛盾突出，而生态环境治理任务艰巨，可用财力有限与生态环保资金需求的矛盾进一步凸显。湖北在生态修复、化工搬迁、职工安置等方面需要投入大量的财政资金，部分地区财政资金缺口较大。同时，自2021年1月1日起长江、汉江干流实行10年禁捕。2020年7月，湖北省制定了《湖北省长江流域重点水域禁捕和退捕渔民安置保障工作实施方案》，提出确保在2020年12月15日前捕捞渔船全部封存管理、分类处置，应退尽退、不漏一船；确保退捕渔民生计得到保障，保护区和长江、汉江干流渔民转产转业安置到位，做到应保尽保、不落一人。退捕渔民生计和安置保障需要投入大量财政资金。另外，湖北在碳排放权交易、省内流域横向生态补偿等领域探索实施生态保护补偿机制，取得了阶段性进展，但仍存在生态补偿资金来源主要依赖财政、补偿方式以财政资金为主、企业和社会公众参与度不高、保护者和受益者良性互动的体制机制不完善等矛盾和问题。

3. 传统产业改造升级仍面临诸多困难

一直以来，湖北在钢铁、冶金、石化、建材、造纸等领域所占比重较高，而企业环保意识不强、共性技术供给不足、高素质人才短缺、资金链紧张等因素制约传统产业改造升级。特别是磷化工产业集聚，长江流域总磷污染问题仍比较突出。根据摸底统计，截至 2018 年 4 月，湖北化工企业 1021 家，其中，沿江 1 公里范围内化工企业 105 家，沿江 1 公里至 15 公里范围化工企业 455 家；化工园区 58 个，园区外的化工企业 456 家，园区内的化工企业 565 家。2018 年 6 月，湖北省出台《湖北省沿江化工企业关改搬转工作方案》，要求在 2020 年 12 月 31 日前完成沿江 1 公里内化工企业关改搬转，在 2025 年 12 月 31 日前完成沿江 1 公里至 15 公里范围内的化工企业关改搬转。截至 2019 年底，湖北省共完成沿江化工关改搬转企业 261 家、危化品搬迁改造 99 家。但整体来看，化工企业关改搬转过程中面临职工分流安置、环保技术改造、土地污染风险管控、环境治理修复等诸多问题，整体任务依然艰巨。

三　进一步推进长江经济带大保护的对策建议

（一）坚持问题导向，打好生态修复和污染防治战

湖北全面推进长江经济带发展“双十”工程，人与自然和谐共生、绿色发展的新生态正逐步形成。“十四五”时期，要坚持问题导向，以解决突出生态环境问题为重点，明确生态环境保护重点任务措施和重大治理工程，做到规划目标任务科学合理，切实增强规划的科学性、针对性、可行性和有

效性。根据长江经济带生态环境警示片反映的问题，持续推进沿江化工企业关改搬转，抓好河道非法采砂、长江干线非法码头、非法排污等专项治理；强化流域督导检查，推动水资源过度开发、岸线乱占等水生态环境突出问题及时整改；进一步健全长江保护相关法制、完善流域管理体制、加强监管队伍建设、厘清内部协作机制、创新流域监管手段，打好蓝天、碧水、净土保卫战。

（二）推进绿色转型，统筹生态环境保护与经济高质量发展

近年来，湖北积极践行“绿水青山就是金山银山”的理念，大力发展生态农业、生态工业、生态旅游等绿色产业，积极培育发展新动能，同时加快淘汰落后产能，在生态环境容量上过紧日子，严守生态保护红线。“十四五”时期，在推动生态保护中，应做到统筹兼顾，发挥生态环境保护倒逼作用，加快推动经济结构转型升级，新旧动能接续转换，协同推进经济高质量发展和环境的高水平保护，在高质量发展中实现高水平保护，在高水平保护中促进经济高质量发展。

一是加快构建现代产业体系。推动重点行业领军企业牵头组成联合体，围绕绿色设计平台建设、绿色关键工艺突破、绿色供应链构建，推进系统化绿色改造，在机械、电子、食品、纺织、化工、家电等领域实施一批绿色制造示范项目，引领和带动长江经济带工业绿色发展。聚焦四大国家级产业基地和十大重点产业，瞄准集成电路、新型显示、光通信、新能源和智能网联汽车等细分领域，培植一批龙头企业，集聚更多第二总部和独角兽企业，加快培育壮大以“芯屏端网”为重点的世界级产业集群。深入推进信息化和工业化两化融合，强化大数据、云计算、物联网、区块链等新型通用技术引领带动，加快新技术、新产业、新业态、新模式发展应用，打造重要数据枢纽。

二是推动重化工企业技术改造。推广节能、节水、清洁生产新技术、新工艺、新装备、新材料，推进石化、钢铁、有色、稀土、装备、危险化学品等重点行业智能工厂、数字车间、数字矿山和智慧园区改造，提升产业绿色

化、智能化水平。鼓励探索重点行业企业快速审核和工业园区、集聚区整体审核等新模式，全面提升沿江重点行业和园区清洁生产水平。严格沿江工业园区项目环境准入，完善园区水处理基础设施建设，强化环境监管体系和环境风险管控，加强安全生产基础能力和防灾减灾能力建设。开展现有化工园区的清理整顿，加大对造纸、电镀、食品、印染等涉水类园区循环化改造力度，对不符合规范要求的园区实施改造提升或依法退出，实现园区绿色循环低碳发展。

（三）加快改革创新，形成共抓大保护的长效机制

湖北在推动长江经济带大保护方面积极探索，制定了相关政策法规措施，有力推进长江流域生态环境改善。但长江流域生态环境保护的成效还不够稳固，需要进一步推进生态文明体制改革，统筹推进自然资源资产产权制度改革，完善省级环保督察、岸线管理员制度等，并把生态修复与整治过程中积累的经验通过制度化固化下来形成生态环境保护的长效机制，推动经济绿色转型和高质量发展。

一是建立多元化投入机制。“十四五”时期，应以生态环境质量改善结果为导向，加快推动全面预算绩效管理全覆盖。财政投入应逐步从以无偿补助为主向“以奖代补”“以奖促治”“奖惩结合”等方式转变，采取正向、负向激励措施督促地方落实主体责任。完善环境空气质量生态补偿机制，通过“以奖代补”支持全省生态文明建设和主要污染物总量减排工作。推进长江、汉江、清江流域干支流及重点湖泊和省域间流域横向生态补偿机制建设，促进水生态环境质量全面改善。推广绿色信贷，支持符合条件的项目通过资本市场融资；发挥财政资金的撬动作用，支持政府和社会资本合作（PPP）项目，逐步形成多元化投融资体系。通过财政专项资金、绿色发展基金与多元化绿色投资相结合，充分发挥绿色金融在长江流域生态保护中的杠杆作用，保障各项生态保护工程高效开展。

二是完善生态文明制度。坚持人与自然和谐共生，坚守尊重自然、顺应自然、保护自然，健全源头预防、过程控制、损害赔偿、责任追究的生态环

境保护体系。加快建立健全国土空间规划和用途统筹协调管控制度，统筹划定落实生态保护红线、永久基本农田、城镇开发边界等空间管控边界，完善主体功能区制度。完善绿色生产和消费的法律制度和政策导向，发展绿色金融，推进市场导向的绿色技术创新，更加自觉地推动绿色循环低碳发展。构建以排污许可制为核心的固定污染源监管制度体系，完善污染防治区域联动机制。强化环境保护、自然资源管控、节能减排等约束性指标管理，严格落实企业主体责任和政府监管责任。健全生态环境监测和评价制度，完善生态环境公益诉讼制度，落实生态补偿和生态环境损害赔偿制度，实行生态环境损害责任终身追究制。

参考文献

习近平：《在深入推动长江经济带发展座谈会上的讲话》，人民出版社，2018。

习近平：《在统筹推进新冠肺炎疫情防控和经济社会发展工作部署会议上的讲话》，人民出版社，2020。

王晓东：《政府工作报告——2020 年 1 月 12 日在湖北省第十三届人民代表大会第三次会议上》，《湖北日报》2020 年 1 月 21 日。

中共中央文献研究室：《习近平关于社会主义生态文明建设论述摘编》，中央文献出版社，2017。

B.11
新冠肺炎疫情对江西经济的冲击影响与应对研究

盛方富　朱　羚　王露瑶*

摘　要： 突如其来的新冠肺炎疫情对江西经济的影响是全面性的，对宏观、中观、微观各个领域产生结构性、递次性、差异性的冲击。作为外部而非经济体内生的冲击，这种影响是短暂的，不改变江西经济高质量跨越式发展的长期的基本趋势。为将新冠肺炎疫情对江西经济的冲击影响降到最低程度，应打好对冲影响的政策"组合拳"，加速推进新型基础设施建设，加力壮大数字经济，以"链长制"的深入实施畅通产业链循环，加快发展新产业新业态新模式，有序推进消费需求释放，加速推进内陆开放型经济试验区建设，坚决守住"三农"战略后院。

关键词： 高质量跨越式发展　新冠肺炎疫情　江西

2020年新年伊始，突如其来的新冠肺炎疫情席卷全国、震撼世界，给全国和江西经济带来不容低估的影响。2020年是全面建成小康社会、决战决胜脱贫攻坚和如期完成"十三五"规划目标任务的收官之年，及时分析

---

* 盛方富，江西省社会科学院助理研究员，研究方向为区域经济；朱羚，江西省社会科学院助理研究员，研究方向为区域经济；王露瑶，江西省社会科学院研究实习员，研究方向为区域经济。

研判新冠肺炎疫情对全省经济的冲击影响，并提出应对之策，对于江西如期全面完成各项目标任务具有紧迫意义。

一 新冠肺炎疫情对江西经济冲击影响的评估分析

突如其来的新冠肺炎疫情，是新中国成立以来传播速度最快、感染范围最广、防控难度最大的一次重大突发公共卫生事件，该事件对全国经济社会发展带来前所有未的冲击。对江西而言同样如此，此次事件对江西经济的冲击影响要明显强于新中国成立以来的任何公共卫生事件。出于比较分析需要，这里以 2003 年的 SARS 事件作为影响评估的参照，从内外部发展环境两个维度来评估新冠肺炎疫情对江西经济的冲击影响。

（一）内部环境维度

1. 经济发展阶段

与 2003 年 SARS 暴发时期不同，当前全国正处于发展的上升周期，江西同样如此，21 世纪以来进入快速发展阶段，强劲发展的经济增长动能比较好地冲抵掉了 SARS 对经济造成的冲击影响。党的十八大以来，我国经济由高速增长转向高质量发展阶段，伴随供给侧结构性改革的深入推进和“三大攻坚战”的深入开展，江西经济发展的质量和效益稳步提升，随着经济体量规模的不断扩大，GDP 增速近 10 年连续下行，此次新冠肺炎疫情的暴发将进一步加大经济下行的压力。

2. 经济发展结构

与 2003 年投资是拉动经济增长的第一驱动力不同，当前，消费已经成为江西经济增长的第一驱动力，2017 年、2018 年江西最终消费支出对 GDP 的贡献率分别为 50.8% 和 51.2%，分别比投资贡献率高 0.8 个和 1.0 个百分点。在 2018 年江西 8.7% 的 GDP 增速中，最终消费拉动高达 4.5 个百分点（见图 1）。然而，对照突发公共卫生事件的冲击影响不难发现，新冠肺炎疫情对消费领域的影响更大，进而对经济的影响较大。

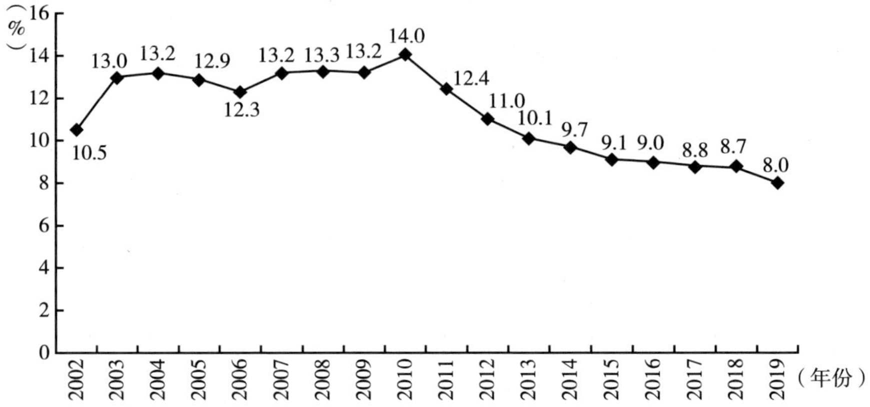

图 1　2002～2019 年江西 GDP 增速情况

资料来源:《江西统计年鉴（2003～2019）》，2019 年数据来自《江西省 2019 年国民经济和社会发展统计公报》。

3. 三次产业结构

新冠肺炎疫情对经济的冲击影响是全面的、渐次推进的，故对三次产业的冲击程度不同。根据 2003 年非典疫情的冲击路径来看，以服务业为主要内容的第三产业首当其冲且影响最大。2019 年，江西三次产业结构已由 2003 年的 19.9∶42.9∶37.2 变为 8.3∶44.2∶47.5，第三产业增加值占 GDP 比重快速提升并上升到第一位（见图 2），因此，新冠肺炎疫情对江西第三产业的冲击程度要大于 2003 年的 SARS。

因此，从内部环境维度来评估，相比 2003 年的非典疫情，新冠肺炎疫情对江西经济的冲击影响要更严重。

（二）外部环境维度

1. 全球经济陷入深度衰退

与 2003 年全球经济处于上升周期不同，对本处于弱复苏的全球经济而言，此次暴发的新冠肺炎疫情已成为全球大流行大暴发的事件，将中断复苏势头，显著加大全球经济震荡下行压力。根据经合组织发布的《新冠病毒:

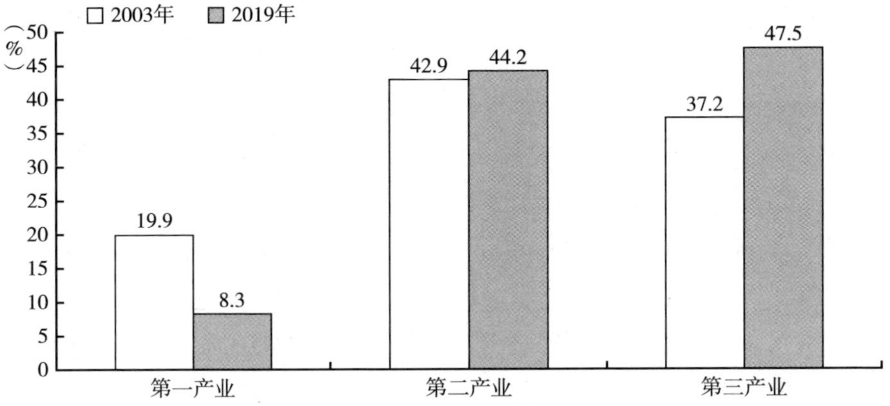

图 2　2003 年与 2019 年江西三次产业构成

资料来源：《江西统计年鉴（2019）》《江西 2019 年国民经济和社会发展统计公报》。

全球经济面临危机》的最新报告，即使疫情发展呈“温和”态势，且在全球得以基本控制，全球经济增长也可能会比之前的预测下调 0.5 个百分点左右。国际货币基金组织（IMF）4 月 14 日发布新一期《世界经济展望报告》，预计受新冠肺炎疫情影响，2020 年全球经济将萎缩 3%，衰退程度超过 2008 年至 2009 年的金融危机。IMF 预测，2020 年美国经济的增速会是 -5.9%，日本 -5.2%，英国 -6.5%，德国 -6.9%，世界经济一片萧条。国际金融协会（IIF）表示，2020 年全球 GDP 增长速度最低可能仅为 1%。根据摩根士丹利的预测，受此次疫情影响，2020 年全球经济增长将放缓至 0.9%，这是自全球金融危机以来的最低水平。全球经济的深度衰退不可避免对江西经济高质量跨越式发展带来不利影响。

2. 全国疫情防控形势严峻复杂

面对突如其来的新冠肺炎疫情，我国及时采取了一系列行之有效的防控举措，在全国上下众志成城的协同努力下，我国新冠肺炎疫情防控取得重大战略成果，新冠肺炎疫情对经济的冲击影响正逐步弱化。然而，新型冠状病毒作为传染性更强、潜伏期更长、传播速度更快、传播方式也更复杂的一种病毒，其传播和变异特性必将加大防控难度，增加不确定性，如 2020 年 6

月在北京新发地农贸批发市场出现的新冠肺炎聚集性感染事件，确诊病例的快速增加，让北京成为继武汉和东北之后我国新的疫情暴发点，也给全国产业循环、市场循环、经济社会循环增加新的不确定性，并且在正式疫苗面世之前，疫情再次暴发的风险长期存在，这就要求我国做好长期应对外部环境不稳定不确定的思想准备和工作准备。林毅夫、李稻葵、陈文玲、刘伟、任泽平等国内专家学者就新冠肺炎疫情下2020年我国经济形势做了分析和预测，普遍认为，受全球新冠肺炎疫情持续蔓延影响，2020年我国经济增速在乐观情境下经济增长在3%～4%，悲观情境下为1%～2%。经济“战疫”增长模式增加了江西经济快速恢复的难度。

从外部环境维度分析不难发现，新冠肺炎疫情在全球持续快速蔓延的势头尚未得到有效控制；与此同时，国内新冠肺炎疫情反弹的风险持续存在，这加大了江西和全国经济恢复增长的难度。

因此，综合内外部环境分析可知，此次新冠肺炎疫情对江西经济的冲击程度不容低估，这点从2020年第一季度江西GDP增速情况可得到佐证。2020年第一季度，江西GDP增速为－3.8%，高于全国平均水平3个百分点，增速居全国第10位、中部第2位（第1位为湖南，GDP增速为－1.9%），数据的背后，表明疫情对江西经济的冲击影响较大。并且，新冠肺炎疫情防控的形势依然严峻复杂，疫情防控的不确定不稳定因素不利于畅通经济社会循环系统，进而增加经济恢复增长的难度。

二　新冠肺炎疫情对江西经济冲击的主要影响

从江西全省来看，疫情影响是全面性的，但受影响程度各异。

（一）从“三驾马车”视角看

结合江西省情实际，受影响程度消费首当其冲、投资不容低估、外贸需高度警惕。

从投资看，由于隔离与人口流动限制，2020年1～2月生产活动无法进行，制造业、房地产、基建投资短期基本停滞，投资已处于下行通道。据统计，2020 年第一季度，全省固定资产投资同比下降 4. 3%，其中第一产业投资增长 40. 5%，第二产业下降 7. 1%，第三产业下降 3. 3%。从投资主体看，占全部投资 62. 8% 的民间投资下降 9. 7%。

从消费看，目前消费对江西的经济贡献占主导地位，疫情让大家深居简出，直接抑制了消费，疫情虽已得到有效控制，但疫情防控的常态化使消费大幅削减，并对同期 GDP 增速产生较大影响。据统计，2020 年第一季度，社会消费品零售总额下降 11. 9%，较上年同期分别回落 23. 0 个百分点。其中，限额以上消费品零售额下降 12. 7%。

从进出口看，由于前期外贸订单充足，以及有关疫情的卫生防疫产品的大量出口，江西外贸出口逆势上扬。据统计，2020 年第一季度，江西外贸进出口总值 861. 8 亿元，同比增长 15. 7%。其中出口 592. 7 亿元，增长 11. 6%。然而，由于新冠肺炎疫情在全球持续快速蔓延，欧盟、美国、日本、英国、韩国等江西重要贸易伙伴成为重灾区，经济遭到重创，必然对江西开放型经济造成影响，第二季度以后江西外贸企业将面临外需萎缩、订单减少、供货渠道受阻等一系列问题，全年进出口、引进外资、对外投资等指标增速可能会有一定程度的下降。

（二）从三次产业视角看

借鉴 2003 年非典疫情防控经验，结合实际情况，受影响程度第三产业首当其冲、第二产业不容低估、第一产业要高度警惕。

对第二产业的影响。新冠肺炎疫情对第二产业的影响不容低估。为防控疫情扩散，企业正常的经营计划被打乱。生产和营业停摆，收入和现金流中断，但是房租、工资、利息等费用刚性支付，企业将蒙受巨大损失。企业经营中断的风险将沿着供应链和担保链上下及横向传导，引发局部性危机。据统计，2020 年第一季度，全省规模以上工业增加值同比下降 6. 1%，分行业看，38 个工业大类行业中，只有 3 个行业增加值实现正增长。

对第三产业的影响。2020 年春节以来，为应对新冠肺炎疫情，江西不少地方都采取了“封城”、封路以及延迟开工等举措，全省服务业消费需求大幅萎缩，尤其是旅游、餐饮、娱乐、商场购物、交通运输等行业的影响最大。仅春节7天假期，旅游、餐饮、交通运输等行业损失估算就达到200多亿元。据统计，2020年第一季度，第三产业增加值为2799.7亿元，同比下降1.2%。分行业看，33个行业中，21个行业营业收入同比负增长。不同行业受疫情影响程度不一。传统服务业降幅较大。交通运输、仓储和邮政业，批发和零售业，住宿和餐饮业增加值同比分别下降13.0%、13.7%和30.5%。

对第一产业的影响。新冠肺炎疫情对第一产业也带来一定影响。春节以来，因疫情突袭，集贸市场、超市关停，跨区域产品运输受阻，农产品交易量大幅下降，全省蔬菜、水果等农产品均出现不同程度的滞销，家禽养殖、销售也受到一定程度影响。同时，农业产业链也受到较大冲击。据统计，2020年第一季度第一产业增加值344.5亿元，下降0.5%。

新冠肺炎疫情短期内已对江西经济产生了较大的负面影响，如果在第二季度不能全面恢复正常，疫情还将对全年经济产生重要影响。

（三）从不同群体视角看

疫情对不同微观个体的冲击程度不一样，民企大于国企，中小微企业大于大企业，农民工大于正式职工。

对企业群体的影响。企业在这次疫情中遭遇寒冬，而中小微企业更处在寒冬中的寒冬。江西企业构成中以中小微企业为主体，根据《江西统计年鉴（2019）》，2018年江西11630个规模以上工业企业中中小微型企业占比高达98%以上。受到疫情冲击最大的行业，如住宿、餐饮、零售、娱乐等，基本上是需求下游中小微企业密集的行业，出口领域也主要以民营和中小微企业为主导，加之中小微企业职工到岗率低，订单形式不规范，承受厂房设备租金、原材料成本、工资支付和社保缴费的能力弱，所以从行业结构来看，中小微企业受到的冲击最大，有的可能是生死攸关。

对农民工群体的影响。江西省作为外出务工大省，2019年江西省外出务工人员总数为908.6万人，受疫情影响，很多农民工返程复工延迟，只能待在家中，也意味着只有支出没有收入。中国社会科学院社会学研究所的近3000份农民工复工调查问卷调查结果显示，“拥有2个月费用的占35%，不足半个月的合计占据47%”，这表明开工复工对稳定农民工预期和收入较为紧迫。

（四）从财政收支视角看

对财政收支的影响。随着减免税收、延期缴税等政策措施落地实施，直接对财政收入形成减收，后期财政收入形势不容乐观；在税收大幅减少的情况下，收入质量提升的压力非常大。2020年第一季度全省财政总收入下降4.5%，比1~2月下滑4.3个百分点；一般公共预算收入下降4.6%，比1~2月下滑3个百分点。主要是税收收入下降较多，第一季度税收收入完成923.8亿元，下降8.2%。减税政策落实落细，第一季度全省累计减免税达185.2亿元。与此同时，各级财政保工资、保运转和保基本民生支出、脱贫攻坚以及债务还本付息、养老金发放等刚性支出必须足额保障到位，财政资金十分紧张，特别是少数产业结构单一、对房地产和旅游业等依赖程度较高的县市，减收尤为严重，收支矛盾凸显。第一季度全省民生类支出达到1368.9亿元，占财政支出比重81.5%，比上年同期提高0.3个百分点；积极做好疫情防控工作，截至2020年3月底，全省各级财政用于疫情防控支出31.2亿元。

综合上述具体影响情况，受国外经济衰退、国内经济下行压力的影响，2020年江西经济下行压力会进一步加大，但不管国内外经济形势如何变化，总体上不会改变江西经济长期向好的基本面和内在向上的发展势头。2020年江西经济有望延续稳中有进、经济增速快于全国的基本态势，保持全国第一方阵，打赢脱贫攻坚战，实现高质量跨越式发展的目标，取得全面建成小康社会的伟大胜利。

三　应对新冠肺炎疫情冲击影响的对策建议

2020年是全面建成小康社会、决战决胜脱贫攻坚目标任务和圆满完成

“十三五”规划目标的收官之年，针对新冠肺炎疫情对江西经济的冲击影响，应加大“六稳”工作力度，保居民就业、保基本民生、保市场主体、保粮食能源安全、保产业链供应链稳定、保基层运转（即“六保”）。

（一）健全细化各项应急政策举措

新冠肺炎疫情影响大小很大程度上取决于应急政策的对冲力度。根据中央从“六稳”到“六保”的政策变化，应坚持底线思维，维护经济发展和社会稳定大局。一是根据形势发展变化，进一步细化实化江西省出台的《关于有效应对疫情稳定经济增长 20 条政策措施》，并加强督导落地见效，打通政策落地见效的“最后一公里”，确保各项政策看得到、易办理、享受得到。二是加强效果动态评估，做好增量政策储备。不同市场主体受疫情影响的程度千差万别，行业内外的经营情况也是千差万别，因而政策实施效果也将各异，有必要做好政策实施效果的动态评估，及时解决执行过程中的问题。三是强化疫情防控期间经济运行趋势判断，在及时了解并跟踪掌握区域经济增长影响较大的重点领域情况基础上，强化统计监测预警工作职能，及时做好疫情影响下各项指标监测与分析工作，以 2003 年非典疫情对经济影响情况为镜鉴，针对受疫情影响较大的产业、行业、领域、企业、就业等进行重点监测预判，特别要就疫情对全年经济运行影响情况进行分析预警，及时发现疫情给经济带来的新变化、新情况，针对特殊情况、紧急情况，认真研究对策措施，切实做好应对工作，为全省经济高质量跨越式发展提供统计支撑。

（二）加速推进新型基础设施建设

“新基建”是未来经济实现高质量发展的新引擎，承担着疫情后经济复苏的巨大使命。一是按照国家关于加快新型基础设施建设的部署，加快制定出台江西新型基础设施建设专项行动方案，将“新基建”列入江西国民经济和社会发展“十四五”规划重点任务，统筹协调“新基建”在全省的部署和各设区市、重点领域建设。重点围绕信息基础设施、融合应用基础设施、创新基础设施等领域，大力推进5G网络、信息技术与算力设施、高速光纤网络、数据中心、工业互联网等新型基础设施建设。加快全省5G网络部署，夯实“物联江西”硬件基础。二是聚焦以大数据为原材料、以智能化为牵引的产业互联网，抢占传统行业与互联网深度融合的产业价值链高端，加快打造人机物全面互联的工业互联网。大力发展新型智能化计算设施。构建区块链产业生态，加快区块链和大数据、物联网、云计算、人工智能等前沿信息技术的深度融合。

（三）以“链长制”的深入实施畅通产业链循环

深入实施“链长制”，以推动产业链协同复工复产达产，这对实现经济平稳健康发展至关重要。一是健全完善“链长制”实施机制。深入实施《江西省产业链链长制工作制度》《江西省产业链链长制专家咨询委员会工作规则》等政策要求，在实践基础上不断健全完善“链长制”实施的相关制度体系。借鉴浙江“链长制”的经验，将“下游反哺法”“互补消化法”“链式让利法”等特色服务方案移植到江西，发挥群众集体智慧，打通产业链，让市场主体活力加速释放。二是加大稳企业保企业力度。督促已有帮扶企业政策的落实落地，尽快制定出台落实“六保”任务的工作方案，在“减税费、增信贷、降成本、缓期限”方面出台更加具有含金量的政策举措；早政策还得快落实，应急救急的政策需要尽快落实到企业，在政策兑现上，可推行扶持政策“不来即享”，即采取边受理边审核边兑现的“三边”模式，建立“容缺受理”惠企政策落实机制。三是成立企业综合协调小组，协调加快各级财政涉企资金的拨付进度，确保各类资金及时拨付到有关企业，提高面向省内企业采购的金额和比例。帮助协调上下游订单延期、贷款展期、租金减免等问题，允许经营困难的企业优先降薪而不是裁员，允许企业产品适度提价。协调企业和工人的工资协商。依托“赣服通”平台，及时发布疫情防控期间惠企政策措施，搭建企业诉求响应平台，及时解决企业生产经营过程中面临的突出问题。

（四）加力壮大数字经济

数字经济是世界潮流、时代机遇，是新时代的一场新经济革命。江西应以“数字产业化、产业数字化”为主线，全面实施数字经济“一号工程”，持续加力推进数字经济发展，争创国家数字经济示范省。一是推动设立江西省大数据管理局。顺应发展大势，学习借鉴广东、浙江、山东、福建、贵州、重庆等省份做法，推动设立省大数据管理局，以加速打通全省各部门、各层级、各类型数据，打破“数据孤岛”，建设畅通高效的数字政府、城市大脑、农业大脑等，将江西真正打造成为名副其实的数字江西。二是打造一批高端数字经济发展平台。深入谋划智慧江西、城市大脑、移动支付之省等引领性、标志性工程，推动设立江西国家大数据综合试验区、国家数字经济创新发展试验区等一批数字产业发展平台。以内陆开放型经济试验区建设为契机，加快电子世界贸易平台（eWTP）、跨境电商、新零售、智慧物流等创新发展，打造新型贸易中心。积极参与“一带一路”建设，争取在江西建立“一带一路”区域贸易数据中心。三是加速打造一批“大数据赣军”。以数字经济为着眼点，聚焦云计算、大数据、物联网、网络数据安全、集成电路、人工智能等重点发展领域，结合全省发展需要，制定出台《江西数字经济紧缺专业人才需求目录》，明确数字经济人才需求与缺口，构建数字经济核心人才体系，成立数字经济人才专项工作组，完善区域数字经济人才引进和培养机制，研究制定数字经济人才评价标准，将数字经济人才纳入“人才计划”；鼓励引导省内高等院校设立人工智能等相关专业，发挥江西职业教育优势，争创全国数字经济人才培养服务基地。

（五）加快发展新产业新业态新模式

此次疫情的暴发催生了一批新产业新业态新模式，江西应顺势而为大力发展。一是铸造“未来产业”。聚焦未来生产、未来交通、未来健康、未来信息技术、未来材料等重点领域，尽快出台江西未来产业发展相关政策文件，全力打造国家未来产业创新发展的先行区和示范区，以实现在新一轮区域竞争中实现跨越式、引领性发展。智能医疗是未来健康产业发展的重要分支，应依托全省绿色生态、中医药等独特优势条件，在江西打造超级医院，深入推广使用“5G + VR”技术，汇集国内外顶级专家，开展远程诊疗，探索急需境外新药进口制度创新，打造具有江西特色优势、在国内外有影响力的未来健康产业链集群。二是大力发展“宅经济”等新业态。此次疫情加速生产生活业态朝着智能化、线上化发展，江西省应尽快出台《加快“宅经济”等新经济新业态发展的政策举措》，聚集资源、聚焦政策大力发展网络购物、餐饮外卖、网络游戏、文化娱乐等传统“宅经济”，以及生鲜配送、在线教育、远程办公、在线医疗、直播经济等新型“宅经济”。三是加速推进“5G + VR”等新模式。疫情期间，在线智慧医疗、VR 在线看房、网上教育等得到快速发展并融入大众日常习惯中，江西省应制定出台《加快“5G + VR”融合促进 VR 产业发展的实施意见》，加速推进“5G + VR”融合发展，以 5G 为驱动来推动 VR 产业在大众生活、企业经营、政府管理、教育培训、文化娱乐等各个领域的渗透和应用。

（六）有序推进消费需求释放

深挖释放内需潜力，做足做好疫情之后消费补偿性增长。一是利用消费行为分别具有的可补偿、可替代和可引导的需求特点，推动消费市场细分，按照产品和服务特点因应施策。引导商场、步行街、景区景点、旅行社、图书馆等主体提升管理能力和水平，做好预案，以迎接疫情过后人员填补式反弹性消费、出行等可能带来的应对压力。二是改革创新假期制度。全省上下应提前谋划，通过改革假期制度、适当增加年中假期、落实员工带薪休假制度等举措，激发消费潜力、释放被抑制的消费意愿。三是推动全省商贸主体智慧化改造和融合化发展。顺应流通全渠道变革和平台经济发展趋势，探索发展与生产制造、商贸流通、信贷金融等产业协调联动的智慧商贸物流生态体系。加快商贸物流业与工业、农业、文化等产业融合发展，引导运输、仓储等传统商贸物流企业向上下游延伸服务，推进商贸物流业与其他产业互动融合。

（七）加速推进内陆开放型经济试验区建设

以内陆开放型经济试验区获批建设为重大战略契机，不断提升江西经济外向度。一是先行先试促进“大开放”。江西内陆开放型经济试验区建设必须通过大胆实施先行先试政策，来促进大开放大发展。运用区块链技术，拓展提升国际贸易“单一窗口”功能，实现常用进出口申报业务全覆盖、数据壁垒全打通、通关监管全过程和出口退税全程电子化。对南昌、赣州、九江跨境电商综合试验区内的货物探索实施“先放行入区、后理货确认”监管，形成“物流畅通、通关便捷、监管有效”的跨境电商便利化通关新模式。在南昌、赣州、九江、井冈山等综合保税区内实施保税货物和非保税货物同仓存储，并允许“区内直转”，实现仓储与物流资源的集约化管理。二是打造内陆开放“大平台”。江西内陆开放型经济试验区建设必须打造一批国家级、世界级大平台。聚焦江西特色优势和发展需要，争创江西国际农产品贸易中心，支持发展世界电子贸易平台（e-WTP），推动设立江西国家大数据综合试验区、国家数字经济创新发展试验区、国家康养旅游示范区、景德镇陶瓷国家重点实验室等平台。引进国内外著名大学科研机构来赣设立分支机构，设立或共建中国科学院先进技术研究院（江西）、中国科学院区块链研究院（江西）、中国VR产业发展研究院，共建中国社会科学院生态文明研究院（江西）、中国社会科学院乡村振兴研究院（江西）。通过江西联合股权交易中心推出“全球海外留学回国人员创新创业板”。三是构筑内联外达“大通道”。加快完善对内对外基础设施，提升内联外达水平，这是内陆地区开放型经济成功的决定性因素。加快构建南昌“米”字形、其他区域中心城市“十”字形高速铁路枢纽，填补赣西北、赣东南快速铁路空白，形成全省“五纵四横”高铁网架构。推动构建“十纵十横”高速公路主骨架，推进普通国省道与高速公路、农村公路互联互通。以建设九江江海直达区域性航运中心为重点，振兴“千年赣鄱黄金水道”。加快通达全球航空运输网络体系，推动南昌临空经济区、赣州临空经济区创建国家航空港经济综合实验区。以国家“十四五”规划正在编制为契机，积极协同其他省份谋划省际联动发展的基础设施项目尽可能纳入国家盘子。全面对接“一带一路”建设和国家区域发展战略两个大局，持续打通水上通道、路上通道、空中通道、网上通道。争取在江西建立“一带一路”区域贸易数据中心，做优做实江西数字外贸平台，促进跨境电商、国际邮件、国际快件加快发展。

（八）坚决守住“三农”战略后院

越是在大考面前，越要稳住“三农”，发挥好农业农村压舱石和稳定器的作用。一是加快实施“互联网” +农的平台建设，建设数字乡村。建立以大数据为基础的信息公开、透明的农产品市场信息和乡村治理体系。实施“互联网 +”农产品出村进城工程，促进农产品产销衔接。搭建“互联网 +”农民务工供需信息对接平台，提高网上在线技术培训、本地就业指导等。提升“互联网 +”乡村治理能力，提高乡村公共服务和治理水平、治理能力。二是加大对农业生产、农民生活、农村三产融合的财政支持和金融支持力度，尤其是在发生疫情比较严重的地区、农业主产区、农村公共卫生较为薄弱的局部贫困及贫困边缘地区。当前应重点加强重要农产品流通、销售、涉农企业复工复产的小微、普惠金融、信贷、保险支持力度。三是有序推进农民工就业创业。利用与长三角、珠三角、京津冀等各输入地的劳务协作关系，加强与当地人社部门、企业密切联系，强化三方协同合作，引导全省农民工有序外出就业。积极引导因疫情防控一时不能外出的农民工在当地企业、扶贫车间或农民合作社等各类生产经营主体就地就近就业。编制发布返乡创业项目目录，通过新闻媒体、微信、微博等方式广泛宣传，引导吸引有意愿有能力有条件的外出务工人员返乡留乡创业。

参考文献

李志萌、盛方富：《新冠肺炎疫情对我国产业与消费的影响及应对》，《江西社会科学》2020 年第 3 期。

盛方富、李志萌：《重大突发公共卫生事件对经济的冲击、传导及其应对——以新冠肺炎疫情为例》，《企业经济》2020 年第 3 期。

江西省统计局、国家统计局江西调查总队：《江西省 2019 年国民经济和社会发展统计公报》，《江西日报》2020 年 3 月 17 日。

《综合处处长康冬明解读 2020 年一季度全省经济运行情况》，江西省统计局网站，2020 年 4 月 24 日。

中华人民共和国国务院新闻办公室：《抗击新冠肺炎疫情的中国行动》，《人民日报》2020 年 6 月 8 日。

B.12

“疫情防控常态化”下武汉打造国际消费中心城市的路径与对策

操玲姣*

摘　要： 2019年商务部明确提出，开展国际消费中心城市建设试点工作。后疫情时代，武汉应立足于城市资源禀赋和综合优势，立足幸福宜居的城市魅力，以“现代化、国际化、生态化”为导向，强化疫后城市形象设计，重振文旅业，营造优质商业氛围；强化城市圈协同发展，促进工业转型升级，拓展消费发展资源；大力落实“三年行动计划”，提升消费市场吸引力；大力发展新兴消费，加快培育消费新增长点；加快体制机制创新，推动消费环境提升，助力打造国际消费中心城市。

关键词： 疫情防控　国际大都市　国际消费中心城市　武汉

一　引言

党的十九大报告指出，中国特色社会主义进入新时代，我国社会主要矛盾已经转化为人民日益增长的美好生活需要和不平衡不充分的发展之间的矛盾。① 随着中国社会主要矛盾的转变，中国经济也踏上了向高质量发展阶段

* 操玲姣，武汉市社会科学院区域经济研究所副研究员，经济学博士，研究方向为区域经济。

① 蓉平：《拥抱消费型城市发展新拐点》，人民网，2019年6月22日。

迈进的新征程。从2018年底中央经济工作会议强调“促进形成强大的国内市场”到2019年中央政治局会议提出“多用改革办法扩大消费”，消费已成为拉动城市经济与社会发展的重要引擎。在中美贸易摩擦背景下，消费在整个经济中的地位将进一步提升。2018年《中共中央国务院关于完善促进消费体制机制进一步激发居民消费潜力的若干意见》提出，将在国内建设若干个国际消费中心城市。2019年1月，商务部明确提出，在城市中加快步行街改造提升，开展国际消费中心城市建设试点工作。

号令一出，各大城市纷纷响应。上海、深圳、广州、北京都提出要建设全球具有影响力、竞争力的国际消费城市，并根据各自城市发展提出了具体的时间表。从中央到地方，刺激消费的信号密集释放，不少省份也先后推出相关举措。北京、上海、天津、成都等地纷纷“向夜间要经济”，河南要求加快破除制约居民消费最直接、最突出的体制机制障碍，山西也提出五方面26条措施……除了上海、深圳、广州、北京之外，重庆、杭州、西安、青岛等城市也跃跃欲试，纷纷发布国际消费城市建设方案及规划，大力推动国际消费中心城市建设。

武汉也铆足干劲，改造商业步行街，打造重点商圈，推进供应链创新与应用试点城市建设，促进消费品质提升。2019年5月，武汉市出台《全市加快新消费引领打造国际消费中心城市三年行动计划（2019～2021）》（简称“三年行动计划”），到2021年，武汉将成为现代化商业聚集地、国际化消费目的地、便利化时尚宜居地，打响“武汉购”品牌，同时，通过若干年持续努力，建成立足中部、辐射国内、面向世界的国际消费中心城市。[①]

2020年初，一场新中国成立以来传播速度最快、感染范围最广、防控难度最大的新冠肺炎疫情突然暴发，武汉成为事件的旋涡地和重灾区。消费行业是距离人最近的行业之一，这场疫情，让武汉以始料未及的方式按下了暂停键，给铆足了干劲的武汉城市带来了严重的危机，也让武汉的消费行业受到严重的影响。在党中央和全国人民的支持下，武汉取得了抗疫的阶段性

① 《5年内建成一批国际消费中心城市 这些城市最有潜力》，第一财经，2019年10月28日。

胜利。这场疫情，让全世界看到了武汉的韧性、付出和力量。习近平总书记在考察武汉抗疫工作时说，"武汉不愧为英雄的城市，武汉人民不愧为英雄的人民，必将通过打赢这次抗击新冠肺炎疫情斗争再次被载入史册!"这是对武汉的最高褒奖。疫后重振成为武汉今后一段时期的核心任务，历经疫情考验的武汉，如何转危为机，重振消费，建设国际消费中心城市是武汉实现疫后振兴重要的一环。

二 国际消费中心城市的内涵和特征

（一）国际消费中心城市的内涵

"消费型城市"的概念最早由马克斯·韦伯于 1920 年提出。2001 年以来，美国城市经济学家 Glaeser 和 Gottlieb 提出了"消费城市"理论。历史上很长一段时期，城市经济的研究者们主要是从生产和规模经济的视角去探索城市形成、发展和繁荣的原因；Glaeser 则从消费的视角去探索城市经济的集聚，将城市看成是商品集聚、服务繁荣、文化形成的消费中心。而后，随着相关研究成果的不断涌现，现代消费城市理论也得到了进一步的丰富和完善，消费中心城市因此诞生。

商务部研究院区域经济合作研究中心主任张建平接受记者采访时表示，成为国际消费中心城市主要看两点，一是要看消费的时尚影响力。如法国的巴黎、英国的伦敦这些城市不仅仅服务业发达，商业竞争充分，更重要的它们是国际的时尚消费中心、时尚影响力的前沿。二是要看国际化程度。成为国际消费城市不仅要有大量的国内消费者，也要有大量的国际消费者。城市的服务和产品实现"买全球、卖全球"，服务质量和品质达到更高的要求。

什么是国际消费中心城市？"国际"明确了城市消费服务的空间范围，有链接全球、贯通世界之意；"消费"明确了城市的功能属性，有氤氲市井烟火、时尚前沿之味；"中心"，明确了城市的经济社会地位，凸显城市的影响力和重要性，蕴含流量枢纽、要素汇聚的之义。国务院发展研究中心市场经济研究所所长王微这样描述：其一，它是全球消费市场的制高点，也是全球最大规模消费市场的领先者；其二，它是全球消费资源的集聚地，具有高效的消费资源配置和带动功能；其三，它是全球消费引领者。消费的创新功能、消费的导向功能、消费的带动作用是国际消费中心城市的核心功能。

基于上述界定，我们可以将国际消费中心城市界定为：消费成为城市发展的集聚向心力与核心驱动力；具有较强的全球消费资源配置能力是全球消费体系的重要节点和区域消费市场的着力点；是全球消费创新的策源地和引领者。

（二）国际消费中心城市的特征

2019 年商务部等 14 部门联合印发《关于培育建设国际消费中心城市的指导意见》（商运发〔2019〕309 号，简称《指导意见》），指导推进国际消费中心城市培育建设工作。《指导意见》指出，培育建设国际消费中心城市的工作目标是，利用 5 年左右时间，指导基础条件好、消费潜力大、国际化水平较高、地方意愿强的城市开展培育建设，基本形成若干立足国内、辐射周边、面向世界的具有全球影响力、吸引力的综合性国际消费中心城市，带动形成一批专业化、特色化、区域性国际消费中心城市，使其成为扩大引领消费、促进产业结构升级、拉动经济增长的新载体和新引擎。①

从《指导意见》看，国际消费中心城市包含两个层级：一是综合性的国际消费中心城市，指的是立足国内、辐射周边、面向世界的具有全球消费资源集聚和引领的城市；二是区域性国际消费中心城市，指的是专业化、特色化的消费型城市。

从全球范围看，国际消费中心城市都必须具备如下一些基本条件和共性特征。

① 《商务部等 14 部门发文：指导培育建设国际消费中心城市》，中新网，2019 年 10 月 25 日。

第一，经济综合实力强，开放水平较高。国际消费中心城市是指消费规模大且消费能级高的国际大都市，而雄厚的经济实力则是成为国际大都市集聚国际性的高端消费资源的先决条件。开放程度高是作为国际消费中心城市的必要条件，在人才国际化、交流国际化、跨境贸易、外资引进和对外投资等方面创新引领程度高。

第二，交通方便快捷，物流体系发达。完善的城市基础设施与通达全球的物流信息网络和交通物流设施是国际消费中心城市不可或缺的要素。在消费通达性和消费的体验性日益增强的时代，拥有发达的交通、信息和物流设施，才能将全球范围内的消费和供给市场紧密连接起来。

第三，服务业为主导产业，拥有发达的服务体系。消费中心城市服务业发达，拥有彰显国际时尚和历史人文的标志性商圈；商业业态多样，体验业态和购物业态协同发展，除了百货店、仓储店、方便店等购物业态外，还附带健身休闲、表演娱乐、网红餐厅、文化艺术、历史体验等体验业态，更有像大型综合体一样的混合业态；商品种类繁多，特色鲜明，性价比有较高的保障；拥有丰富多元的商业品牌，是全球著名消费品牌及其总部集聚的地区。

第四，人才集聚，消费创新能力强。人才是创新和消费的源泉，他们的创新意识和创新思维推动着城市不断时尚化发展，激发出城市创新发展的良好消费生态。反过来，良好的消费环境还能吸引各地的创意人才，进一步促进这种正向循环。

第五，宜居宜业宜游，文化底蕴深厚。良好的自然景观和人文景观、完善的国际标准型市政设施和安全完善的公共服务对全球游客具有较大的吸引力。国际经验表明，外来游客尤其是境外游客的消费是国际消费中心城市的消费潜力重要的组成部分。

三　武汉打造国际消费中心城市的基础和优势

武汉自古以来就是商贸重镇，享有“货到汉口活”的美誉。改革开放后，汉正街崛起成为知名商业街。21 世纪以来，随着国家中部崛起、“一带一路”、长江经济带、自主创新示范区，再到自由贸易区等战略的实施，武汉又一次站在发展前沿。发展速度加快，经济综合实力不断增强，枢纽城市地位日益凸显，城市影响力不断提升。疫后的武汉，城市更加智慧，营商环境更加优化。为加快武汉疫后重振，国家实施了一揽子支持政策，凝聚成武汉建设国家消费中心城市新优势。

（一）城市综合实力不断增强，消费主导型增长提速

近几年是武汉经济由高速增长转向高质量发展的关键时期，武汉在这一时期保持了较快的增长，这是在我国坚定不移地稳增长、调结构、转方式，面对错综复杂、不断加大的经济下行压力的环境下取得的。2016～2019年，武汉经济保持了近8%的增长速度，分别为7.8%、8.0%、8.0%、7.4%，比全国2016～2019年的平均增速提高近1.23个百分点。2019年，全市经济总量达到16223.21亿元；按常住人口计算的人均GDP由2015年的104132元跃升到145545元，按平均汇率折合为2.11万美元。2015～2019年工业投资增速呈上升趋势，其中2017～2019年保持两位数增长（见图1）。与此同时，在军运会因素带动下，武汉市投资的快速增长较大地带动了本地的经济和就业的较快增长。2018年社会消费品零售总额6843.90亿元，比上年增长10.5%。2019年社会消费品零售总额7449.64亿元，比上年增长8.9%（见图2）。消费对经济的贡献不断提升，经济实力快速发展，名列全国副省级城市第4位、全国副省级以上城市第8位，为城市进一步的发展奠定了更高的基础。

（二）综合交通体系不断完善，物流枢纽地位日益凸显

武汉地处长江黄金水道与京广铁路大动脉的十字交汇点，是国家确定的重要交通枢纽城市，是全国四大铁路枢纽和六大区域性航空中心，是全国公路主枢纽和内河航运中心城市，素有“九省通衢”之称。2017～2019年，武汉共整治提升1300多公里道路，地铁线网运营里程突破330公里，路成网、河成景、湖成环。机场、港口、道路、轨道交通、环线加放射的城市快

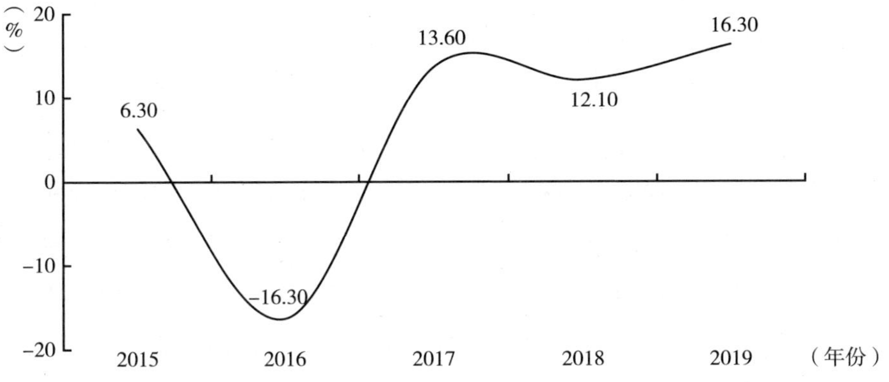

图 1　2015～2019 年工业投资增速

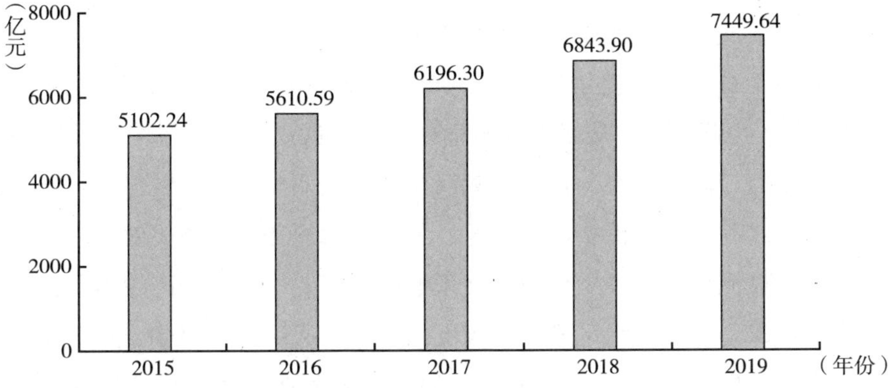

图 2　武汉市 2015～2019 年社会消费品零售总额

速路系统，公共客运交通枢纽场站及其智能指挥调度系统，优化公共线网布局等交通方面条件有了突破性的改善。武汉国际通道通达性大大提升，已开通 63 条国际直达航线，中欧班列（武汉）往返发运量居中欧班列各路线前列；水运方面，巩固阳逻港江海直达航线、“泸汉台”、至东南亚和日韩等地区的国际航线，航线稳定性和覆盖率全面提高，新开经开港至上海港江海直达航线。多式联运加快发展，武汉已初步建成阳逻港铁水联运一期工程枢纽、汉口北国际多式联运物流港、阳逻港综合物流园、安吉物流华中整车物流枢纽、吴家山铁路物流园、汉南港宇丰多式联运中心等项目。武汉市综合交通物流枢纽建设，经历了以航运为主的时代，铁路运输时代，高速公路快速发展时期以及目前的公路、铁路、航空、水运全面发展和繁荣时期，正在建设内陆国际物流枢纽，统筹东西南北四个方向、铁公水空四种方式。成为全国首批综合运输服务示范城市、“公交都市”建设示范工程创建城市、低碳交通运输体系建设试点城市，武汉交通运输发展迈入了对接全国、联通世界的新阶段。2013 年武汉被确定为一级物流园区布局城市，已成为中西部重要的医药、汽车、冷链、电商集散分拨中心，在全国城市物流质量评价排名中名列第五。

（三）产业结构不断优化，服务业主导型经济不断巩固

近年来，武汉市产业结构调整升级步伐显著加快，“三、二、一”的产业格局基本形成，服务业增加值占 GDP 比重由 2015 年的 49% 提高到 2019 年的 60.8%（见图3）。从武汉资源禀赋来看，武汉的中高端消费性服务业发展资源丰富，潜力巨大。目前，武汉正在积极调整过去非常强调生产性服务业的发展水平，而对消费性服务业，尤其是对服务范围和辐射半径较大的中高端消费性服务业的发展重视力度不够的问题。不断提升高端消费性服务业发展与武汉整个经济水平发展适应度。同时，武汉传统商业企业正在积极地转型发展，以“互联网 +”为标志的现代服务业新动能不断增强，网络购物、网上支付、跨境电商、网络广告、在线租车、在线医疗、在线教育、在线旅游、数字家庭、智慧社区等新兴业态、新服务模式迅速兴起。斗鱼、卷皮、斑马快跑入选“独角兽”企业榜单。2017 年电子商务交易额约为 6500 亿元，同比增长 25%，规模保持中部首位。据《旅游业分类》《旅游经济核算》标准测算，武汉旅游对全市 GDP 的贡献率为 8.6%，对地方财政的贡献率达 10.8%。2017 年，旅游业总收入达到 2800 亿元，同比增长 12%。2018 年国内旅游收入首次超过 3000 亿元，增长 12.6%。到 2019 年武汉全年旅游总人数 31898.31 万人，比上年增长 10.8%；旅游总收入 3570.79 亿元，增长 12.9%。消费需求的变化给武汉服务性消费带来巨大的

发展空间。法律服务、会计审计及税务、广告、会展及咨询等专业服务业发展规模和水平迎来突破性发展的机会。

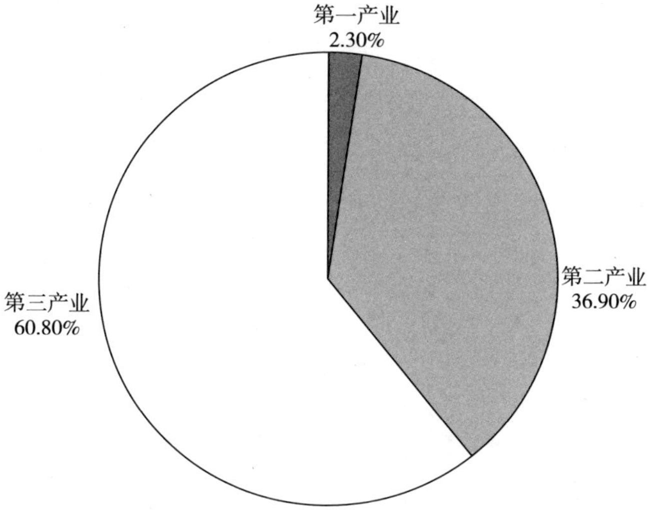

图 3　武汉市 2019 年三次产业结构

（四）历史文化旅游资源丰富，商业氛围浓厚

武汉是国家历史文化名城，历史文化资源丰富深厚，共有市级及以上文物保护单位 282 处（国家级 29 处，省级 108 处，市级 145 处）。拥有各级非遗代表性项目 634 项（国家级 15 项，省级 62 项，市级 167 项，区级 390 项）。拥有以长江、东湖为代表的水文化，以黄鹤楼为代表的名楼文化，以知音传说为代表的知音文化，以武汉中共中央机关旧址、武汉革命博物馆和八七会址等为代表的红色文化，以热干面为代表的美食文化等。拥有琴台音乐厅、辛亥革命博物馆、“武汉客厅·中国文化博览中心”、江汉关博物馆、长江文明馆等标志性文化场馆，全市博物馆总量达到 102 家。拥有江汉路、黎黄陂路、青岛路、昙华林等众多历史文化街区，江汉路及中山大道历史文化街区被住房和城乡建设部、国家文物局联合公布为第一批中国历史文化街区，这也是武汉市目前唯一的国家级历史文化街区。2019 年初，江汉路步

行街被商务部列为全国11条步行街改造升级试点之一。两江四岸“梦幻江城”灯光秀，亮相国庆期间中央电视台“厉害了我的国”栏目。长江首部漂移式多维实景演出剧《知音号》，成为武汉旅游新名片。东湖绿道是中国首条城区内5A级旅游景区绿道，全长101.98公里，路面宽度为6米，符合国际级自行车赛事和马拉松赛事的竞赛要求。在2019年军运会中发挥“山水赛场”优势，以赛会友，以赛树名，在国际体育赛事交流中提升“世界东湖”的国际形象，实现体育、旅游、文化融合发展。在全域旅游的理念下，武汉确定了“一轴一心一山三城百湖”全域旅游发展空间布局，编印了新版《武汉旅游指南》，充分展示了独具特色的中国旅游休闲示范城市和国际滨水旅游名城形象。

（五）营商环境显著改善，国际影响力大幅提升

近年来，武汉在着力解决营商环境突出问题上下足了功夫，不断健全营商环境指标和工作机制，借鉴先进经验，持续优化营商环境。持续推动“四办改革”，推行“证照分离”，提高“一网通办”服务功能，降低制度性交易成本。探索商贸流通体制机制创新，创新行业管理模式，清理市场壁垒，改善公共服务，营造秩序规范、竞争公平的市场环境。以先进城市为标杆，全方位打造良好的营商生态，取得了突出的成绩。在企业开办、工程建设审批、企业信贷获得、水电气报装方面全面提速，一般工商业用电价格降低10%，减免各类税费428亿元，2019年武汉营商环境评价跻身全国前十、中西部第一。① 为迎接军运会召开，武汉通过实施“八大优化行动”，持续推进城市国际化进程。营商环境不断与国际接轨对标国际化、法制化、公开化。随着一批外国政要相继访问武汉、国际性活动高频举办，武汉国际化水平稳步提升，“国际范”越来越浓。武汉成为中西部外来投资密集区和重要的旅游目的地。年度实际利用外资额近年来先后跨越80亿美元、90亿美

① 周先旺：《政府工作报告——2020年1月7日在武汉市第十四届人民代表大会第五次会议上》，2020年1月8日。

元、100亿美元台阶，位居全国副省级城市前列。2020年武汉作为疫情的中心，在危机中寻找机会，推动复工复产，推行“一事联办”，为项目落地和企业发展提供“类海外”生活场景，全面提升政务服务能力和效率；出台各种惠民政策大力支持武汉的发展，助推武汉疫后重振。在万博新经济研究院联合相关部门发布的《后疫情时代中国城市营商环境指数评价报告(2020)》中，武汉的营商环境排名第六。

（六）疫后中央决策和国家战略支持力度空前

新冠肺炎疫情虽然给武汉造成冲击，但武汉经济长期向好、稳中向好的基本面没有变。当前，中央对湖北的支持政策空前利好，研究确定支持湖北省经济社会发展一揽子政策，给武汉经济社会发展以强有力的信心和强大的动力。自2020年4月18日武汉市疫情风险等级降为低风险以来，在国家大力支持号召下，大项目、大企业、企业家大规模涌入武汉。武汉成为近期国内外知名企业争相考察、投资的热土。5月15日，武汉举办2020年“云招商”央企专场活动，中信集团、航天科工、中航工业、中国石油、国家电力、三峡集团等50余家大型央企参会，占到全国央企总数一半以上。当日签约37个项目，其中，产业项目及基础设施项目签约金额1887.8亿元，百亿元以上项目6个。6月3日，国务院国资委和湖北省委、省政府共同召开“中央企业助力湖北疫后重振发展视频会议”，34家央企共与湖北签约72个项目，投资总额3277.25亿元，涉及新能源、生态环保、智能制造等领域。6月12日，“世界500强与全球知名外企助力武汉专场活动”在汉举行，20个高质量涉外项目集中签约，签约金额658亿元。[①] 这些项目未来几年会落地、开工、投产，会改变和重塑武汉产业格局，会增强和升级武汉城市功能和消费能级，会成为武汉疫后腾飞的脊梁。只有武汉取得疫后重振的成功，中国才能算取得抗疫站的最终全面成功。2020年6月，商务部发布支持中

① 《两月内近50名知名企业家来汉，超5000亿元投资助推武汉重振》，《长江日报》2020年6月19日。

国（湖北）自由贸易试验区加快发展24条措施，提出要重点支持武汉跨境电子商务综合实验区建设，深化贸易创新发展试点，打造服务贸易发展高地，指导武汉开展国际消费中心城市培育建设，支持中欧班列（武汉）发展。[①] 这些政策支持为武汉市进一步融入全国发展大格局，充分利用两种资源、两个市场提供了重大的历史机遇。也为武汉建设国际消费中心城市、全面提升全市消费软硬环境提供了强大的支撑。

四　武汉打造国际消费中心的定位和特色

武汉是新中国重要的工业城市，历史上也曾经是一座综合性的国际消费中心城市。疫后武汉要重塑城市辉煌，打造综合性国际消费中心城市，必须依托城市的环境禀赋和资源优势，充分发挥自己的优势和特色，强化消费和生产双轮驱动、产品和服务共同繁荣、国际国内两个市场协调发展，突出长项，补足短板。

（一）定位：综合性的国际消费中心城市

超大型城市和特大型城市均是以消费为主要特征的城市，它的存在就是以区域消费中心为标志，打造国际消费中心城市在大型城市发展历程中具有其必然性。将武汉定位为综合性的国际消费中心城市，更是基于以下三个需求。

一是复兴武汉的历史需求。武汉历史上就曾经是一个商贾云集、港口林立的商贸中心；汉口开埠之前，地处长江中游、大陆腹地的武汉，仅作为内贸市场而闻名于世，汉口是天下四镇之一，享有“货到汉口活”的美誉。优越的地理位置，便利的交通条件，使汉口成为洋人眼中的热土。汉口开埠后，外国资本纷纷进入汉口开设洋行。到20世纪初，汉口洋行一度超过百

① 《中央部委密集出台支持湖北武汉政策，武汉迎来难得发展机遇》，《长江日报》2020年6月8日。

家。汉口逐渐成为中国仅次于上海的金融商贸区，成为国际消费的中心城市。

二是发展武汉的现实需要。将武汉建设成为带动长江中游、服务全国、辐射全球的国家商贸中心、内陆地区对外开放高地，成为国家商务经济的重要增长极。[①] 这是武汉“十三五”以来的目标，这一目标就是要把武汉建设成为国际消费中心城市，也是武汉迈向国际化的必经之路。在构建国内消费大市场的过程中，武汉需要牢牢抓住这次契机，不断增强消费对经济增长的基础性作用，推动经济高质量发展。近期，从中央到地方，刺激消费的信号密集释放。不少省份也先后推出相关举措。北京、上海、天津、成都等地纷纷“向夜间要经济”；深圳提出将深圳建设为消费创新的“全球重镇”；宁波要构建国内进口商品集散网络；河南要求加快破除制约居民消费最直接、最突出的体制机制障碍；山西也提出五方面26条措施……扩大消费持续加码，源于当前经济下行压力加大，在出口遭遇复杂国际形势、投资增长乏力的背景下，进一步促进消费、加快消费升级成为稳增长的现实选择。

三是国家开放的战略需求。党的十九大报告提出，“中国开放的大门不会关闭，只会越开越大”，“推动形成全面开放新格局”。[②] 武汉作为内陆特大城市，只有武汉的全面开放格局的形成，才能说国家全面开放新格局的形成。武汉建设综合性国际消费中心，不仅有利于全球优质商品和服务的汇聚，成为吸引我国乃至全球消费者的国际消费场所；还有利于推动我国消费品制造业、消费服务业的结构调整，对相关产业和投资起导向作用；更重要的是，综合性国际消费中心城市也将成为中国品牌、文化展示窗口和进入全球市场的通道。武汉应接受挑战，在这新一轮的全面开放战略中，参与国际消费市场竞争，并在此基础上为我国参与全球消费市场竞争、抢占全球消费

① 《落实五大理念 推进武汉商务创新发展——市商务局（口岸办）党组书记、局长（主任）刘丹平在2016年全市商务工作会议上的主题报告》，《武汉商务》2016年第3期。

② 魏颖：《新时代我国国际消费中心城市建设思考》，《产业创新研究》2020年第1期。

市场制高点提供有力支撑。[①] 在长江经济带上，东部的长三角城市群、西部的成渝城市群和中部的中游城市群都需要一个综合性的国际消费中心城市作为国家战略的承载体，武汉应奋力拼搏，担负起国家使命。

（二）特色：兼收并蓄

1. 消费和生产双轮驱动

进入新时代，“消费型城市”发展趋势日益明朗。这预示着城市转型发展新的拐点已来。武汉位于中国中部，新中国成立以来，一直是一座以工业发展为主要推动力的城市。在经济转型发展的当下，武汉工业面临结构优化调整。因此，武汉迫切需要避免过去片面强调工业主导地位，转向重视服务业的发展，重视消费经济，树立从传统产业或行业的市场干预（产品补贴、投资补贴、关税和税收优惠等）转向水平型措施（平台、网络、制度）的新产业政策思路。顺应消费转型升级趋势，实现经济发展从工业单轮驱动到工业与消费经济的双轮驱动的转变，做强城市产业支撑，重塑城市战略优势。

2. 产品和服务共同繁荣

成为国际消费中心城市，仅靠单一行业的强大必然是远远不够的。换句话说，国际消费中心城市应该是商业、旅游、文化、体育、会展等多个行业联动发展的有机整体，如此才能实现消费的规模效应和整体优势。既服务高端消费人群，提供各类全球顶级品牌，同时也服务于普通民众，如允许各类小摊贩存在。不仅要提供实物商品，同时也要提供各类优质服务。武汉消费潜力巨大，不仅提供丰富且多元化的商品，而且信息、设计、咨询、文化、体育、会展等服务消费迅速崛起。以“互联网 +”为标志的现代服务业新动能不断增强，网络购物、网上支付、跨境电商、网络广告、在线租车、在线医疗、在线教育、在线旅游、数字家庭、智慧社区等新兴业态、新服务模式迅速兴起。随着 5G 的商用，各种新业态模式井喷式发展，将形成新的消

① 魏颖：《新时代我国国际消费中心城市建设思考》，《产业创新研究》2020 年第 1 期。

费增长点。

3. 国际国内市场协同发展

面对百年不遇的全球突发疫情，中国面临较大的经济下行压力，但形势正逐步向好的方向转变，以国内循环为主、国际国内互促的双循环发展的新格局正在形成。2020 年的政府工作报告指出，“面对外部环境的变化，要坚定不移扩大对外开放，稳定产业链供应链，以开放促改革促发展”。构建综合性国际消费中心城市，武汉可以依托军运会留下的国际化遗产优势，着力提升国际化水平，提升高端消费市场消费潜力，大力增加从高端购物中心到奢侈品牌门店数量，形成国际国内市场协同发展的格局。一方面，通过积极“走出去”寻找国外产品销售市场和投资市场，通过主动扩大进口等满足高质量发展和人民对美好生活的需要。另一方面，推动形成强有力的国内市场，实现经济增长与工资同步增长，缩小居民间收入差距，通过减税等措施增加居民可支配收入，进一步增加市场消费能力；通过供给侧结构性改革，改善营商环境，激发居民创业和企业创新动力，通过产品创新、品牌建设和服务质量提升等不断满足人民对中高端消费的需求。

五　武汉市建设国际消费中心城市的路径及对策

后疫情时代，世界面临百年未有之变局，逆全球化引发贸易争端增加，倒逼武汉必须加快转变发展方式、提高发展质量、转换增长动力，将城市的发展与民族的复兴紧密结合起来，推进国际消费中心城市建设，加快武汉疫后振兴。

（一）武汉市建设国际消费中心城市的路径

一是立足于城市的资源禀赋，大力落实国家、省市发展战略，把国际消费中心城市建设与国家自贸区建设、三大国家级开发区建设、“一芯两带三区”发展、国家商贸枢纽城市建设相结合，推动产业转型升级，夯实消费的产业支撑。提升城市消费水平，推动形成武汉国内大市场。

二是立足于建设宜居宜业宜游的全域旅游城市目标，提升武汉城市影响力，推动形成武汉国际旅游目的地。加大城市治理与环境优化力度，落实全域旅游规划建设，推动文化与旅游深度融合发展，打造东湖、两江四岸、知音文化等国际化品牌，不断提升武汉的城市品牌形象，提高武汉在国内外消费者眼中的知名度和美誉度。

三是以“三化大武汉”为导向，用开放和创新之力带动城市崛起，利用科技不断发展的契机，不断推动新兴业态发展，促进商业优化升级，提升在消费领域的聚集、辐射、带动和引领作用，增强国家中心城市集聚能力、服务半径，推动城市走向现代、迈向世界。

（二）加快推进武汉国际消费中心城市建设的对策

1. 强化疫后城市形象设计，重振文旅业，营造优质商业氛围

成立专门的疫后振兴机构或武汉城市形象的提升小组，制定武汉的疫后复兴战略。充分发挥各种新闻媒体优势，全面推介展示城市形象，营造促消费良好氛围。加大财政资金支持力度，建立起整合宣传、文化与旅游、产业经济、国际交流等职能板块，打造一整套从顶层设计到日常管理的工作系统，重塑武汉的城市危机管理体系及品牌竞争力。

打造城市文旅名片。以江汉路、黎黄陂路、昙华林等历史文化街区为示范，打造武汉文旅商融合特色街区，形成历史文化街区名片。打造“知音号”游轮名片，推进江汉朝宗文化旅游景区集散中心建设，打造江汉朝宗文化旅游5A级景区名片。提升东湖国际化发展水平，提升外围交通的通达性和停车空间；配套生态化环保餐饮、住宿、休闲吧、体验店、新零售等商业设施，策划东湖文旅商的深度融合，提升“世界东湖”亮丽的风景名片。

充分挖掘历史资源，对传统里分、古城风貌、名人名居、工业遗产/遗址、历史街区等资源进行系统梳理，开展智能化改造。借鉴上海经验，结合5G互动直播，加快VR/AR技术应用，拓展网上“云游”博物馆、美术馆、

文创园区等，建设数字孪生景区，打造沉浸式全景在线产品。[①] 加强对武汉历史文化、民俗文化、红色文化、节庆文化、饮食文化、非物质文化遗产等的研究，建立文化资源数据库，充分挖掘其武汉特色文化底蕴，打造文旅内容精品。

继续引进和培育世界顶级赛事和国际时尚主题文化活动，增强对境内外消费者的吸引力，扩大综合消费规模。

2. 强化城市圈协同发展，促进工业转型升级，拓展消费发展资源

中西方大城市发展历程表明，从都市区的角度进行结构调整和功能重组，疏解中心城市过度集聚的产业与人口，形成“多中心”的空间结构组织模式，既有利于激发都市区卫星城市的活力，释放生产消费潜能，也有利于大城市产业转型升级，改善城市环境，提升城市能级，提高城市综合竞争力。

武汉城市圈建构过程的实质是大城市功能疏解的过程。大力推动“1 + 8”城市圈抱团发展，促进武汉与周边城市的协同发展，实施工业生产基地向黄石、鄂州、黄冈、孝感、咸宁、仙桃、潜江、天门 8 个周边城市迁移，武汉集聚研发、设计、总部经济、金融、会展、商贸物流等高新技术产业与现代服务业，推动产业转型升级，为国际消费中心城市建设留足发展资源。

充分利用武汉大健康产业核心优势，推动与天门、潜江、仙桃发展医疗健康产业的生产基地，探索建立国家卫生战略物资储备基地；推动与孝感发展军工装备、临空制造等生产基地，结合湖北机场和武汉综合交通枢纽优势，推动建设国家战略装备生产储备基地；推动与鄂州、黄冈一体化发展，建立中部商贸物流集散与分拨中心；推动与黄石、咸宁一体化发展，探索建立国家农产品储备中心。

3. 大力落实“三年行动计划”，提升消费市场吸引力

利用疫后成立的专门复兴机构，加快落实《全市加快新消费引领打造

① 上海市人民政府办公厅：《关于印发〈上海市促进在线新经济发展行动方案（2020 ~ 2022 年）〉的通知》，2020 年 4 月 8 日。

国际消费中心城市三年行动计划（2019～2021）》（简称《三年行动计划》）。

细化国际知名商圈打造方案，推进全市商圈差异化发展；并在基础设施完善升级、商业街区保护等方面给予充分支持，大力改善核心商圈的发展环境。策划一系列国际时尚主题活动来提升商圈及整个城市的影响力，将商圈从单纯的购物场所转变为集体验、社交于一体的活动中心，以此来吸引世界各地的消费人群。

加快推动高端消费资源集聚。引进世界500强企业、国际知名酒店、国际顶级奢侈品品牌旗舰店等高端业态；大力发展品牌企业、品牌商品、品牌服务，打造全球新品首发地、高端品牌首选地、原创品牌集聚地，满足消费者对中高端消费品的需求，吸引境外消费回流。打造个性化消费品牌，培育本土特色商业品牌。大力振兴老字号品牌。鼓励老字号企业依托现代技术，加快研发、设计、生产、品牌营销和售后服务各环节的模式创新，改造升级传统产品，开发新产品，开展协同制造、个性化定制等新模式，提高产品质量和受众范围。做强一批新品发布专业平台，支持举办新品集中发布的国际展会、商业节庆等活动。

加快推进自由贸易试验区建设，支持设立武汉天河国际机场进境免税店，建设离境退税商业街区，吸引境外消费回流。支持免税品经营企业增设市内免税店，加快推进重点商圈离境退税商店全覆盖。深化内陆国际物流枢纽建设，促进国际、国内消费市场的互联互通，增强全球消费市场辐射力；鼓励国际国内知名商贸企业在汉设立全球总部、区域总部和采购中心、结算中心、运营中心。建设智慧口岸，积极建设特色口岸，争取包括肉类、药品、医疗器械、粮食、水产品、植物种苗、国际邮包、跨境电商等在内的多种口岸资质，拓展综保区发展空间，形成核心竞争力。加快打造“保税区商品大数据中心”，全面打造供应链金融。

着力集聚国际知名消费品牌，提高商品丰富度和品牌集聚度，大力培育本土品牌和特色商品，实现消费者在武汉“买全国”和“买全球”。打造有国际影响力的商街商圈和品牌活动，鼓励发展跨境电子商务、保税展示销售、进口商品直销等新型业态，推动离境购物退税政策实施，打造国际化商圈，促进境外消费回流。

4. 大力发展新兴消费，加快培育消费新增长点

发展新兴业态。促进实体商店和虚拟网店联动发展，鼓励直播电商、社区电商和社交电商，特别是小程序电商的发展，积极推动传统商业数字化转型改造工作。鼓励网上商城，支持商业 App、微信营销、直播带货等新兴营销模式，打造全媒体营销模式，推动消费个性化发展。鼓励连锁经营发展，拓宽连锁经营的行业范围、业态经营的连锁规模、区域发展的连锁网络，提高流通产业集中度和组织化水平。重点培育无人零售、智慧零售、跨界零售等新零售项目。

推动信息消费。鼓励促进智能终端、可穿戴设备、智能家居等新型信息产品升级消费，扩大网络视听、数字音频、网络文学、互联网游戏等信息服务。开展信息消费商圈行、社区行、校园行、企业行等体验升级活动，建设一批信息消费体验中心。开展 5G 和 IPTV 终端产品大促销、5G 及千兆宽带流量套餐优惠。

大力发展服务消费。随着新消费业态、新兴消费方式的迅猛发展，服务类消费占居民消费总额的比例不断提高。积极推进技术贸易、金融、计算机和信息服务、服务外包、专业管理和咨询、文化、旅行、运输、建筑、中医药服务等 10 个重点服务领域的消费，不断提升服务质量，加快消费型城市转型升级。

5. 加快体制机制创新，推动消费环境提升

推动建立数据共享机制。将政府数据大规模开放纳入法律，建立基于城市社会运行数据的“生态系统”。包括各类历史统计数据，地铁、公交系统的实时数据，停车泊位、旅游景点、餐饮卫生、住房租售等相关数据，推动整个城市的不断智慧化发展。

构建全面体现新发展理念的消费型社会制度机制和政策体系。推动形成规范协调、运转高效的工作机制。建立和完善高效运转的商贸流通业发展协调机制。强化相关部门经济调节、市场监管和公共服务职能，积极为市场主

体提供优质服务和创造良好发展环境；探索建立由单一部门负责的商品质量、食品安全、市场秩序综合监管体系，依法严厉打击制假、售假行为，净化消费环境。在法治框架下提供多元化、便捷低成本的消费者维权途径。

提升城市商业设施品质。结合线上线下的商业发展趋势，优化商业网点布局。大力推动沃尔玛、永旺等大型商场、大型综合类超市建成电子标签、智能收银系统、线上会员系统，建立线上交易平台，开展一定半径的配送服务及异地客户快递服务。推进中百仓储、武商、盒马鲜生、良品铺子等大型实体商贸零售企业智能化、场景化、体验式门店布点；推进建立 24 小时无人值守货柜、无人便利店。鼓励商业特色街、商圈、商业综合体主动适应新零售发展，着力加强商圈数字化建设。引导商业设施向综合化、立体化、便利化发展，不断提升消费体验。

加强商务诚信建设。推动形成统一的商务信用信息共享平台，全面推进社会信用体系建设，形成市场主体自治、行业自律、社会监督、政府监管的社会共治格局，突出商业诚信建设，提高居民诚信意识。加快肉类蔬菜等重要产品追溯体系建设，促进放心消费。

规范消费市场秩序。进一步深化商务综合行政执法体制改革，健全商务综合行政执法监管体制。推进“双随机一公开”检查工作，提升事中事后监管水平。加大对商业特许经营、单用途商业预付卡、汽车销售、家庭服务业、外商投资企业设立及变更等重点领域的执法力度，营造良好的营商环境。

参考文献

王佳、葛姣菊、杜建成、朱醒亮：《基于旅游消费者视角的消费城市发展策略和建议》，《经济问题探索》2013 年第 1 期。

吴学安：《打造国际消费中心城市需立足自身禀赋和特色》，《中国旅游报》2019 年 9 月 25 日。

赵明辉：《青岛市建设国际时尚消费之都的路径及对策研究》，《青岛职业技术学院学报》2015 年第 3 期。

魏颖：《新时代我国国际消费中心城市建 设思考》，《产业创新研究》2020 年第 1 期。

张超：《重庆建设国际消费中心城市的优势与路径》，《重庆日报》2020 年 4 月2 日。

张婷婷：《后疫情时代，武汉如何登上城市形象顶层设计的快车》，凤凰网，2020 年 3 月 26 日。

徐佩玉：《各大城市纷纷布局 谁将成为首批国际消费中心城市》，《决策探索（上）》2019 年第 8 期。

B.13

统筹疫情防控与经济社会发展

——推动长沙市文化发展的政策研究

邓子纲　徐　威　李放歌　卓玺玉*

摘　要： 长沙市作为国家公共文化标准化示范地区、首批国家级文化与科技融合示范基地、首批国家文化出口基地、东亚文化之都、未来文化城市，在文化惠民服务、文化产业发展、文化体制改革等方面进行了积极探索，大长沙都市圈文化资源共享、协同发展的新生态正逐步形成。“十四五”时期，践行创新、协调、绿色、开放、共享的发展理念，需要坚持问题导向，深化文明城市建设；推进产业转型，加强现代文化产业体系建设；加强新闻出版业和电影产业扶持；传承弘扬优秀传统文化；扩大文化交流与合作；推进“文化＋”产业发展；促进文旅融合发展；推进文化体制改革创新和文化人才队伍建设。

关键词： 大长沙都市圈　文化发展　疫情防控

2020年，新冠肺炎疫情突如其来，作为大长沙都市圈核心的长沙市的

* 邓子纲，湖南省社会科学院产业经济所副所长，研究员，中南大学硕士生导师，研究方向为产业经济、文化旅游、企业管理；徐威，南京大学社会学系社会学硕士，研究方向为经济社会学；李放歌，中南大学公共管理学MPA，研究方向为金融管理；卓玺玉，中南大学公共管理学MPA，研究方向为公共管理学。

生产生活秩序受到了较强的影响。面对新冠肺炎疫情带来的不利影响，推进长沙文化发展繁荣的形势更为紧迫、任务更加繁重。2020年2月习近平同志在统筹推进新冠肺炎疫情防控和经济社会发展工作部署会议中指出，经济社会是一个动态循环系统，不能长时间停摆。在确保疫情防控到位的前提下，推动非疫情防控重点地区企事业单位复工复产，恢复生产生活秩序。要变压力为动力、善于化危为机，有序恢复生产生活秩序，强化“六稳”举措，加大政策调节力度，把我国发展的巨大潜力和强大动能充分释放出来，实现2020年经济社会发展目标任务。

习近平总书记多次强调，要激发全民族文化创新创造活力，建设社会主义文化强国，在对推动中部地区崛起再上新台阶作出的重大部署中，要求贯彻新发展理念，发展战略性新兴产业，推动高质量发展。本报告研究总结了长沙市文化产业结构相对单一等三个方面的问题，提出深化文明城市建设、加强现代文化产业体系建设、促进文化旅游产业融合发展等建议，切实把文化体制改革成果更好地转化为文化发展效能，对于长沙统筹做好疫情防控和推进大长沙都市圈发展具有重要意义。

一　长沙市文化发展现状

近年来，长沙市着眼于提高城市文化软实力，积极推进文化体制改革，不断完善公共文化服务体系，大力促进文化产业发展，广泛开展精神文明创建活动，为进一步推动文化建设与发展创造了基础条件。

（一）文化发展的坚实基础

1. “文化名城”建设亮点纷呈

长沙市以“文化名城”为发力点，取得了诸多成果，进一步推动了长沙市的文化实力提升。“十三五”期间，长沙成功加入联合国教科文组织“创意城市网络”，成为中国第一座世界“媒体艺术之都”。同时，长沙又成功加入海上丝绸之路保护和联合申报世界文化遗产联盟城市，成为“海丝城市联盟”第一个内陆城市。长沙连续12年获评中国最具幸福感城市，“一圈两场三道”让幸福在老百姓家门口升级。2015年至今，长沙多次获得全国文明城市荣誉称号，成功入选第一批国家文化消费试点城市，逐渐形成了“以文化消费政策为引导，从供给侧发力，以政府购买、企业惠民等方式为引擎，以多元文化消费活动为支点，以‘文化+’和‘互联网+’战略为核心”的文化消费模式，成效显著。长沙市获评国家公共文化标准化示范地区、首批国家级文化与科技融合示范基地、首批国家文化出口基地、东亚文化之都、未来文化城市等一系列城市名片，文化名城建设取得显著成就。

2. 文化惠民服务繁荣兴盛

自2013年成为全国首批公共文化服务体系示范区以来，长沙不断加大公共文化服务投入，全市公共文化服务水平走在全国前列，长沙先后获评首批“国家公共文化服务体系示范区”“国家公共文化服务标准化示范城市”。2017年长沙获评“国家公共文化服务标准化示范地区”，成为全国获得此殊荣的六个省市中的一个，也是中部地区唯一地区。

长沙建设了长沙县、宁乡市文体中心等骨干性设施，9个区县（市）均建有国家二级以上图书馆、文化馆；建成示范性乡镇文化站168个、示范性村社区文化活动中心800个，长沙成为全省唯一文化小康100%达标城市。连续多年举办“欢乐潇湘·品质长沙”等大型群众文化活动和群众文艺团队“千团百佳”评选，1900余支群众文艺团队常年活跃于广大乡村和社区。举办“校园文化进社区”活动，参与学校100余所，对接社区200多个。精心组织省会大学生迎“七一”文艺汇演、“媒体艺术之都·湘江未来大师”系列活动，社会反响良好。

3. 文化产业发展来势喜人

2017年、2018年、2019年，长沙市文化体育娱乐业投资额分别达279.7亿元、290.3亿元、281.9亿元。近3年来，争取中宣部、省委宣传部文化产业项目资金1.2亿元、电影专项资金7000万元；文旅部文化消费试点项目资金800万元。2016～2020年，支持文产项目900余个，扶持资金2亿元，并对重大项目予以专项支持。比如，支持方特东方神画主题公园建设3000万元，支持后湖文化艺术园建设1100万元，支持省市共建交响乐团每年1000万元等，支持雨花“非遗”馆每年2000万元额度的贷款贴息，先后建成开放后湖文化艺术园、梅溪湖国际艺术中心、长沙非遗展示馆等文化服务项目，新华联铜官窑古镇、华谊电影小镇、方特东方神画等重大文旅项目，推进大王山文化旅游区、月亮岛文旅新城等重点项目建设。

2019年，马栏山视频文创产业园新入驻企业605家，获批国家文化和科技融合示范基地与国家广电总局首家5G高新视频多场景应用实验室，推动长沙天心文化（广告）产业园、中国（长沙）创新设计产业园、浏阳河文化产业园提质升级；出台创意烟花、动漫游戏专项扶持政策，分两批开展文化产业专项资金项目申报工作，立项支持201个项目。9家企业、4个项目分别入选2019~2020年国家文化出口重点企业、项目；2019年全市文化出口总额接近200亿元，居全省首位。2019年马栏山视频文创产业园企业实现营收342.39亿元；完成固定资产投资77.7亿元，占年度任务的130%，其中完成重大项目投资43.14亿元，占年度任务的145.5%；实现版权交易额7200万元。获评国家文化和科技融合示范基地、中国创新创业典型示范基地、湖南省大数据产业园、湖南省服务业示范集聚区等，成功举办2019中国新媒体大会、IEF湖南·马栏山国际数字娱乐嘉年华、“马栏山杯”创意设计大赛。中广天择总部基地演播大厅主体封顶。马栏山创意大厦（原湖南创意设计大厦）14天时间完成土地摘牌、开工建设。绿地“V”岛国际社区、380米星城光塔、芒果马栏山广场、兴旺通讯科技总部、马栏山人才公寓、聚恒集团总部、信息港项目等快速推进，在建体量超过180万平方米。

4. 文化交流活动日益活跃

2016年长沙举办了中国（长沙）雕塑文化艺术节，吸引了数十名来自世界五大洲的雕塑大师到长沙进行交流和创作。国际音乐艺术季、艺术长沙双年展、“湘江杯”国际帆船邀请赛、长沙国际马拉松邀请赛、橘子洲国际音乐节、梅溪湖国际文化艺术节等一系列具有国际品质的节会轮番上演，吸引了包括伦敦交响乐团、曼哈顿交响乐团以及美、奥、俄、韩、日等国的文艺工作者从世界各地飞到长沙。

2017 年长沙成功入选联合国“创意城市网络”，连续四年举办“一带一路”青年创意与遗产论坛，走进 17 个国家 42 座城市，向国际社会展示湖湘文化的独特魅力。2018 年，经商务部、中宣部、文化和旅游部、国家广播电视总局共同认定，长沙荣获首批国家文化出口基地。扶持奖励文化出口，2015～2020 年，有 27 家企业、9 个项目入选国家文化出口重点企业、项目，占全省总数的 70%。2019 年全市文化产品出口 169 亿元，较上年同期增长 159%。五年来，成功举办了长沙图书交易会，金鹰电视艺术节、岳麓峰会、长沙印博会、湖南（长沙）国际收藏产业博览会、长沙文化创意产业创新创意大赛、文创十大工匠首届“金手指”传人评选、橘子洲国际音乐节、汉语桥、湖湘动漫月等品牌节会，并组织优秀文化企业参展深圳文博会，这些活动都有力地推动文化交流互鉴、和谐共生。在建设人类命运共同体、创造更加繁荣美好的世界的进程中，长沙贡献了自身独特的力量。

5. 文艺精品创作硕果累累

长沙市的文艺创作成果颇丰。图书《乡村国是》、电视剧《共产党人刘少奇》分别获得中宣部第十五届精神文明建设“五个一工程”奖特别奖和优秀作品奖；2 部电视剧入选国家广电总局“庆祝新中国成立 70 周年推荐播出参考剧目名单”和“2018～2022 百部重点电视剧”。湘绣作品《八月》、浏阳市强盛龙狮艺术团《烟花龙舞》分别获得第十一届、第十二届中国民间文艺山花奖；卢雨版画《秦王扫六合》作为湖南唯一入选作品入选由中国文联、财政部、文旅部共同主办的“中华史诗美术大展”；在全国第十一届书法篆刻作品展上，长沙有 14 人作品参展，陈寰、文佐获优秀奖，在全国 4 件获奖篆刻作品中，长沙独占 2 件。长沙持续组织“文艺新人”评选，开展重点文艺创作项目扶持，2013 年来累计扶持文艺创作项目 351 个，扶持金额超过 1000 万元，17 件作品入围国家艺术基金项目，湘剧《护国》亮相国家大剧院，电视剧《毛泽东》获中宣部第十三届精神文明建设“五个一工程”奖，儿童文学作品《蒲公英嫁女儿》获第十届全国优秀儿童文学奖，长篇报告文学《乡村国是》获第七届鲁迅文学奖。

《快乐大本营》《舞动奇迹》《我是歌手》《天天向上》《勇往直前》等一批优秀节目引爆了我国电视文艺的创新潮流。《体坛周报》成为全国实力最强、发行最大的体育类报纸。湘版科普、医卫、音乐和古典文学图书市场占有率长期居全国第一。原创动漫产量占全国总量的60%以上。长沙电视创作了一批特色鲜明、风格迥异、享誉全国的拳头产品，“中国电视金鹰艺术节”永久落户长沙，以娱乐为主打的长沙电视跨入了全国电视媒体的前列，“电视湘军”占据着中国电视娱乐化品牌的领先地位。

6. 文化体制改革持续深化

长沙市对标中央、省委要求，结合实际，制定文化体制改革的路线图、任务书、时间表，率先在全省成立市国有文化资产监督管理委员会，推动实现“管人管事管资产管导向”相统一；坚持社会效益放在首位、国有文化企业“两个效益”相统一的考核评价机制不断健全完善，明确提出“社会效益指标考核权重应占50%以上”；推动公共文化服务社会化改革，市财政每年安排2000万元的社会化购买专项资金。从关键环节和重点领域发力，持续深化文化领域供给侧结构性改革，创新公共文化服务运行机制，建立健全国有文化资产监督管理体制、国有文化企业“双效”统一的考核体系，积极探索推进国有文化企业股权激励试点工作，不断激发文化创新创造活力。

长沙市委市政府及相关文化主管部门相继出台了《长沙市文化产业加快转型创新发展实施产业倍增五年计划（2013～2017）》《长沙市加快推进文化创意和设计服务与相关产业融合发展行动计划（2015～2017）》《长沙市“十三五”文化改革发展规划》《长沙建设国家创新创意之文化创意中心三年行动计划（2018～2020）》系列文件，从创意人才培养、企业税负减免等方面给予了政策倾斜，营造了良好的产业发展环境。

2018年出台的《市属国有文化企业“双效”业绩考核及负责人薪酬管理实施办法（试行）》《深化长沙晚报报业集团、长沙市广播电视台管理体制改革方案》，对市属重点监管文化企业开展“双效”业绩考核。2019年指导组建市管国有文化企业晚报集团、广电集团，分别与原报社（台）实施“一个党委、两个机构、一体化运行”管理机制。强化国有文化资产监管，出台文件理顺国有文化企业资产监管机制，推动市属三大媒体实行“双效”业绩考核。上述举措，有力地提升了长沙市文化事业管理水平。

7. 文化遗产保护不断强化

近年来，长沙不断加强“非遗”保护传承工作，建立国家、省、市、区县（市）四级非物质文化遗产保护名录体系；举行多种形式的普及“非遗”知识及主题活动，如湘绣、湘剧、花鼓戏等各级“非遗”代表性项目走进小学课堂、走进教学读本，“非遗”进校园活动主题成果展等，让“非遗”更好地走进千家万户。同时，“非遗”保护传承举措与时俱进，大力推进对长沙铜官窑陶瓷烧制技艺和石雕（菊花石雕）抢救性建档的数字化保护工作，加强青年“非遗”传承人队伍建设，实施动态管理机制。

（二）文化发展的制约因素

1. 文化产业结构相对单一

从文化产业十大类别看，广播电视电影服务、文化艺术服务、文化信息传输服务、文化休闲娱乐服务、文化用品的生产和文化专用设备的生产等领域增加值增幅超过全市平均水平，其中文化信息传输服务业同比增长50.5%，文化休闲娱乐服务业同比增长36%，文化艺术服务业同比增长22.2%。从长沙文化产业发展构成看，以烟花鞭炮为主的低附加值的行业占比达1/4，多媒体动漫游戏软件开发、数字内容服务、广告、建筑设计和其他专业化设计服务等高附加值的文化创意和设计服务业增加值为81.1亿元，占全市文化产业增加值的比重仅为9%，而北京这一比重为57.7%、上海为48%，杭州仅数字内容服务一项占比就高达61.5%。

2. 文化遗产亟须开发

传统文化产业需要更新经营模式。长沙的文化遗产开发待提升价值链，长沙作为具有数千年历史的文化古城，虽然全域积累了极为丰富的文化遗产，坐拥马王堆汉墓、橘子洲头、岳麓书院等国内一流文化资源，但对相关文化旅游资源的深度挖掘不够。一是古镇开发参差不齐，长沙市的古镇开发大体包括四大古镇群，即望城区湘江古镇群、长沙县湖湘风情文旅小镇群、浏阳市文旅小镇群、宁乡文化特色城镇区。从文化产业的角度看，这些古镇尚未形成完整的产业链、品牌链和服务链，与周庄、绍兴等国内一流古镇景点发展存在差距。二是内容原创发展滞后，如著名的铜官古镇，已有老街格局，但仍然缺乏产业活力，大多数的陶艺师，还处在陶瓷艺术制作的阶段，缺乏强有力的内容原创和产业运作意识。三是市场交易缺乏途径，文化遗产开发的成果只有通过市场流通才能获得消费者和投资者的认可，而这种交易方式又必须符合文化遗产特点，目前长沙市文化遗产开发成果的销售路径较为单一，而一些直接从外地进货的开发成果，不仅导致低价竞争，也易对消费者形成误导。

3. 文化发展高端人才缺乏

长沙文化发展的高层次复合型人才不足，导致文化产业发展速度较慢。长沙地处中部，交通便利，邻近广东沿海，这既是优势，也是风险。邻近发达地区，容易出现人才外流，使长沙的人才数量和人才结构难以满足需求。长沙缺乏高端复合型创意型人才、市场营销人才、产品流通性及高级管理型人才，使文化新品打造难度较大，从而导致文化产业发展的内生动力不足。

二　推动长沙市文化发展的政策建议

综上，本课题组针对长沙市文化发展和地域特点，提出深化文明城市建设、加强现代文化产业体系建设、加强新闻出版业和电影产业扶持、传承弘扬优秀传统文化等建议。

（一）深化文明城市建设

1. 构建供给丰富、便捷高效的现代公共文体服务体系

坚持政府主导、社会参与、重心下移、共建共享的工作理念，推动公共文化服务设施覆盖身边化、服务内容品质化、供给主体多元化、服务方式智

能化，建成完备、便捷、高效、优质的现代公共文化服务体系，充分满足人民群众日益增长的公共文化需求。建成与长沙市经济社会发展水平、国际文化名城城市地位、文化强市目标相匹配的现代公共文化服务体系。

2. 加强公共文化设施网络建设

促进基本公共文化服务标准化、均等化。深入推进以省、市图书馆、文化馆为中心的总分馆服务体系建设，实现全市街道（乡镇）、社区（村）公共文化资源整合和互联互通。

深入实施文体惠民工程，规划建设一批与长沙城市地位相匹配、具有国际先进水平的重大文化设施。加强全市文化发展空间规划，推动公共文化服务设施共建共享、利用，实现区域间、城乡间公共文化设施均衡协调发展。优化重大功能性文化设施布局，加快建设长沙国际园林博览园、长沙戏剧艺术中心等一批大型会展园区、展馆和特色主题文化场馆，推进长沙方志馆建设。提升公共文化服务能力。

3. 完善公共文化服务体制机制

激发公益性文化事业单位活力。进一步落实公益性文化事业单位法人自主权，强化公共服务职能，发挥公共文化服务骨干作用。完善群众文化需求征集和反馈机制，推动公共文化服务供给与群众文化需求有效对接，打通公共文化服务“最后一公里”。完善政府向社会力量购买公共文化服务机制。健全政府购买公共文化服务制度，创新政府购买服务方式，结合市民群众不断发展的公共文化需求，及时调整和优化公共文化服务政府采购目录。

4. 保障特殊社会群体基本文化权益

将老年人、未成年人、残疾人、农民工、农村留守妇女儿童、生活困难群众作为公共文化服务的重点对象。积极开展面向老年人、未成年人的公益性文化艺术培训服务、演展和科技普及活动。开展学龄前儿童基础阅读促进工作和向中小学生推荐优秀出版物、影片、戏曲工作。指导互联网网站、互联网文化企业等开发制作有利于青少年身心健康的优秀作品。将中小学生定期参观博物馆、美术馆、纪念馆、科技馆纳入中小学教育教学活动计划。加强乡村学校少年宫建设。实施青少年体育活动促进计划。公共文化服务机构要为残疾人提供无障碍设施。实施盲文出版项目，开发视听读物，建设有声图书馆，鼓励和支持有条件的电视台增加手语节目或加配字幕。加强对残疾人文化艺术的扶持力度。加快将农民工文化建设纳入常住地公共文化服务体系，以公共文化机构、社区和用工企业为实施主体，满足农民工群体尤其是新生代农民工的基本文化需求。

5. 开展群众性文化活动

实施生活美学计划，将全民美育纳入文明创建，举办全民艺术普及、“书香长沙”全民阅读活动，发展艺术教育产业，让审美和艺术融入日常生活。实施城市美学工程，深挖湖湘文脉，结合城市有机更新、美丽乡村建设，建好一批历史文化街区和新型文创街区，打造一批特色小镇和秀美乡村，引导老旧厂房转型文创空间，鼓励建设各类文艺场馆，规范提质户外广告，让大美长沙更有颜值、更有气质、更有品位。深入推进体育强市建设。积极整合体育资源，支持社会力量参与体育设施建设，不断增强体育公共服务供给能力。

6. 大力推进文化惠民活动

广泛开展文化惠民活动，深入实施戏曲进校园、戏曲下乡、“雅韵三湘”高雅艺术普及计划。培育和规范文化类社会组织，将乡村民间文化团体纳入并适当倾斜，创新文化志愿服务方式和载体。积极推进国家文化消费试点城市建设，稳步增加公共文化消费政府财政支出，适度提高对公共文化产品和服务的政府采购比例。落实文化惠民工程，实施全民艺术普及工程，按照“公民自主、精准服务、一人一艺、全民参与”的思路，大力建设文化馆数字化服务平台和远程艺术辅导培训系统。

（二）加强现代文化产业体系建设

当前，文化产业面临高质量发展的需求，在文化与科技等行业融合趋势凸显、文化产业内部结构调整升级、文化消费模式和需求发生变化的新时期，现代文化产业体系和市场体系的构建和完善也面临新的挑战。在明确文化产业总体发展目标的基础上，构建现代文化产业体系，优化文化产业空间布局，大力培育市场主体，积极培育新兴业态以构建双循环格局，建设具有全球影响力的国家文化创意中心。

1. 构建现代文化产业体系

着力培育具有竞争力的文化创意产业体系，引导产业集聚，促进产业融合。发展融合型文创新业态顺应信息化、网络化、智能化的时代趋势，依托“世界媒体艺术之都”的优势，积极发展新型影视和互联网视听、数字出版、文化科技装备、动漫游戏、新型演艺、创意设计、博览等重点产业，培育壮大视频产业集群，全面提升文化创意产业的发展活力和文化市场的创新能力。充分发挥旅游、科技、制造等领域产业资源优势，推动文化与相关领域融合发展。

2. 优化文化产业空间布局

按照“优化布局、区分层次、突出特色、集聚发展”的原则，全市文化发展的总体空间格局为“一轴两山两湖两带三片多点一圈”。以优势产业、龙头企业、重大项目、知名品牌为依托，以文化资源优势和技术经济人才优势为支撑，建设一批特色鲜明、功能完备、富有活力、效益明显的文化创意产业园区。形成以国家级文化创意产业园区为龙头、省市级文化创意园区为骨干、特色文化创意产业群为支点的文化创意产业园区发展新格局。

“一轴”：东西向形成“长沙—浏阳—宁乡”城镇发展轴、文化繁荣轴。提升城乡融合发展水平。将浏阳、宁乡打造成为省会副中心。

“两山”：岳麓山大科城与马栏山。将岳麓山大科城作为承担湖南省国家产教融合建设试点工作的主要承载体，在产教融合制度和模式创新上形成引领和示范效应。将马栏山打造成全球高新视听技术创新中心。

“两湖”：梅溪湖与后湖。将梅溪湖作为承接世界一流大型歌剧、舞剧、交响乐等高雅艺术表演的主要载体。打造后湖国际艺术区，有机改造区域定位为文化创意区，采取“名家＋名室＋名企”模式，打造创意设计、艺术、科创梦想等特色小镇，依托岳麓山国家大学科技城的优势资源，为大科城“产学研”转化提供空间和载体。

“两带”：湘江文化创意产业带（长沙三馆一厅）与浏阳河文化旅游产业带。湘江文化创意产业带以生态—文化创新为主题，打造生态经济带，包括长株潭生态绿心、长沙天心文化产业园、株洲华强文化产业园、云龙两型示范区等多个创意文化园区、两型示范区。浏阳河文化旅游产业带以金鹰湾为核心，依托湖南广电集团，打造文化创意新名片。打造以“纯”河湾为特色的“325”旅游产品体系与四大旅游线路，使浏阳河真正成为历史长河、休闲长河与文化长河，成为全域旅游目的地。

“三片”：高铁会展新城、南部片区、临空经济示范区。高铁会展新城坚守长沙城市副中心的规划定位，以“创业、创新、创税”为产业衡量指标，聚焦“会展”“高铁”两大关键，大力发展会议展览、高效物流等现代服务业，加快产业集聚，建设产城融合的新城区；打造南部片区“融城极核、魅力绿心、智慧五谷、多彩南城”的发展格局，建设全国两型发展引领区、长株潭融合发展核心区、长沙创新发展示范区；深入贯彻“创新、协调、绿色、开放、共享”五大发展理念，着力打造长江经济带综合交通枢纽，着力打造创新发展内陆开放型经济高地，着力构建高端临空产业集聚发展区，着力建设绿色生态智慧航空城。

“多点”：重点推进美丽中国长沙文化科技示范园、浔龙河生态艺术小镇、天心文化（广告）产业园、浏阳河文化产业园等园区建设，建设国家文化出口基地。统筹园区规划，结合实际明确各园区发展方向，深化园区合作机制，加强交流合作，以产业集聚推动创新发展，提升文创产业发展的互动性、整体性、协同性。加强园区内涵建设，大力扶持园区建设金融、创业辅导、平台型技术、创意、营销、大数据、知识产权等公共服务平台，增强文化创意企业和要素的吸引力，推动各区县（市）培育建设1～2家市级特色文化产业园区（街区）。

“一圈”：大长沙都市圈。以长沙为核心，以城市群为载体，统筹区域资源配置，优化职能分工，以区域的承载能力支撑、反哺核心城市正常的功能运行和发展。促进大长沙都市圈文化资源共享，建立文化建设交流机制，开发和实施一批公共文化服务项目，拓展公共文化资源空间。深化文化旅游合作，推动建立统一的文化旅游公共服务、市场监管、营销推广等工作机制。加强文化产业协作对接，构建以重要城市为支点、以交通干线和高速公路为辐射带、文化要素有序流动的文化产业协同发展格局。

3. 实施文创品牌培育工程

大力推动文化创意品牌建设，培育一批有全国乃至全球影响力、知名度的文创品牌园区、企业和产品。加快建设马栏山视频文创产业园，发挥省部共建优势，积极争取国家和省政策、平台、项目、资金、改革试点等支持，打造以高清视频、数字内容为核心，集数字视频创意、软件业、版权及衍生于一体，全国领先、具有国际影响力的“中国 V 谷”。以打造文化产业集团为主，扶持文化产业链龙头企业，培育发展文化创新企业，推动湖南卫视、华凯文化创意、华强方特、新华联铜官窑等企业成长壮大，打造一批领军型文创企业。

4. 大力培育市场主体

推动市属各大型骨干文化企业跨地区、跨行业、跨所有制发展，打造行业龙头企业和跨界融合的产业集团。扶持小微文化企业发展，支持专业化的创意和设计企业向专精特新方向发展。推动重点文化产业园区建设，加强文化园区公共技术、孵化功能、信息资源、交易展示、人才培养等服务体系建设，吸引文化企业入驻和文化产业项目落地；推动长沙文化“走出去”，培育发展一批外向型文化企业，鼓励文化企业对外投资合作，推进文化产品和服务出口，努力开拓国际文化市场；围绕“产业联盟 + 产业基地 + 产业基金 + 产业人才基地”模式，激发企业创新活力。推动长沙文化创意企业跨地区、跨行业、跨所有制兼并重组；鼓励微创新、草根创新、共享式创新，促进创新创意企业快速成长。

5. 积极培育新兴业态

加强对“夜间经济”的政策指导和支持，深入挖掘城市文化传统和特色，深度融入夜间产业体系全链条中，加快发展演出、景区、节事、书店等夜间经济载体，打造地域特色鲜明的夜间经济品牌。

推动移动游戏高质量增长。鼓励发展电子竞技游戏，引入、举办国内外知名的电子竞技品牌赛事。打造国内一流、具有国际影响力的游戏直播平台。

打造全球高新视听内容核心基地。加快马栏山云网一体化等新型基础设施建设，打造全国最强高新视频共享制作云平台。打造5G示范应用场景，“5G+工业互联网”典型应用场景。以“两山”为龙头，以典型垂直行业应用为重点，构建长沙5G应用产业链。

支撑各行业相关机构合作，在AR/VR产业发展、技术创新、标准制定、应用拓展、投资促进、品牌宣传、人才培养、会展活动等方面加强合作交流，推进技术、人才、资金等资源互动。

完善AI产业创新基础设施，构建公共服务支撑平台。打造高速宽带、融合、泛在信息基础设施，构建全覆盖、高效能的人工智能信息基础设施体系。

6. 构建文化产业双循环格局

立足国内大循环，把满足国内文化需求作为发展的出发点和落脚点，依托中南传媒、芒果TV、红网等品牌优势，着力发展文化软件、广告服务、专业设计等创意设计产业，优化提升数字媒体、数字出版、影视传媒、出版发行、演艺娱乐、工艺美术、体育竞技与表演等产业，加快培育文博会展、绿色印刷、艺术品收藏及拍卖、动漫游戏、移动多媒体等新兴文化产业。加快构建完整的内需体系，进一步挖掘内需潜力。支持适销对路的出口产品开拓本地市场，促进长沙文化消费提质升级。

实现国内国际双循环相互促进，既是经济高质量发展的内在要求，也是全球经济发展新趋势的客观需要。第一，高质量推进“一带一路”建设，积极拓展国际外贸、外资、技术贸易等经济层面的合作空间，加快创新培育5G数字文化产业、AR/VR与AI产业，夯实供应链基础，提升价值链层次，培育产业链生态，推进区块链应用，在全球产业链价值链深度分工调整和创新发展中做出新贡献。第二，进一步增强国内循环与国际循环的柔性和韧性，从制度、技术、规则等多方面实现国内循环与国际循环相互融合、相互促进。

（三）加强新闻出版业和电影产业扶持

发挥湖南出版集团在长沙出版领域的行业引领地位，大力培育中南出版集团等民营企业。加大版权保护力度，盘活版权交易，营造良好的产业发展环境。发挥长沙网络视听新媒体产业的既有优势，提升网络视听新媒体企业的创意创新、节目生产、制作和交易能力，推动映客、西瓜传媒等新兴网络媒体快速发展。

1. 打造文化精品

紧紧扭住提高作品质量这一生命线，牢固树立精品意识，坚持思想精深、艺术精湛、制作精良相统一，坚持社会效益和经济效益相统一，持续推进文化精品工程。建立动态更新的重点项目“种子库”，实施全程跟踪孵化培育，推动内容和形式相融合、艺术要素和技术要素相辉映，提高文艺作品精神高度、文化内涵和艺术价值，不断推出长沙特色的文艺精品，形成全国乃至世界著名的文艺品牌。实现长沙文艺创作由“高原”向“高峰”的迈进。

（1）鼓励原创精品，传承地域文化。实施精品创作工程，不断推出更多有筋骨、有道德、有温度的文艺精品。完善文艺精品激励、展评机制，扶持文艺精品创作。建立和完善文艺创作题材规划论证机制、文艺精品创作生产投入机制、文艺精品创作生产扶持机制；建立健全优秀文化产品的评价体系、激励机制和传播机制。

（2）实施品牌化发展战略。出台品牌激励政策，完善品牌保护法规，着力解决制约品牌发展和供给结构升级的突出问题。以服务实体经济为重点，以企业品牌培育为抓手，推行更高质量标准，提升检验检测能力，搭建具有公信力的产品质量信息平台，完善企业信用档案和信用体系，维护公平竞争的市场秩序，为品牌培育建设提供基础和环境保证。建立多级梯度品牌发展体系。使商品品牌、个人品牌、企业品牌、产业品牌、区域品牌、城市品牌交相辉映并彼此互利。建立品牌人才队伍。加强品牌文化研究，在品牌战略实施过程中推动经济与文化的同步建构。

（3）推动文化内容和形式创新。加快推进数字出版领域的供给侧结构性改革，实现内容从“高原”到“高峰”的跨越转变，始终坚持以内容质量为生命线。深化新闻出版单位资源的优化重构、有效聚集，实现优势资源和品牌的集约式发展。

加快新闻出版单位数字化转型升级的力度、加快推进融合发展进程，借助新技术、新形态和新媒介，在内容、产品、品牌、模式等方面持续探索，增强传统书报刊企业在数字内容产业中的核心竞争力。推动大数据、云计算、5G、人工智能、VR、AR、MR等先进技术在出版领域的深度应用，提升数字化、智能化、网络化水平。

加快新闻出版新兴业态发展，建设数字内容投送平台，提高内容出版产业整体实力。加快印刷复制业转型升级和设备改造，向自动化、智能化、信息化、数字化发展，引导产业绿色转型。

2. 支持小微文化企业创新发展

培育企业发展优势。指导小微文化企业以满足人民群众多层次多样化文化需求为导向，以创意创新为驱动，走“专、精、特、新”和与大企业协作配套发展的道路。制定贯彻落实国家关于推进文化创意和设计服务与相关产业融合发展政策的配套措施，支持小微文化企业拓展与装备制造业、消费品工业、建筑业、信息业、旅游业、体育和特色农业等产业的融合发展空间。

3. 挖掘文化产业发展潜力

实现文化产业的健康快速可持续发展，需要深入挖掘各细分行业的发展潜能，不断拓展产业发展的视野和空间。充分挖掘、整理和利用地方特色历史文化资源，提升城市文化历史底蕴。以标志性景观、独特的文化资源推动城市文化创新、强化城市文化品牌和形象、拓展城市产业链。

（四）传承弘扬优秀传统文化

围绕传统文化的传承创新，进一步优化文化遗产的保护传承，加强对汉文化、红色文化等传统文化精髓的挖掘和研究。

1. 加强历史街区、文化名镇、古村落等保护开发

系统构建保护体系。加强古城、古镇、古村等资源调查评估，积极推进历史文化名城名镇名村申报。通过古建筑保护、氛围营造、节事活化、古工艺传承、古艺术传扬、民风体验、旅游纪念品和民宿客栈开发等多种形式对古镇文化进行实体活化，增强传统文化景区的可体验性。持续推进靖港古镇、乔口渔都、铜官古镇、新康戏乡、书堂小镇、官渡古镇等湘江古镇群项目建设。打造文化特色小镇、果园生态艺术小镇、开慧爱情小镇等湖湘风情文旅小镇群。

2. 加强历史文化遗存保护利用

深度挖掘湖湘文化的独特价值，突出长沙“一江两岸、山水洲城”的传统空间格局特色，探索全覆盖、更完善的历史文化遗产保护体系，围绕城市整体风貌、历史文化街区、历史文化镇村和文物古迹多个层次，统筹实体性保护、收藏性保护、传承性保护和数字化保护，重点加大对古城、古街（区）、古镇（村）、古寺、古遗址和名人故居（墓葬）“五古一故”的保护力度。

3. 加强非物质文化遗产传承保护

完善“非遗”传承保护机制。建立健全“非遗”保护监督检查机制、项目价值评估体系以及省级名录动态管理机制，制定省级“非遗”名录项目分类保护的规范标准、保护细则，着力构建代表性传承人评审、考核和退出机制；重点加强长沙市“非遗”博物馆、展示中心、传习馆所等基础设施建设工作；高度重视农村文化遗产抢救性保护；积极开展“非遗”展览、演出、讲座、论坛及进校园、进市场、进社区等宣传活动；加快制定和完善全省统一的数字化“非遗”保护工程标准体系，探索建立市州级“非遗”数字资源库信息化建设，形成“非遗”保护数据库群。实施“杜鹃花人才工程”、文博系统“金鼎人才”工程、非遗传承人培养传承工程，加大青年艺术人才培养力度，建设德艺双馨的文艺工作者队伍。

4. 推动特色文化发展

深化湖湘文化等各类优秀历史文化资源的研究利用，不断挖掘书院文化、名人文化、家训文化、红色文化、山水文化等地方特色文化，将长沙建

设成为展示多元互补和多源同归的中华文化传承高地。

发展区域性特色文化产业带。加强对地缘相近、文脉相承区域的统筹协调，鼓励发展优势互补、相互促进的特色文化产业带。建设特色文化产业示范区。加强规划引导、典型示范，鼓励各地结合当地文化特色不断推出优秀文化产品和服务，形成各具特色的文化产业发展格局，建设一批文化特色鲜明、产业优势突出的特色文化产业示范区。

5. 做好文物保护工作

加强不可移动文物保护，积极推进体现湖湘特质和长沙历史的重点文物保护工程建设。在有效保护的前提下，积极探索开展不可移动文物的合理开发利用。建立健全非国有不可移动文物保护补偿机制，调动非国有文物所有权人参与文物保护的积极性。开展不可移动文物测绘和保护现状调查评估等工作，建立不可移动文物资源数据库，进一步夯实文物保护基础。推进文物安全防范设施设备建设，落实文物安全责任制，加大文物安全巡查和执法力度，全面提升文物安全防范水平。

6. 打造长沙文化品牌

挖掘、整理、研究长沙特色文化资源，重点挖掘湘绣文化、湘剧文化、湘菜文化、红色文化、长沙书院文化等地方特色文化，鼓励以文学、戏剧、影视、美术、创意设计等艺术形式创作凸显长沙本土文化的优秀作品。推进文学艺术精品创作工程，打造在全国有影响力的“文艺湘军”，提高长沙文化影响力。实施长沙红色文化保护传承弘扬工程、长沙文脉延续工程、海上丝绸之路文艺创作工程、长沙戏曲（剧）繁荣工程和长沙青年文艺人才培养工程，推动湘派文论、诗歌、小说、戏曲（剧）、翻译、美术振兴。支持推出思想精深、艺术精湛、制作精良的，展现长沙特色、具有示范带动效应的品牌出版物和广播电视品牌栏目。重点实施品牌刊社培育扶持计划和广播电视品牌栏目建设。

（五）扩大文化交流与合作

1. 提升长沙文化国际影响力

围绕城市形象的塑造传播，通过对外的文化交流、形象传播和文化贸易，讲好长沙故事，向世界展示长沙“人文名城，快乐之都”的独特魅力和形象，扩大长沙国际文化影响力。

配合国家整体外交战略和长沙市对外经贸交流活动，推动长沙本土优秀文化品牌和非物质文化遗产项目。加强民间文化国际交流，形成多层次的对外文化交流格局。加强与境内外主流机构合作，策划实施一系列高水平的对外文化交流项目，积极引进世界优秀文化产品，筹办双边和多边国际艺术节庆活动，探索举办长沙创意周、长沙国际现代艺术节。

2. 把握“一带一路”，推动文化“走出去”

加强与共建“一带一路”国家（地区）的文化交流与合作。加强与东盟、澳大利亚、东非等海上丝绸之路沿线国家（地区）的合作与交流，积极参与海外中国文化中心相关工作，策划主题鲜明的对外文化交流活动，举办长沙“一带一路”国际音乐节，提升城市国际化水平和软实力。办好长沙文博会“一带一路”专馆，积极引进共建“一带一路”国家（地区）参展。建设国家对外文化贸易基地（长沙）“一带一路”专业服务平台，扩大对共建“一带一路”国家（地区）的文化贸易。

3. 扩大对外文化直接投资

扩大资源禀赋，强化融合机制。不断开发利用文化资源，做强产业基础，壮大优势投资领域。一方面，强化已有优势，尤其是已经颇具规模和影响力的文化制造业，要力争做大做强；另一方面，推动新业态的成长，特别是能够代表产业发展趋势以及体现产业发展高度、具有强大影响力和辐射力的新业态。可以通过科技融合、产业集聚等方式，促进生产要素之间、不同领域之间、相关行业之间的联动。

4. 加强文化领域的国际交流合作

拓展对外文化交流空间。积极融入国家“一带一路”建设和省委省政府对外开放战略，通过构建“政府指导、社会参与、市场运作”的合作模式，进一步加强与欧美友好国家及港澳台地区的文化交流，重点打造专业文艺创作对外交流项目。

创新对外文化交流方式，建立全省统一协调的对外文化交流机制和项目扶持、政府补贴机制，推行文化交流项目发布和评审制度。鼓励社会组织、文化机构等参与对外文化交流活动，建立文化交流社会参与机制。

拓展数字文化产业合作。鼓励企业和研究机构与沿线国家和地区合作，以传统文化资源为基础，合作开发文化资源数字化项目。支持与沿线国家和地区在动漫、游戏、网络音乐等行业的联合创作、生产及营销推广。

5. 打造国际文化城市名片

着力建设“东亚文化之都”和“媒体艺术之都”，塑造音乐艺术之洲、国际雕塑艺术之城等文化名片。继续办好中国金鹰电视艺术节、“杜鹃花”艺术节、长沙国际音乐艺术季、中国（浏阳）国际花炮节、长沙国际动漫游戏展等特色品牌文化活动。创作展示湖湘风情特色古镇群的文艺精品，创作反映长沙历史文化的大型史诗实景剧，举办橘洲（国际）音乐节。开展“欢乐潇湘品质长沙”大型系列群众文化活动、“雅韵星城”高雅艺术普及系列活动、“杜鹃花”艺术月活动、“千团汇演百佳评选”活动等。做好长沙城市推广的顶层设计，打造立体化的对外传播平台。以“沁园春·长沙”为主题塑造城市形象，鼓励各区县建立城市文化形象标识体系。加强长沙本土文艺精品多语种推广，讲好“长沙故事”。

（六）推进“文化+”产业发展

进一步发挥“文化+”的功能，强化文化创意和科技创新两大支撑，继续认定和扶持“文化+科技”“文化+工业”“文化+农业”“文化+金融”“文化+旅游”等新型业态示范企业和优秀项目，打造具有国际竞争力的创意文化产业集聚高地。着力发展“文化+”新业态，促进虚拟现实产业健康有序发展，开拓混合现实娱乐、智能家居娱乐等消费新领域，推动新型视听类、IP和信息类、智能制造、3D打印、机器人等技术和装备在文化创意产业领域的应用，不断丰富文化创意产品形态和服务模式。

1. “文化+科技”融合发展

着力突破一批满足文化发展需要的共性技术和关键技术，在超高清电视、虚拟现实技术与文娱产业化开发、下一代广播电视无线网、大数据开发、深度学习与人工智能、现代智能化设计、文化智能制造等领域开展技术攻关，实现若干关键文化产品和文化科技装备的创新与升级。

推动传统文化创意产业科技应用与升级，依托云计算、大数据、物联网、虚拟现实等最新科技成果，推动传统媒体和新媒体融合发展，大力发展和培育动漫游戏、3D 打印、移动多媒体、网络电视、虚拟会展、艺术品网络交易等文化科技融合新业态，开发文化科技融合衍生产品和服务，不断完善产业链条。

聚焦高新技术，推动 5G 高新视频多场景应用国家广播电视总局重点实验室做大做强。开展多媒体内容知识化加工处理、VR/AR 虚拟制作等关键技术开发，推动云计算、大数据、人工智能等技术在文化领域创新应用，推动文化数字化发展。

2.“文化 + 工业”融合发展

鼓励文化企业与制造企业深度合作，积极推进文化创意赋能制造企业，结合长沙制造业优势，支持通过文化创意、工业设计等优化制造产品外观和形象、提升制造产品特性功能、增强品牌文化内涵，延伸和衍生更多产品和服务。鼓励和支持装备制造、电子信息、新能源汽车、生物医药等制造业在研发、设计高端环节融入文化元素，推进一批文化与制造融合的示范项目，拓展文化产业价值链。通过“文化创意 + 传统工业产品”，拓展并完善产业微笑曲线两端的研发设计、品牌营销等环节，提升产品的附加值，实现制造业的转型升级。

3.“文化 + 农业”融合发展

产业形态创新。产品形式创新，在产品生产、加工、销售的各环节加大科技创新力度，创意农产品包装，吸引游客，增加消费量。

发展模式创新。形成农民自主经营、农民与投资商合作经营、农民股份集资、“公司 + 农户”、“农村 + 城市”、“政府 + 部门 + 金融 + 农民”、快乐农庄、综合开发等多种模式，有效促进休闲农业和乡村文化旅游业朝着绿色生态、规模集约、低碳高效、科技创新方向健康快速发展。

文化创意与农业结构创新。在产业布局结构调整方面，要调整功能雷同，“小、乱、零、散”等资源浪费的创意农业布局结构。

4.“文化+服务业”融合发展

推进文化创意与旅游、体育、都市农业等融合发展，提升长沙城市形象的国际影响力和美誉度。

“文化+会展”。会展业具有效益高、联动性强、凝聚性好、专业性强等特点，是经济发展的“晴雨表”和城市发展的“助推器”。打造一批具有国际影响力的大型会议会展，引进新智造、新能源、新材料等一批具有国际影响力的专业性会议会展。加强本土文化产品的对外宣传和资源共享，打造湘绣湘瓷、原创动漫、影视传播等一批具有特色和优势的专题会议会展，为本土文化企业提供对接国内外文化市场的交流合作平台。

“文化+金融”。鼓励文化金融机制创新，优化财政资金支持模式，加快文化供给侧结构性改革，积极探索金融资本、社会资本与文化资源的对接机制，着力缓解文化企业特别是中小微企业融资难、融资贵的问题，建立文化产业投融资体系、文化金融中介服务体系以及文化金融政策体系，激发文化创造和金融创新活力。

“文化+教育”。依托长沙高校和培训机构资源，设置文化产业相关专业，培育一批适应本土的文化创意、传统工艺美术等各类基础性人才、高端复合型人才。

（七）促进文化旅游融合发展

发展全域旅游，从景区旅游功能规划入手，完善顶层设计；以“锦绣潇湘”品牌为核心竞争力；以“文旅融合”为第一抓手；通过完善基础设施建设和公共服务体系为发展全域旅游保驾护航；借助引进大型文旅项目以及开展多层面区域合作推动全域旅游发展。

在疫情背景下，文旅融合发展要统筹疫情防控与经济社会发展。严格落实疫情防控工作。强化组织领导，成立市文旅局应对新冠肺炎疫情防控工作领导小组，毫不放松抓紧抓实抓细各项防控工作；有序推进文旅行业复工复产。指导督促公共文化场馆、旅游景区、文化经营单位等文旅行业领域防控措施落实，根据疫情形势发展，有序推进文旅行业复工复产；落实落细文旅企业扶持政策。协同有关部门及时出台行业扶持政策；引导文旅企业“化危为机”。突出康养休闲线路产品，组织文旅企业按照“先市内、后省内、再全国”的“三先三后”步骤，精准有序开展线上线下宣传促销活动。加快开发一批适合家庭团组需求的文旅体验消费新模式，迎接疫后文旅消费回补和潜力释放，提升长沙市文化旅游企业的核心竞争力。

1. 实施创新驱动战略

发展“新兴文旅”，促进文旅产业数字化、智能化发展。确立文旅产业发展的数字化思维，通过数字化对文旅产业进行全链条改造重塑，尽快构建起新的供应链和产业生态。加快引进培养数字化人才，推动行业协会、培训机构、咨询公司等第三方组织在文旅产业数字人才中发挥作用，推动在长沙职业院校和文旅企业共建实训基地。完善文旅产业数字化的政策体系，开展多层面的政策协同配套，建立适应数字文旅产业发展的管理规范、考核体系和统计方法，设立数字文旅产业专项资金，引导企业加大数字技术应用的研发等。

2. 实施深度融合战略

坚持宜融则融、能融尽融，打破文化和旅游行业边界，找准文化和旅游工作的最佳连接点，实现文旅一体化。以开放合作促融合，将文旅融合到重点区域、具体项目和重大活动中，推动文化艺术植入吃住行游购娱各领域，做大做长旅游消费链，推动旅游功能嵌入各文化空间，构筑文旅消费新场景。实施文化 + 旅游 + 农业/工业/教育/康养/城镇/扶贫战略，推动文化旅游与其他行业深度融合发展，撬动新需求。

3. 实施跨界融合战略

促进文旅与相关产业融合发展。围绕“文化 +”，充分发挥文化引领作用，推动文旅与科技、工业、农业、服务业等行业的双向融合，积极培育文旅融合新业态。充分挖掘长沙历史文化资源，赋予旅游产业更多文化内涵。

进一步发挥“文化 +”的功能，强化文化创意和科技创新两大支撑，继续认定和扶持“文化 + 科技 + 旅游”“文化 + 工业 + 旅游”“文化 + 农

业 + 旅游”“文旅 + 会展 + 旅游”等新型业态示范企业和优秀项目，打造具有国际竞争力的创意文化产业集聚高地。

4. 实施空间优化战略

支持企业做大做强，形成富有活力、特色鲜明的产业集群。按照“三带六区”进行文旅产业空间布局，指引重大项目引进培育，“三带”是指湘江文化产业带、浏阳河文化旅游产业带、沩水休闲度假旅游带；“六区”是指湘赣边红色文化旅游协作区、天心阁文化旅游区、大王山旅游度假区、杨开慧故里休闲文化旅游区、湘江古镇群文化旅游区、沩山—炭河里—灰汤康养祈福旅游区。

（八）推进文化体制改革创新

营造公平、开放、透明的市场环境，加强政府服务创新，增强市场主体创新动力，发挥市场配置资源的决定性作用。开展国有龙头文化创意企业创新转型试点，探索政府支持企业技术创新、管理创新、商业模式创新的新机制；完善中小企业创新服务体系，打破制约创新的行业垄断和市场分割。加强对本市文化创意产业发展动态与成果、人才、企业等方面的积极宣传，提高社会对文化创意产业的关注度，营造良好发展氛围。

1. 深化文化管理体制改革

加快转变政府职能，完善管理体制机制，推行简政放权和“放管服”改革，推行文化领域“最多跑一次”，改进文化管理方式。推动全市文化市场综合执法改革的深入，加强执法监督力度，营造有序、有效、富有活力的市场环境。加快国有文化企业公司制股份制改造，健全国有文化企业法人治理结构，推进文艺院团体制改革，加快培育、引导和规范文化类社会组织，推进政府购买文化服务的全面展开。

2. 推进文化事业单位改革

做强做优国有骨干文化企业，着力提高规模化集约化专业化水平，放大国有资本功能，使国有文化企业成为文化市场的主导力量和重要支撑。加快推动国有文化企业改革，建立有文化特色的现代企业制度，健全确保把社会效益放在首位、实现社会效益和经济效益相统一的体制机制。

明确不同文化事业单位的功能定位。在清理规范基础上完成事业单位分类，与正在推进的事业单位改革相衔接，明确不同文化事业单位功能定位，建立法人治理结构，完善绩效考核机制。推动公共图书馆、博物馆、文化馆、科技馆等组建理事会试点，吸纳有关方面代表、专业人士、各界群众参与管理，不断增强其发展活力。

3. 培育有竞争力的文化市场主体

做优做强文化市场主体。深化国有文化企业改革，完善现代企业制度，发挥国有文化企业在全国文化中心建设中的积极作用，健全鼓励创新的体制机制，完善人才发现、培养、激励机制，做大做强主业，提升核心竞争力。培育一批有实力的文化企业。做大做强一批具有一定实力、自主创新能力强、技术和观念领先的文化大企业、大集团。通过大企业的示范效应和经济效应吸引更多企业、资本和人才进入文化产业。

4. 推进现代文化市场体系建设

提升市场服务。建立公平开放透明的市场规则，实行统一的市场准入制度，鼓励各类市场主体公平竞争、优胜劣汰。加强市场监管。综合运用法律、行政、经济、科技、教育等手段监管文化市场，建立健全文化市场突发事件应急机制，建立举报查实制度与举报奖励制度，坚持属地管理制度，推进依法行政建设。建立健全统一开放、竞争有序的多层次文化消费市场。扩大和引导文化消费，增加文化消费总量，提高文化消费水平。着力发展夜经济、移动游戏、AR、VR 等文化新业态。

5. 发挥市场在文化资源配置中的积极作用

进一步发挥市场在文化资源配置中的积极作用，统筹央地资源，统筹国有民营资源，扩大有效供给，加速形成资本、人才、版权等各类要素高效配置、竞相涌流的生动局面。把市场自动调节和政府宏观调控有机结合起来，既发挥市场的创造、逐利作用，又发挥政府的调控、平正作用，以尽可能发挥市场的积极作用，抑制市场的消极作用。

6. 完善公共文化服务体系

推动公共文化服务社会化。探索实施购买服务、项目补贴、以奖代补、基金制等多种财政投入方式，促进公共文化服务提供主体和提供方式多元化。进一步建立健全政府面向社会力量购买公共文化服务机制，编制政府面向社会力量采购公共文化服务指导性目录。鼓励和支持社会力量通过投资（或捐助）设施设备、兴办实体、资助项目、赞助活动、提供产品和服务等方式，参与公共文化服务体系建设。鼓励通过众筹或成立公益基金等形式，开展公益文化活动。完善文化类社会组织培育与扶持政策，引导文化类社会组织依法依规开展公共文化服务。

7. 实现文化事业与文化产业贯通发展

把社会效益放在首位，促进社会效益和经济效益相统一，以事业滋养产业，用产业反哺事业，推动文化事业与文化产业贯通发展。以文化事业雄厚基础支撑文化产业高质量发展，研究制定图书馆、美术馆、博物馆、文化馆、科技馆等公共文化设施延时开放和错时开放相关支持政策。拓展文创产品开发平台，不断丰富文化产品和服务供给，满足人民群众日益增长的美好生活需要。探索建立文化产业反哺文化事业的良性机制，以市场化方式引导社会力量参与重大公共文化设施、重要公共文化项目的建设，以机制创新激活文博非遗、传统老字号等优秀文化资源与创意设计、旅游、影视、音乐等产业深度融合，大力发展创新创意文化产品和文化服务。

8. 创新文化“走出去”模式

大力促进对外文化贸易发展。以长沙对外文化出口基地为载体，整合全市主要对外文化贸易企业资源，形成文化出口联合体。成立长沙市发展开放型经济工作领导小组，下设对外文化贸易促进办公室，负责加强统筹协调、整合资源，推动长沙市对外文化贸易发展，切实加强对外文化贸易工作的组织领导，创新工作方式，抓好工作落实，确保全市对外文化贸易工作取得实效。并通过搭建公共服务等平台，吸引粤港澳有关企业加入，建立粤港澳文化贸易辐射圈。按照园区主体运营、政府扶持的原则，通过友城合作等渠道，鼓励有条件的文化创意产业园区加快“走出去”，推广设立创意产业孵化中心和分支机构。

（九）加强文化人才队伍建设

全面推进“文化人才聚集行动计划”“高层次文化人才工程”，加快引进一批在全国有较大影响力的文化大师和文化领军人物，重点培养一批善于开拓文化新领域的拔尖创新人才、掌握现代传媒技术的专门人才、懂经营善管理的复合型人才、适应文化“走出去”需要的国际化人才，形成可持续发展的文化人才队伍梯队。实施文化名家工程、高层次国际传播人才培养计划、文化党政干部能力建设培训计划等建设项目。

1. 遵循规律，以人为本

文化人才有着与其他人才相同的共性，也有着鲜明的特性。相对而言，文化人才的个性特点比较突出，他们情感比较丰富，思维比较活跃，行为方式、价值取向也更为多元。此外，文化工作对人才的意识形态及实践性和创新性的要求较高。认真研究和遵循文化工作者的个体行为、价值取向及心理活动特征和成长规律，在文化人才的培养观念、培养思路、培养方式、管理制度等方面积极探索、勇于实践，提高文化人才培养工作的科学化水平。

2. 注重实践，搭建平台

充分认识在实践中磨炼、摔打和学习对文化人才成长的重要性，有意识地为人才提供锻炼、成长的平台，把出精品与出人才有机结合起来，造就一批国内一流、业内公认的文化拔尖人才和领军人物。强化服务导向，营造有利于文化创意产业创新型人才健康成长、脱颖而出的制度环境。

搭建多学科、多专业的文化产业人才互动的协同创新平台，整合文化创意设计艺术方面的人才、科技管理金融等方面的人才资源，为创意交流、思想碰撞、方案策划、创意或科技成果转化等提供互动平台。

推进全省宣传文化系统“五个一批”人才工程、文艺人才扶持“三百”工程、“三区”文化人才支持计划、紧缺人才培训计划，落实基层文化人才队伍建设规划。

3. 优化结构，突出重点

对接国家重点人才计划、湖南“芙蓉人才行动计划”、长沙市高精尖人才领跑工程和紧缺急需人才集聚工程，引进高层次人才。探索柔性引进机制，吸引国内外文化名人和优秀文化经营人才来长沙创业。充分发挥文艺协会和文化中介组织的桥梁纽带作用，聚合民间文化艺术资源，挖掘民间文化人才，调动各界文化艺术人才的积极性，发挥民间文化人才的聪明才智。开展市文化重点创新团队遴选活动，增加文化团队凝聚力。壮大“文化志愿者”队伍，吸收并引导社会各界人员参与基础文化服务。

4. 交流合作，开阔视野

深入开展“快乐长沙”文化品牌系列活动，积极打造面向世界的对话交流平台，提升文化人才队伍的整体素质和国际视野。抓住国际文化市场变化的新机遇，加强文化人才的国际交流合作，积极引进海外人才和海外智力，特别是要引进一批高端人才和领军人物，通过他们的引导学习国际前沿管理理念、创意思路和运营模式，从而带动和影响国内的文化人才队伍。同有关国际机构联合培训策展等创意人才，积极评选创新团队和创新人才，培养一批具有国际视野、善于经营管理的高层次复合型人才。

5. 内外协调，统筹兼顾

加大对体制外公共文化人才培养力度。打破体制、身份界限，把民间艺人、“非遗”传承人、业余文化骨干、文化热心人、文化能人、文化志愿者等体制外人才纳入公共文化人才统计范畴，纳入业务培训规划，纳入人才工作服务对象，在职称评定、政府奖励、支持资助、表演展演、社会荣誉等方面享受同等待遇。积极推进基层综合性文化服务中心建设，统筹基层各类人才资源。进一步完善文化志愿者队伍招募、培训、服务、考核、奖励等制度，促进文化志愿服务制度化和日常化。

6. 强化激励，优化环境

完善激励机制，探索建立特殊人才奖励制度，对有突出贡献的高层次文化人才实行特殊财政补贴。省文化产业引导资金和艺术基金要向文化人才培养倾斜，对重点培养对象的研修、演出、创作和科研项目进行资助，解决引进高层次人才工作中遇到的特殊困难。制定相关优惠政策，对优秀人才在职称评定、荣誉表彰、成果奖励等方面出台更多具体化、精细化的措施。大力宣传优秀文化人才及其成果，扩大他们的社会影响力和知名度，着力营造鼓励人才干事业、支持人才干成事业、帮助人才干好事业的社会氛围。

B.14
咸宁市特色产业增长极建设调研报告

湖北省社科专家联合调研组*

摘　要： “特色产业增长极”，被咸宁市列为城市首要战略定位。本报告通过分析发展现状和存在的问题，提出咸宁打造增长极的特色产业可以分为三个梯队：一是在全省已具增长极实力的特色产业，这要坚持做强；二是初具增长极苗头的特色产业，这要全力做大；三是具有增长极潜力的特色产业，这要争取做成。

关键词： 增长极　特色产业　区域竞争力　咸宁

如何实现疫后重振、推进高质量发展？咸宁市委、市政府决定在全市广泛开展“大学习、大调研、大讨论、大统一、大转变、大落实”活动。来自湖北省社会科学院、武汉大学、湖北经济学院、湖北科技学院等单位十多名专家教授，应邀组成联合调研组进行“特色产业增长极”专题调研。调研组于2020年5月25日至29日、6月15日至19日到6个县（市、区）和咸宁高新区进行了实地调研，考察企业、科研机构、农业产业化基地和基础设施项目近100个，召开调研座谈会10场。咸宁市委组织部、市社科联、市发改委、市经信局等部门高度重视，派出领导干部自始至终参

---

* 主要执笔人：秦尊文，湖北省人民政府咨询委员、湖北省社会科学院研究员、博士，博士生导师；汤鹏飞，湖北省社会科学院长江流域经济研究所副所长、副研究员，博士；付晨玉，湖北经济学院长江经济带发展战略研究院讲师，博士；董莹，湖北经济学院长江经济带发展战略研究院讲师，博士。联合调研组成员还有：武汉大学黄永明教授、邹薇教授，湖北省社会科学院叶学平所长、路洪卫所长，湖北经济学院刘汉全副教授，湖北科技学院钟儒刚副校长、朱俊成教授。

与调研；各县（市、区）领导精心准备，认真汇报。调研组经认真讨论研究，形成专题调研报告。

一　重大意义

“建设特色产业增长极”是湖北省委提出的概念。2017 年 6 月，湖北省第十一次党代会提出支持咸宁等地建设成为“特色产业增长极”。“建设特色产业增长极”被咸宁市委列为疫后重振“大调研”活动中的第一个重大调研课题，充分体现了对特色产业增长极建设的高度重视。咸宁积极建设特色产业增长极，具有十分重大的现实意义。

（一）贯彻落实中央精神

习近平总书记十分关心各地特色经济、特色产业发展。2016 年、2017 年在宁夏、新疆视察时，强调要发展特色农业、特色产业。2018 年来鄂考察时，第一天就到宜昌市太平溪镇许家冲村了解特色产业发展情况。2019 年赴江西考察时指出：乡村振兴要靠产业，产业发展要有特色。2020 年在亲自部署、亲自指挥抗击新冠肺炎疫情的同时，也不忘关心特色产业发展，多次实地考察。4 月到陕西、5 月到山西、6 月到宁夏视察时，均鼓励当地发展特色产业、加快扶贫攻坚。

咸宁市建设特色产业增长极，就是践行习近平新时代中国特色社会主义经济思想，体现了咸宁市委、市政府自觉树牢“四个意识”、坚定“四个自信”、做到“两个维护”。

（二）助力湖北“引领型发展”

特色产业既包括特色农业，更包括特色工业和特色服务业。2018 年 4 月 28 日，习近平总书记在武汉东湖宾馆听取省委和省政府工作汇报后，对湖北省各项工作取得的成绩给予肯定，希望湖北“塑造更多依靠创新驱动、更多发挥先发优势的引领型发展”。这是习总书记首次对一个地方明确提出

“引领型发展”的要求，体现了对湖北的殷切希望。

“引领型发展”落实到产业方面，就是创新驱动、特色发展。湖北省委、省政府近两年出台的《关于推进全省十大重点产业高质量发展的意见》，实际上就是要湖北发展特色产业、支柱产业；湖北省政府印发的《湖北省5G产业发展行动计划（2019~2021年）》和《湖北省推进中药产业振兴发展五年行动方案（2018~2022年）》等，更是直接点到了具体特色产业。加快特色产业增长极的建设步伐，将为湖北塑造更多“引领型发展”提供咸宁力量。

（三）增强咸宁区域竞争力

特色产业是一个地区凭借其在自然资源、文化、技术、人才等方面独特资源禀赋和生产要素优势形成的区域独有的强竞争力产业。特色产业发展到一定阶段后会形成产业集群，从而将特色产业转变为推动地方经济增长的特色产业增长极。一座城市，要实现经济社会持续健康发展，就必须找准、培育和放大自身的特色，形成城市的比较优势，进而实现竞争优势、领先优势，以优势的率先突破带动面上发展的整体飞跃，从而全面提升城市综合竞争力。因此，特色产业就是生产力，就是竞争力。咸宁建设特色产业增长极，抓住了增强区域竞争力的核心，必将为咸宁在国际国内竞争中提供有力支撑，为咸宁经济发展插上腾飞的翅膀。

二　主要进展

咸宁市注重发挥优势，近年来持续打造特色产业增长极。在这一进程中，特色产业发展取得了初步成效。

（一）特色农业

1. 中药材产业

特殊的自然地理条件为咸宁市中药材产业发展奠定了良好的基础，如幕阜山历史上就有着“天然药库”的美誉，盛产许多道地中药材。2019年，全市中药材种植面积达到14.9万亩，产量3.5万吨，现已形成了较为完整的中药材驯化、种植以及生产加工链条。2019年，位于通城县的湖北省瑶乡御草药业有限公司、湖北福人药业股份有限公司，以及崇阳县湖北天臻智谷生物科技有限公司被国家林业和草原局认定为国家林下经济示范基地。同时，依托中药材种植优势，咸宁市打造了集研究开发和生产加工于一体的咸安区经济开发区生物医药产业园，目前已经引进了真奥药业、健翔生物、汇瑞药业、三九生物等11家生物科技企业与生物技术研发机构，为咸宁中药材产业发展增添了较强后劲。

2. 茶产业

咸宁作为"万里茶道"的源头，历史上砖茶曾远销俄罗斯、东欧和西欧，茶产业是咸宁的一大特色产业。2019年，咸宁市茶叶种植面积49.6万亩，茶叶产量5.89万吨，综合产值82亿元。目前，全市茶叶加工企业152家，青砖茶加工企业17家，其中羊楼洞茶叶股份有限公司和湖北省九宫山茶叶有限公司为咸宁茶产业的龙头企业，打造了如"赤壁""九宫山""羊楼洞"等多个青砖茶品牌。

3. 蔬菜产业

各县（市、区）地理环境因素的差异，造就了各地蔬菜种植的特色。沿江地区土地肥沃，蔬菜种植条件最为优良，成为全市蔬菜种植的重点区域。2019年，全市蔬菜复种面积达到157.8万亩，蔬菜总产量274.4万吨，产值达到87亿元。其中嘉鱼县蔬菜年产值达到44.1亿元，占咸宁市蔬菜产值的50.6%，"珍湖莲藕""嘉鱼甘蓝""嘉鱼大白菜"成功注册为国家地理标志证明商标，正逐步形成品牌效应。同时，以湖北金润农业发展有限公司为龙头的农业产业化规模企业发展到80家，已形成较为完整的蔬菜种植、新品种新技术推广、冷链物流、蔬菜销售及加工产业链条。

4. 水果产业

咸宁市气候温和，为柑橘、枇杷、猕猴桃等水果提供了良好的生长环境。通山县打造了柑橘小镇、大畈枇杷小镇、大路果酱小镇、四季香果园等，赤壁市以神山兴农为龙头种植猕猴桃，推动水果产业的发展。2019年，咸宁市水果面积37万亩，其中柑橘13.4万亩、猕猴桃4万亩、枇杷2万亩。并且积极延伸产业链，将水果种植、加工、销售、观光、旅游融为一体，初步形成三次产业融合发展模式。

5. 油茶产业

咸宁市油茶产业在全国具有一定的地位，通城县和崇阳县是油茶主产区。通城县2009年被列入全国油茶重点县，油茶基地面积达28万亩，形成了麦市塘湖油茶产业带、大坪药姑山油茶产业带、沙堆四庄油茶产业带和马港油茶产业带四大产业片区。并引进了集油茶研发育种、种植、加工、文化旅游、服务等于一体的湖北黄袍山绿色产品公司。崇阳县是全国“油茶产业大县”，现有油茶林14万亩，油茶的培育工作取得较大成效。

6. 畜禽产业

咸宁市已初步形成多个畜禽养殖基地，如通城—崇阳生猪养殖基地、咸安—通山肉鸡养殖基地、赤壁—嘉鱼—咸安沿江沿湖优质水禽养殖基地、咸安—赤壁优质奶生产基地等。2019年，全市猪出栏237.5万头，家禽出笼2756.4万头，畜禽产值达到80亿元。

（二）特色工业

1. 智能机电产业

2017年12月1日，科技部发文公布第三批国家级创新型产业集群试点名单，咸宁智能机电创新型产业集群名列其中。目前咸宁智能机电产业重点关注新能源汽车及关键零部件产业、电机产业、起重运输机械产业、电子激光产业等领域。其中，新能源汽车及关键零部件产业主要以三环方向机、北辰转向、奥达科紧固件等企业为龙头，主要生产汽车方向机、汽车钢圈、环保汽车、汽车电源、夜视镜等汽车零部件。电机产业引进了以生产大型泵站电机、起重电机、发电机等产品为主的电机企业28家，以及以模具设计与加工为主的模具制造业49家。起重机产业目前已具有规模以上的起重运输机械企业30家。电子激光产业主要依托一束激光、维达力电子、万津电子等龙头企业，重点生产激光高端设备制造、触摸电子显示、柔性线路板以及智能家居等产品。其中一束激光有限公司在全国激光技术行业具有较为显著的地位，创造了中国激光行业的四个第一：第一个量产500～1000瓦光纤激光器的企业；第一个拥有碟片激光器技术的企业；第一个推出双轴驱动光纤激光器切割机，广泛被激光企业行业应用，并至今保持产品可靠性及高性价比的优质口碑；第一个用最短的时间（一年内）从研发到产业化并实现1000万元产值的企业。

2. 冶金建材产业

除金盛兰冶金科技、华新水泥等传统冶金建材企业外，咸宁在云母、砂布等新材料以及钒产业等方面都发展出了自身的特色。依托南玻光电、海威复合材料、宇涛特种纤维、平安电工、玉立砂带等龙头企业的带动，打造出了军用复合材料、电子信息功能材料、生物材料、合金添加剂、云母产品、有机硅、特种金属材料等一批标志性、带动性强的重点产品。依托青峰科技、鑫瑞科技等企业，打造集钒铁、钒氮合金生产与销售于一体的钒产业集群，在国内已具有一定的地位和影响。

3. 食品饮料加工产业

在饮料加工方面，主要依托以红牛、黄鹤楼为代表的饮料公司以及以奥瑞金、华源等为代表的印刷包装公司，已基本形成“一瓶水”的生产、包装、印刷、销售产业链。在食品加工方面，主要依托以今麦郎以及“众望”小麻花为代表的食品加工企业。另外，由于咸宁市具备丰富的楠竹、桂花、蔬菜、水果等农副产品，农副产品加工企业也逐步发展，但规模尚小。

4. 应急产业

2020年1月8日，工业和信息化部、国家发改委、科技部联合发布《关于公布第三批国家应急产业示范基地名单的通知》，湖北省赤壁高新技术产业园区入选基地名单。目前，该园区形成了以中国应急（华舟）为龙头，以华亚重工、九达机械、明达机械等22家企业为上下游配套企业，以威盾消防、蒲圻起重、银轮机械、鄂南起重等49家企业为关联企业的应急产业链。

5. 卫材医药产业

主要以稳健医疗、中健医疗、厚福医疗等为龙头，生产一次性医用耗材、手术卫生用品、医疗器械、医疗卫材产品。另外，咸宁市丰富多样的中药材种植，吸引了福人药业、宝仕康药业、真奥药业等一批医药生产企业集聚，主要生产现代中药、生物制药以及保健品等产品。

6. 纺织服装产业

咸宁市有“苎麻之乡”的美称，以嘉麟杰、武汉汉麻、精华纺织等龙头企业为依托，重点生产棉麻纺织、化纤纺织、家用纺织品、产业用纺织品、高档服装和纺织新材料等产品。

7. 森工制造产业

依托咸宁的竹子优势，以巨宁森工、澳森木业等龙头企业为支撑，主要发展了森工建材、专用特种纸和纸板、文化书写办公用纸、印刷包装等纸制品。

（三）特色服务业

1. 大健康产业

目前咸宁大健康产业的发展重点为养老养生和医疗医药。在养老养生方面，基于优良的生态环境以及天然的温泉资源，打造出孝子山森林康养谷、中国诗经文旅康养综合体、梓山湖恒大养生谷等一批以温泉养生、森林康养、高品质健康养老为主题的养老养生基地。在医疗医药方面，以丰富的中药材资源为依托，以福人药业、宝仕康药业、真奥药业等为龙头发展医药生产；同时，以稳健医疗、中健医疗、厚福医疗等企业为龙头，壮大卫材及医疗器械等产业。

2. 旅游业

独特的自然和人文景观优势使咸宁成为鄂东以及华中地区旅游目的地之一。近年来，全市成功创建 A 级旅游景区 28 个，其中 5A 级景区 1 个（三国赤壁古战场），4A 级景区 11 个。目前，咸宁市已经形成了以温泉旅游为主打品牌，以赤壁三国休闲文化集聚区、通山九宫山避暑休闲区、通城瑶族原生态旅游区以及特色小镇乡村旅游区等为特色主题的旅游格局。咸宁旅游主题多样、景点丰富。

3. 商贸物流业

咸宁区位和交通优势显著，具备发展商贸物流业的先天优势。目前，湖北嘉安控股集团冷链物流园已经投入运营，主营农产品、水产品、畜禽产品的交易、加工、仓储中转、冷链物流配送等。咸宁铁路物流园、晨兴智慧物流产业园以及咸宁市储运综合物流中心等物流平台正在建设，拟从智能电商物流、冷链储运、仓储运输等方面进一步拓宽咸宁市商贸物流服务范围。咸宁市电子商务发展势头强劲。为深入实施乡村振兴战略，咸宁市依托茶叶、蔬菜、水果等多样化的农林产品，引进电商企业740多家，实现了电子商务进农村全覆盖，推动了全市农副产品的产供销一体化发展。

三 存在的问题

在市委、市政府的领导下，咸宁市特色产业有较好的发展势头，但存在特而不大、特而不高、特而不联、特而不稳、特而不响等问题，由特色产业嬗变为特色产业增长极还任重道远。

（一）特而不大

1. 特色产业规模小

咸宁特色产业门类较多，但都规模不大。中药材产业、茶产业等特色农业在全省范围内产量相对不高，中成药产量占湖北比重仅1.2%，精制茶产量占湖北比重仅3.9%。冶金建材产业等特色工业细分产业较多，在全市工业产值中占比较大，但是产业规模较小，产品产量也相对不高，全市铁合金产量仅占湖北铁合金总量的3.9%。

2. 特色产业门类杂

各县市特色产业种类繁杂，但都是“小拼盘”，没有“硬菜”。如崇阳县有雷竹、茶叶、油茶、中药材、生猪、优质稻等6种特色农业，有钒产业、卫材纺织、食品加工等3种特色工业，有康养旅游产业等特色服务业，特色产业门类齐全、种类较多，但产品附加值不高，农产品加工转化程度较低，自主研发能力较弱，产业转型升级不够，特色性不明显，未形成规模效应。

（二）特而不高

咸宁特色产业丰富，但产业低端化明显。这表现在两个方面。

1. 高附加值、高技术产业占比偏低

蔬菜种植以传统的“两瓜两菜”（大白菜、包菜、南瓜、冬瓜）为主，经济价值较高的设施蔬菜、特色果蔬、水生蔬菜占比不高，产品附加值较低。涂附磨具、云母绝缘材料、钒产业等特色支柱产业都处于产业链的中低端，没有形成主导作用和领头作用，特别是在疫情影响原材料供应和出口的情况下，容易面临产业链中断等问题；苎麻纺织、卫材纺织业、纺织服装等地方特色产业仅处于产业链初中端，缺乏附加值高的终端制造，产业部门专业化优势不够明显；食品饮料加工产业虽有一定专业化比较优势，但科技含量也不太高；旅游业以观光为主，深度的体验式旅游、研学式旅游等高层次旅游产品占比很低。

2. 行业隐形冠军不多

隐形冠军企业是指在国内或国际市场上占据绝大部分份额，但社会知名度很低的中小企业。2018年至今，全省已评选了三次隐形冠军企业。其中3年共评出163家支柱产业细分领域隐形冠军示范企业，咸宁市仅有湖北精华纺织集团有限公司、湖北平安电工材料有限公司、武汉汉麻生物科技有限公司和湖北亚细亚陶瓷有限公司4家上榜，上榜企业数量在全省地级市倒数第二。不仅远远落后于“一主两副”中心城市，也大大落后于邻近的黄石、鄂州、荆州，仅略高于最后一名随州（3家）。

（三）特而不联

一是特色产业之间缺乏联合。如特色农业种植与旅游业的融合发展程度较低，工业龙头企业周围配套产业较少，未形成产业集聚效应。一些水果、蔬菜等特色农产品需要保鲜，而从事冷链物流的嘉安控股集团业务并不饱满，等等。咸宁一些企业在人工智能、工业自动化、电力及电控、光机电一体化等方面有需求，但与湖北香城智能机电产业技术研究院有限公司尚未建立联系，不同特色产业之间缺乏横向沟通渠道。

二是各区域发展特色产业缺乏联合。产业各县市相同的特色产业没有进行整合发展，区域布局比较分散，未形成规模效应。比如，通城、崇阳、通山等县均大力发展油茶产业，崇阳、赤壁等县市均大力发展青砖茶产业，通城、崇阳等县均大力发展中药材产业，但是各地存在各自为政、分散发展的问题，没有将产业资源进行整合。

（四）特而不稳

咸宁相当一部分特色产业缺乏要素支撑，导致不能稳健发展。其原因有三点。

一是专业人才不足。这个问题在三次产业中普遍存在。在农业发展方面，大部分的企业和合作社缺乏农业技术和经营管理人才，制约了产业现代化发展，这在蔬菜产业发展方面尤为突出。在工业发展方面，设立专门研发中心和技术中心的企业还很少，即使设立了也缺乏高端研发人才，制约了产业技术创新；同时，高层次管理和营销人才也很缺乏，制约了产业发展壮大。在服务业方面，相当一部分管理和服务人员缺乏系统专业的职业技能培训，制约了服务质量的提升，至于专业化高端人才则更为短缺。

二是要素受制于人。比如，崇阳县支柱产业钒产业的原料供应依赖于其他地区，生产制约性较大；通山县电子信息产业基础薄弱，以电子信息配件产品制造为主，产业技术含量和专业化程度不高，专业核心技术受制于人。

三是发展韧性不够。特别是2020年春节前突如其来的新冠肺炎疫情，对咸宁三次产业都产生较大冲击，工业增加值明显下降，直接影响了全市产业发展的稳定性和持续性。虽然目前复工复产持续推进，但绝大多数特色工业增加值仍然是负增长。如2020年5月，食品制造业增加值下降61.5%，连形势最好的医药制造业增加值也下降10.6%。目前，咸宁保市场主体、保产业链供应链稳定等工作任务仍较艰巨。

（五）特而不响

咸宁特色产业的品牌不响，知名度不高，导致产业竞争力不强。

一是地理标志性农产品较少。除嘉鱼蔬菜小有名气以外，其他农产品“养在深山人未识”，品牌化建设仍有待提升。如通城县、崇阳县中药材资源丰富，品种齐全，但具有地理标志性的中药材较少。

二是工业产品品牌效应不强。尽管全市已经拥有平安电工、玉立砂带、金盛兰、稳健、中键等行业龙头企业，形成了一批代表咸宁发展水平的产品商标，但总的来说市场知名度不高，品牌效应不突出。高新区的“一瓶水”相关产业80%以上有产品而无品牌，虽然红牛饮品为世界品牌，具有较高的知名度，但是近几年产值增长速度均在1%～3%，自身增长并不快，对其他饮品品牌的培育带动作用也不明显；黄鹤楼酒业是近几年恢复起来的品牌，在省内具有一定的知名度，但在国际国内品牌效应还不足支撑企业的跨越式发展。

三是旅游景点知名度不高。除咸宁温泉旅游、赤壁三国旅游叫得较响之外，各地区旅游景点存在同质化竞争，旅游资源开发深度不够，品牌效应有待发挥。

四　产业发展大趋势

咸宁要打造特色产业增长极，不可能闭门造车，必须首先把握国际国内经济发展大势。

（一）全球产业发展趋势

首先，高新技术产业链主导权竞争更加白热化。综观全球，由于科技创新带来产业变革带来新一轮经济增长，新兴产业技术、新业态与新模式成为未来科技和产业发展的制高点。当前，全球主要国家在数字经济、5G 等高科技领域的竞争日益激烈，美国在核心技术和重点科技领域对中国限制升级，不断强化人员交流限制、收紧投资准入、加强技术管制，企图推动中美科技“脱钩”，阻碍我国向产业链高端攀升。而中国经过改革开放 40 多年的发展，已成为全球唯一拥有联合国产业分类目录中所有工业门类的国家，正处于由高科技产业链中低端向中高端攀升的阶段，一些细分领域已经处于产业链高端。未来，美国与中国在高新技术产业链特别是即将进入应用临界阶段的产业主导权争夺将更加激烈。

其次，全球制造业智能化发展趋势明显。美国、欧洲、日本都将智能制造视为 21 世纪最重要的现代制造技术，认为是国际制造业科技竞争的制高点。当今世界制造业智能化发展形成了五大发展趋势：一是制造全系统、全过程应用建模与仿真技术；二是重视使用机器人和柔性化生产；三是物联网在制造业中作用日益突出；四是普遍关注供应链动态管理、整合与优化；五是增材制造技术与工作发展迅速。

最后，全球产业链由全球化布局向区域性集聚演化。在当前逆全球化思潮下，全球化进入区域性集聚发展阶段。疫情暴发以来，尽管全球供应链和产业链存在不稳定性，区域内的贸易往来却有所增多。以中国为例，2020 年前 5 个月，中国与东盟进出口达 1.7 万亿元，同比增长 4.2%，中国对东盟出口和进口增速均高于同期中国外贸进出口整体增速。未来，用于生产所需的中间品贸易主要在区域内进行，全球产业链将会朝着区域化、次区域化的方向发展。

（二）我国产业发展趋势

从我国产业发展情况来看，智能经济、数字经济、共享经济等新的经济形态在高新区、产业园区不断涌现，已成为我国新经济发展的重要策源地，一批新的增长点、增长带、增长极加速形成，以高新技术企业为代表的经济发展新动能不断壮大。2020 年全国“两会”提出要“推动制造业升级和新型产业发展”“提高科技创新支撑能力”“深入推进大众创业万众创新”。未来我国产业的发展会进一步加大科技创新支撑力度，依托工业互联网，推进智能制造，培育新兴产业集群，助推创新产业发展。另外，2020 年疫情的蔓延倒逼产业转型升级，推动了“新基建”产业、新农业、健康产业等快速发展。总体而言，我国产业发展主要表现出以下趋势。

1. 将着重推动“新基建”产业的发展

2020 年以来，新冠肺炎疫情带来互联网流量激增，云基建扩容和供需矛盾更突出。2020 年 4 月国家发改委首次明确将数据中心建设纳入“新基建”范围内，并与证监会联合发布了《关于推进基础设施领域不动产投资信托基金（REITs）试点相关工作的通知》，鼓励投资于信息网络等新型基础设施的“公募 REITs 试点”。在 2020 年政府工作报告中也首次将“新基建”写入，全国 25 个省区市开启了 25 万亿元的“新基建”计划。种种迹象均表明以 5G、大数据、云计算、工业互联网等为代表的“新基建”已经进入国家战略层面，是当前我国产业发展的一大重点。

2. 共享经济的腾飞将推动相关产业快速发展

数字经济的快速发展为共享经济奠定了坚实的基础。在新冠肺炎疫情期间，除生物医药、医卫材料产业逆势飘红以外，共享经济所支撑的新农业、生鲜电商以及互联网医疗行业、在线教育等行业初露头角。在新农业方面，在共享经济的强力支撑下，将打破信息不对称带来的供需脱节现状，一方面满足人们日益增长的对高品质个性化农产品的需求，另一方面解决农村过剩的农业资源。通过共享生产工具、农机知识、农业产品、农村物流以及资金等方式，助力于乡村振兴。另外，共享经济也将成为助推社会服务的重要动力，在教育、医疗、交通以及生活服务等方面发挥其效用。

3. 我国应对人口快速老龄化带来新的产业发展机遇

据国家统计局统计，2019 年末，中国 65 岁及以上人口达到 1.76 亿人，占总人口的 12.6%。中国发展研究基金会发布的《中国发展报告 2020：中国人口老龄化的发展趋势和政策》中指出，中国老龄化程度正持续加深，老龄化趋势不可逆转。报告预测，2020 年至 2035 年，中国总人口即将达到峰值并进入长期负增长阶段，达到峰值的时间在 2030 年前后，峰值人口为

14.2 亿～14.4 亿人。中国的老龄化趋势，也决定了健康、养老等产业将成为我国未来产业发展的一大趋势。

4. 国际与国内的环保形势对新能源产业提出更高的要求

从当前国际形势上看，我国是煤炭的最大消费国。2016 年，在巴黎气候协定上我国已经做出了郑重的承诺。从国内发展情况看，我国经济由高速增长向高质量发展转变，习近平总书记提出了生态文明思想，2020 年全国“两会”政府工作报告中也明确提出了要继续“坚持打好三大攻坚战”等。不管是国际形势还是国内政策导向都预示着我国将对能源和能源结构提出更高的需求，新能源产业将是我国未来产业发展的一大重点。

5. 跨境贸易及数字贸易将成为一大主流形式

新冠肺炎疫情的发展使国际环境更加复杂多变，也给我国对外贸易带来了巨大的压力。2020 年政府工作报告明确提出“要坚定不移对外开放，稳定产业链供应链，以开放促改革促发展”。面对当前百年未有之大变局以及复杂多变的国际环境，推动数字贸易的快速发展成为在当前逆全球化形势下推进对外开放的一大重要手段。据统计，全球服务贸易中有 50% 以上已经实现数字化，超过 12% 的跨境货物贸易通过数字化平台实现，预计今后 10～15 年时间，全球货物贸易呈 2% 左右的增长、服务贸易呈 15% 左右的增长，而数字贸易则是 25% 左右的高速增长，20 年后世界贸易格局将形成 1/3 货物贸易、1/3 服务贸易、1/3 数字贸易的格局。

五　特色产业发展路径

咸宁打造增长极的特色产业可以分为三个梯队：一是在全省已具增长极实力的特色产业，这要坚持做强；二是初具增长极苗头的特色产业，这要全力做大；三是具有增长极潜力的特色产业，这要争取做成。

（一）壮大已具增长极实力的特色产业

通过区位商分析法和偏离份额分析法，我们提炼、归纳出已具增长极实力的以下五大特色产业。

1. 新材料产业

发展壮大三大特色材料产业。依托平安电工、玉立砂带、鑫瑞钒业等龙头企业的带动，重点发展云母产品、合金添加剂、特种金属等特色鲜明、带动性强的新材料产品，紧跟新材料技术发展方向，加强产业技术创新，形成具有标志性和竞争力的云母绝缘材料产业集群、钒产业集群，提升陶瓷和砂带产业的竞争力。

专栏1　特色材料产业发展建议

建设“中国钒谷”。虽然崇阳县钒产业是一个“两头在外”产业，却不同“钒”响，先后被纳入《国家十二五钒业发展规划》、全省钒钛千亿项目产业工程和全省重点成长型产业集群。近年来，依托“绿色”“高新”等特色推出的“崇阳钒业2025”发展规划中尝试通过技术创新为钒产业发展注入新动能。目前，崇阳钒产业在石煤提钒和钒深加工领域已经取得了多项专利，钒技术已经达到了国内先进水平。咸宁市要充分利用钒产业的技术优势，进一步扩大钒资源的拥有量，通过加快推动钒产业研发、提纯、深加工、销售、流通以及培训等，打造中国钒业研发中心、全国钒业信息中心和全国钒业集散中心，并进一步建立全国钒业交易平台和全国钒业培训中心，形成钒产业全产业链，将咸宁市建设成为“中国钒谷”。

打造云母绝缘材料产业集群。依托咸宁市得天独厚的资源优势，通城县平安电工等企业致力于云母纸的研发与生产。目前平安电工已是行业技术水平最高、产品品种规格最多、生产供应能力最强的中国最大的专业云母纸制造基地，在国内云母绝缘材料市场上具有显著的领先地位。同时，平安电工也是全球云母耐温绝缘材料配套能力最强的制造商，其生产的云母产品已经成为全球高端线缆和电子电器高温绝缘材料的首选之一。随着我国信息技术以及电子产品的快速发展，云母绝缘材料在家用电器、电线电缆、冶金、化工以及汽车、机车、船舶、航空航天等行业均有广泛的应用。咸宁市利用通城县平安电工的产品技术和市场优势，以平安电工旗下的通城县云水云母科技有限公司和通城县同力玻纤有限公司等为龙头，在已有云母绝缘材料产业链的基础上打造更具特色的产业集群。

建设华中陶瓷产业基地。利用通城陶土资源，以亚细亚陶瓷、杭瑞陶瓷、金海达陶瓷板为龙头，多元化发展陶瓷品种，建设以建筑陶瓷、日用陶瓷、工艺陶瓷、浴用陶瓷、电瓷等系列陶瓷为支撑的“华中瓷都”，打造华中地区最大的陶瓷产业基地。

提高砂带产业的竞争力。位于通城县砂布小镇的湖北玉立砂带集团注册的“犀利”商标2011年被国家工商总局认定为中国涂附磨具行业唯一的“中国驰名商标”。但是与国外砂带产品相比，其市场的竞争力仍然有待提升。应以湖北玉立砂带集团为龙头，立足通城砂布小镇，进一步提升砂带产业的技术和市场竞争力，实现高端涂附磨具的国产化，推动咸宁砂带产业的快速发展。

推进传统材料产业转型。一是推进石化、冶金、建材向精细化工新材料、金属新材料和无机非金属新材料转型发展。重点发展新型功能材料、高性能复合材料等，建设国家和省级新材料研发与生产基地。二是依法依规推动落后和过剩产能有序退出，加快水泥、混凝土、石材等产业的循环化改造，推动传统材料产业的“两型”化发展。

加大新材料产业的研发投入。以咸宁高新区和各县（市、区）工业园区为载体，创建咸宁承接武汉新材料科研成果产业化平台，积极对接武汉相关院所、新材料工程（或技术）研究中心、工程实验室以及企业技术中心等创新平台。通过技术渗透，打造新材料工程研究中心、工程实验室和企业技术中心，突破关键共性技术，组织实施一批重大科技专项项目，推动科技成果的快速转化与产业化发展，鼓励新材料产业向高端延伸。以湖北省军民融合复合材料产业联盟为支撑，加强与海军工程大学以及中船重工702、708研究所等科研院所的技术合作，大力发展高强、透声、透波、吸声等军用复合材料设备及制品。

2. 电子信息产业

抢抓“新基建”机遇。一是以推动咸宁5G、互联网、大数据平台、互联网服务等新型基础设施建设为契机，推动咸宁智慧城市建设和咸宁市云计算大数据中心等一批项目发展，加大电子信息相关产业的引入力度。二是依托新基建的工业互联网和互联网服务的发展，加快推动工业化与信息化“两化融合”步伐，引进一批互联网、物联网硬件制造企业。三是大力开展物联网在智能电网、智能交通、智能物流等方面的推广应用。

完善电子信息产业链条。以仪器仪表制造为引领，发挥瀛通电子、三赢兴电子、维达力电子、光宝科技、湖北咸宁航星光电子等龙头企业的带动作用，瞄准基础电子模组、新型显示、智能终端、物联网相关硬件等高端领域，打造华中电子信息基础材料基地和光电子信息产业基地。

推动产业向重点园区集聚。以中国光谷（咸宁）光电子信息产业园、通城经济开发区和赤壁电子信息产业园为载体，明确园区产业发展重点，推动电子信息产业向园区集聚，打造全市电子信息产业高地。

表1　咸宁电子信息产业园区发展引导

园区	产业重点引导
中国光谷（咸宁）光电子信息产业园	以光宝科技、三赢兴、华特电缆、航星光电、奕宏精密制造、友邦电子、泓硕电子等电子信息企业为龙头，大力推进关键技术突破，大力发展消费电子产业，积极培育互联网服务、智能终端等新兴领域，建设消费电子类芯片产品、高端电子产品、互联网服务、智能终端产品生产等项目
通城经济开发区	发挥平安电工、瀛通电子、三赢兴电子等重点企业带动作用，重点引进电子元器件、LED节能照明、大规模集成电路、新型电子材料、现代通信设备、仪器仪表、光电科技等电子信息类项目
赤壁电子信息产业园	围绕维达力上下游配套产业，着力引进科教终端、电子信息材料及元器件、通信设备制造等项目

3. 医药健康产业

发展好“一瓶水”产业。首先，仍需进一步营造良好的招商环境和制度环境，积极引进饮料加工相关企业，加大咸宁饮料产业集聚规模。其次，激励民营企业创新动力，通过奖励等形式鼓励饮料加工企业依托咸宁桂花、茶叶、水果等特色农林资源开展饮料研发工作，打造咸宁自主特色品牌的特色保健饮料产业。

壮大生物医药产业规模。依托咸宁高新区、咸安、通城等生物产业基地，重点突破一批具有自主知识产权的生物技术，做大做强一批龙头企业和重点产品，加快发展生物制药与疫苗、化学创新药物、现代中药、新医药研发与服务外包等产业；积极对接武汉国家生物产业基地，通过重大专项实施，打造现代中药、植物药、新型医疗器械、生物制造等特色产业集群。

提升发展医疗器械产业。依托厚福医疗等医疗器械企业，基于咸宁市中医药产业、养老产业等的发展，加快推动病房设备、家居护理设备、敬老院设备、医院整床消毒系统等方面的技术创新和市场开发。同时，充分发挥咸宁市激光、影像、自动化控制等领域的现有优势，与医疗器械制造相结合，推动高端影像类、激光类的特色医疗器械产品的研发和生产，将咸宁打造成为全球最大的护理床生产基地和中国最大的整床消毒系统生产基地。

4. 纺织服装

推动纺织服装产业特色化发展。以咸安、赤壁、嘉鱼和崇阳为重点，形成特色化、差异化的发展格局，打造全国影响力的现代化纺织服装产业集群。

专栏 2　特色纺织服装产业发展引导

咸安区苎麻特色纺织。以苎麻种植、脱胶、纺织、印染、服装、产业用和家用纺织品为主线，大力发展纯麻、麻棉混纺等纺织品，积极发展亚麻纺织，开发竹纤维，配套发展纺织配件、工业染料行业，形成以麻纺为主，集棉纺、化纤、印染、服装于一体的产业集群。

赤壁纺织服装升级。重点发展纺纱、织布、印染、服装等门类较为齐全的纺织服装产业集群；全力推动蒲纺、车埠两大纺织产业园区企业加快产业技术升级，推动产业绿色化、高端化、科技化发展。

嘉鱼绿色纺织业。以高端化、智能化发展为方向，围绕延伸绿色纺织产业链，注重环保型、科技型纺织企业引进，打造绿色纺织制造示范基地。

崇阳县家庭卫生纺织用品。巩固医用卫生材料的优势，加快家庭卫生纺织产品的研发和引进，加强卫生纺织品的产业链条，大力发展卫生纺织用品的终端产品。

加快产业智能化技术改造。加快智能化纺织关键装备研发，积极推进智能化生产线、示范车间和数字工厂建设，完善纺织品服装大规模定制技术，探索工业机器人应用，开发智能化纺织产品，运用信息化技术提高行业设计研发、经营管理和节能减排水平。

提升产品档次。坚持走新型制造、精品制造、高端制造道路，推动棉麻纺织、成衣、家用和产业用纺织品、医用纺织发展，打造时尚创意产品，通过个性化设计和定制化的解决方案，推进服务引导制造的先进业态和商业模式。支持企业做大做强，打造一批全国知名的咸宁本土品牌。

（二）培育初具增长极苗头的特色产业

1. “银发”产业

近年来，咸宁市着力打造自然生态公园城市以及长江中游城市群的“绿心”城市，生态环境优势以及区位优势为其发展“银发”产业奠定了良好的基础。目前，咸宁已以养老地产为依托，在梓山湖、官埠一带发展了一批养老产业。需以国家医养结合示范区、国家森林养生示范区为契机，依托咸宁温泉养生、森林养生等优势，打造以健康养生、健康医疗、健康医药等为特色的“银发”产业基地。

养老房地产及养老服务业。现在来咸宁购买房子的武汉人很多，但大多作为投资品、第二住宅，真正居住的人不多，导致人气不旺。应推广“江南里”项目经验，主打“养老”牌，把邻近武汉的一部分区域打造成武汉人最佳养老地，力争将20万人以上武汉户籍居民变为咸宁常住居民，大大加快咸宁老年房地产、老年护理服务业、老年服饰、老年食品、老年医疗等行业发展。

养老配套产业及衍生产业。配套发展老年护理服务业供应链上的护理人员的培训、劳务派遣、老年护理专业用品、治疗和康复器械等；开发来自老年人深层需求的娱乐、学习、旅游、医疗保健、营养保健、心理咨询等服务业；积极发展养老设施和机构供应链上的专业家具、专业设施、专业易耗品等制造业；适时跟进发展老年储蓄投资理财产品、老年地产的倒按揭等金融产品，寿险产品的证券化产权产品、长期护理保险产品、老年融资等资本市场。

2. 旅游业

生态旅游产业。依托“香城泉都”旅游城市品牌以及赤壁古战场、九宫山、隐水洞等著名景点，充分融合咸宁的温泉、花香、竹乡、茶乡等特色元素，支持建设旅游特色小镇和开发创新独特的生态旅游项目，加快打造夏避暑、冬泡汤、春品茶观竹、秋赏桂摘果，形成四季均有景可观、有特色可寻的集人文风光、休闲度假于一体的生态旅游胜地。

康养旅游产业。以建设国家医养结合示范区、国家森林养生示范区为契机，加快际华园、原乡小镇、恒大养生谷、长岛未来城等重点项目建设，全面实施“养在咸宁”健康产业培育工程，结合中医农业和医药健康产业，发展康养旅游，打造以中医药种植、医药制造、健康养生、康养旅游等为特色的大健康产业。

3. 林特产业

桂花产业。由于咸宁盛产桂花，又被称“香城”。要使“香城”称号名副其实，就应将桂花作为城市标志、标识，将其发展成为形象和产业，实现“名利双收”。首先，需挖掘咸宁古桂源文化，充分展示咸宁历史悠久的“种桂”、“采桂”、“食桂”、“品桂”、“咏桂”和“赞桂”文化，筑牢咸宁桂花文化品牌。其次，依托桂花镇、湖北省林木种苗场等桂花种植龙头企业，建成华中地区最大的桂花苗木基地。并在城市道路以及城市小区中有计划地种植桂花，进而将桂花打造成为城市标志和标识。另外，需加快桂花产业的发展，以南桂生物科技有限公司为龙头，通过进一步加快桂花产品的研发以及咸宁桂花品牌的打造，推动桂花的产业化。

油茶产业。依托通城县油茶种植基地和崇阳县油茶林的规模优势，充分推广运用油茶苗木培育技术、芽苗嫁接技术，扩大高品质油茶种植面积，提高油茶产业质量，提高咸宁油茶产业知名度。

竹产业。咸宁市竹资源丰富，素有“楠竹之乡”的美称。赤壁南飞竹、绿圣源竹盐公司、汇圆科技等企业均是依托咸宁丰富的竹资源发展竹种植、竹加工和竹旅游等竹产业。但仍需进一步加快技术创新，以新技术和新产品掌握市场“话语权”，拓宽竹产业发展渠道。

中药材种植业。依托湖北福人药业股份有限公司的金刚藤和鞘蕊苏种植基地、裕丰生态农业开发有限公司中药材林药立体栽种基地等，大力建设中药材种植基地，培育发展黄精、白及、七叶一枝花、钩藤等名贵中药材。以特色名贵中药材种植为核心，着力建设“中医农业”试验示范区，形成集中药材种植、中药材加工、药物技术研发、观光体验、康养旅游于一体的中医农业产业发展示范基地。

4. 智能装备制造

做大应急交通装备制造。依托中国应急（华舟）等龙头企业，做大做强赤壁应急交通装备产业园、消防处置与应急救援装备产业园和水域救援装备与洪涝灾害应急服务产业园，着重发展应急舟桥、应急机械化桥、应急铁路站台等军事装备，应急码头、应急钢制桁架桥、铁路应急抢修钢梁等军民两用装备，以及直升机应急停机坪、机场应急跑道、拼装式停机库等航空应急抢通工程装备；发展各种自动跟踪定位射流等灭火消防装备以及各种热气溶胶灭火消防装置。延伸发展公共卫生应急产业。

做强智能机电。目前，咸宁市在新能源汽车及其关键零部件、电机产业、起重运输机械产业以及电子激光产业等领域具有一定的发展基础。要大力支持湖北香城智能机电产业技术研究院做大做强，为咸宁机电产业转型升级赋能。要依托一束激光有限公司激光技术在全国的优势地位，以激光产业为核心，加快引进相关企业，扩大激光产业集聚规模。加快实施创新驱动发展，探索“激光 + 机器人 + 自动化控制”三位一体的融合发展路径，在中国“激光 + 智能制造”的技术和市场上打造核心竞争力。

培育光电和智能装备产业。光电领域，发展 LED 外延片、芯片、封装、半导体照明器具以及 OLED 光电材料生产线，完善产业链配套，建立光电产业基地。智能装备领域，以实施“万企万亿技改工程”为契机，建设一批数字化车间、智能化工厂，重点发展精密、高速、高效、柔性的数控专用机床等，配套发展新型工业传感器、智能化工业控制系统等核心关键零部件。

5. 汽车及零部件制造

目前，咸宁市具有多样化的汽车及零部件制造企业，如咸宁高新区的三环方向机、北辰转动系统，咸安区的洪盛模具、湖北恒毅、合加新能源，嘉鱼县的裕华，赤壁市的天瑞，崇阳县的兴民钢圈等。需进一步整合汽车零部件产业，引进高端整车生产技术，进一步提高咸宁市汽车及零部件制造产业的市场占有率。在嘉鱼县潘家湾镇，引入华夏幸福集团建设的产业新城，利用邻近武汉“大车都”板块的优势，将汽车及零部件制造产业列为三大支柱产业之首。另外，咸宁市当前已引入了合家新能源、喜马拉雅氢燃料电池等新能源汽车相关产业，应依托现有的新能源汽车重大项目，加大研发和创新力度，提高新能源汽车的技术水平和市场竞争力。

（三）谋划具有增长极潜力的特色产业

1. 以核电为引领的咸宁清洁能源产业

依托华润电力、九宫山风力发电、凯迪生物质发电等重点企业，加快推进核电、抽水蓄能发电、风电、光伏发电、生物质能发电及电力能源循环等重大项目建设，发展壮大清洁能源产业。

重启大畈核电建设。核电作为一种技术成熟的清洁能源是全国今后能源结构调整的主攻方向，发展核电能够保障国家能源安全，改善大气环境，还能够提高装备制造业水平，促进技术进步。咸宁大畈核电厂是中国内陆“首核”，建成后其发电能力相当于 1.5 个葛洲坝水电站，更是众多风电发电机无法比拟的。有关部门可加强对国家核电政策的宣传讲解，普及核电使用和核辐射安全教育，并深入开展内陆核电研究论证和前期准备工作，争取重启大畈核电建设。大畈核电建设重启之后，不仅能为湖北和华中电网提供清洁能源，也能带动核电设备制造企业发展。

积极推进大幕山抽水蓄能电站建设。大幕山抽水蓄能电站是湖北省抽水蓄能规划推荐新建站点之一，对于开发湖北省绿色能源项目、调整能源结构、缓解峰电负荷紧张局面、提高电网运行性能等方面具有重要作用。要积极筹备大幕山抽水蓄能电站建设项目，争取早日开工。

加快新建风电场。加快新建崇阳东岳分散式风电场项目、水坑分散式风电项目、泉口分散式风电场项目、小岭分散式风电场项目、凤形分散式风电项目、赤壁余家桥分散式风电项目、随阳分散式风电项目等，扩大新能源发电装机容量。同时，也可依托风电场开发风力发电科普、环境友好型风电场观赏等旅游项目。

建设光伏发电站。利用九宫山等山区丰富的光照资源，建成兆瓦级以上地面集中式光伏发电站，扩大新能源产业发电装机规模，全面推广光伏发电产业项目，探索形成“光伏发电 + 养鱼”“光伏发电 + 石蛙”等特色产业，带动农户借光发展。同时，支持立智风光发电有限公司在赤壁市开展悬磁浮光伏发电示范项目。

建设生物质能和热电联产项目。依托通山蓝焰生物质能项目，利用咸宁丰富的农林废弃资源生产生物质成型燃料，以及生物质热解联产联供，为周边工业园区及企业提供生物质燃气、热能等。

2. 以核辐照为品牌的非动力核产业

结合和依托通山核电项目建设，逐步形成化工材料、食品保鲜、杀虫灭菌、新型建材、探矿、环保工业等轻工业产业链，形成核电产业带动非动力核技术产业发展的互利共生的产业链。

运用非动力核技术改造提升传统产业。以巨宁森工为试点，与深圳长园新材料有限公司合作，运用辐照技术对胶合剂中的甲醛成分进行改性，减少其产品中的甲醛含量，进一步增强咸宁森工行业在业内的竞争力。农产品深加工领域运用辐照技术，将咸宁赤壁的猕猴桃、嘉鱼的蔬菜、春茶、雷竹笋以及时令农产品进行辐照保鲜。实现产学研结合，掌握自主知识产权，形成一批具有骨干带动作用的高新技术企业。打造“咸宁核辐照”品牌，发展咸宁非动力核产业链，推动咸宁新技术产业跨越式发展。

3. 以“360天进博会”为品牌的全球商品贸易

抢抓国家扩大开放的机遇，借力中国国际进口博览会的平台和长江经济带国家战略，主动融入“一带一路”，发展外向型经济，加快建设通城万雅国际商贸城，大力发展以“360 天进博会”为品牌的全球商品贸易，将咸宁打造成内陆地区对外开放新高地。

以万雅国际商贸城为平台打造“360 天进博会”。放大进口博览会的带动和溢出效应，对接湖南城陵矶新港区、岳阳三荷机场，大力发展通城万雅国际商贸城项目，打出“一年 365 天，上海 5 天进博会，咸宁 360 天进博会”的口号，建设中部地区进出口商品贸易中心，打造进出口电商与实体结合的新零售、批发平台，将国际贸易与绿水青山等特色生态资源要素深度融合，向世界亮出“游美丽乡村、购世界品牌”新名片。

建设国际风尚主题的贸易产业集群。以进出口贸易为核心，以电子商务、特色小镇、名品折扣城为助力，建设集大型城市商业综合体、国际进出口贸易中心、国际风情商业街、特色主题文化美食娱乐商业街、高端国际酒店、国际商业金融中心等于一体的区域性超大型商旅综合体，逐步培育形成欧、亚、美国际风尚主题贸易产业集群，为咸宁外向型经济发展提供强有力的平台支撑。

建设发展临空经济产业园。依托咸宁机场（规划）、岳阳三荷机场和湖南城陵矶新港，建立口岸、内陆进出口贸易直通机制，完善现代物流体系，建立仓储物流基地或配套生产加工基地，积极承接、发展临空配套产业，建成内陆地区进口贸易创新示范区。

4. 以“万里茶道”为底蕴的青砖茶产业

提高茶叶基地机械化技术化种植水平，提高青砖茶制作标准，加强青砖茶茶文化、茶产品宣传，培育咸宁青砖茶区域品牌，依托青砖茶产业加快打造百亿茶产业。

推进青砖茶产业“质量提升”工程。建设咸宁青砖茶高标准质量体系建设，严格控制茶叶原料来源，高标准建设茶叶基地，在青砖茶原料生产环节实施“清洁化”“标准化”，优化青砖茶结构，促进青砖茶产品的质量安全全面提升，大力推广青砖茶产业品牌。

发展青砖茶精深加工。依托大规模的青砖茶生产基地，对接农业技术研究机构或者生物科技公司，对青砖茶进行精深加工，用制药的标准生产区别于市场袋泡茶模式的青砖冻干茶粉，填补全市茶叶精深加工技术和市场的空白，优化产业链发展。

以“茶旅文化”为主题发展古镇旅游。咸宁茶文化底蕴深厚，闻名遐迩的青砖茶被称为“可以喝的古董”，既可收藏又可观赏，还有益健康。赤壁市赵李桥镇羊楼洞作为“万里茶道”的起点和世界文化遗产所在地，可以以茶为媒，建设以“茶旅文化”为主题的休闲旅游古镇，讲述茶历史，宣传茶文化，带动沉浸式茶文化旅游发展。同时，随着赤壁市万里茶道源头“寻源”之旅入选第二届茶乡旅游发展大会公布的20条茶乡旅游精品线路，也可以大力发展青砖茶茶园观光旅游项目，将咸宁青砖茶做成中国特色茶文化优势区，使青砖茶成为咸宁走向世界的新名片。

5. 以“瑶族发源地”为基点的瑶文化产业

2001年10月，中国瑶学会发出的《龙窖山千家峒认定意见书》，确认龙窖山（药姑山）是瑶族先民的发源地。越南学术界也公认瑶族的祖先生活在长江中游地区。现在，全世界的瑶族总共近300万，其中中国约230万，其60%居住在广西，其余分布湖南、江西、广东、贵州、云南。

咸宁应该珍视“瑶族发源地”这一品牌。事实上，对瑶文化的挖掘，湖北省比兄弟省份早近20年。近年来，通城也在药姑山修复白云寺、新建白云山庄。建议与湖南临湘合作，组织专家进一步考证和发掘，共同将药姑山列为国家级文物保护单位。

认真研究异地引进瑶族居民定居通城。这种情况世界上有先例可循。如以色列就是通过在全世界迁回犹太人而复国的。可考虑由政府做出相应策划，投入部分启动资金，吸引欧美和国内成功瑶族企业家投资，“人工”恢复瑶族定居点——大坪乡内冲瑶族村。现在，“中华古瑶第一村”的品牌已经打出，但并无真正瑶民。要策划“瑶民回迁祖地”，不能以瑶族已汉化为由来拒绝。最好是引进湖南、广西瑶乡土著居民，同时鼓励散居咸宁各地的瑶民将户籍挂靠此地。“人工”恢复瑶族定居点并不是造假，而这本身是吸引游客的“故事”。如果真正的瑶民一个也没有，这才会让人感到不太“货真价实”。“人工”恢复瑶族定居点，是引爆通城瑶文化旅游的关键点。

开发瑶文化旅游景区，打造全球瑶族谒祖圣地。随着“三高一铁”过境通城，杭瑞高速出口离药姑山仅10公里。目前，瑶文化开发已经有了一定基础。“家在药姑山”主题文化旅游节暨中华古瑶第一村风景区开园仪式于2019年12月31日盛大开幕；“瑶望千年，只为等你”，预示着沉静千年的古瑶文化将再次展示于大众面前。随州市通过打造全球华人谒祖圣地，成功地带活了文化旅游业，其经验值得借鉴。通过精心策划，扎实推进，通城也将很可能成为国际知名旅游景区，特别是成为全球瑶族谒祖圣地。

六　对策建议

咸宁具有增长极实力和苗头的特色产业较多，再加上当前产业发展面临技术变革、消费升级、区域协调发展战略等机遇，特色产业发展前景较好。新冠肺炎疫情对咸宁产业发展的影响只是暂时的、短期的，而且党中央、国务院也研究确定了支持湖北省经济社会发展的一揽子政策，只要能够抢抓机遇、化危为机、奋力赶超，就能够加快建成特色产业增长极，促进全市经济高质量发展。为此，我们提出如下对策建议。

（一）加强科技创新

首先，推动重点领域创新突破。深度对接国家战略性新兴产业规划和重大科技专项，在新能源新材料、智能机电制造、应急装备制造、新一代信息技术、生物医药、纺织服装、森工制造等领域谋划实施一批重大科技创新专项，取得一批具有自主知识产权的核心技术。推动关键核心技术融合应用创新，推动5G、人工智能、物联网、云计算、大数据等信息技术在农业、制造业和服务业的应用和融合创新。培育构建新经济发展应用场景，发展平台经济、共享经济、数字经济、创意经济等新模式新业态。实施农业科技创新行动，加强与中国农业科学院、华中农业大学、湖北省农业科学院等科研院所合作，努力在楠竹、桂花、茶叶、油茶、蔬菜、水果、水产、畜禽等特色农业的新品种、新技术、新模式的创新和推广应用上取得一批重要成果。

其次，强化企业创新主体地位。深入实施"创新型企业培育工程"和"科技型中小企业成长路线图计划"。支持校企合作，鼓励企业依托研发机构承担国家以及省、市各类科技计划项目，形成一批拥有自主知识产权的产品和技术。围绕提升产业共性关键技术研发能力，构建产业技术创新联盟、企校联合创新中心、技术研究院、科技成果转化服务中心等多层次创新驱动平台，推动创新要素资源互动整合。支持企业瞄准同行业标杆开展技术改造，全面提升产品技术、工艺装备、能效环保水平。落实企业研发投入加计扣除和普惠性财政补助政策，鼓励企业加大研发投入。

最后，完善创新平台体系。依托高新区和各开发区及特色园区，按照"园区平台 + 研发中心 + 产业化项目 + 产业基金"模式，加大特色产业园区布局及产业链招商、招才引智力度，在科技资源密集区域集中建设一批科技创新基地，支持咸宁高新区创新国家创新型特色园区。以产业发展需求为导向，依托龙头企业及研发团队建立产业协同创新平台，在全市建成一批工程（技术）研究中心、重点实验室、产业技术创新联盟、企校联合创新中心等企业技术创新平台。支持国内外各类研发机构到咸宁设立研发机构，或专业孵化器自建公共技术服务平台。鼓励各类研发创新平台提标晋级，重点对新认定的国家和省级创新平台给予补助支持。充分利用毗邻武汉的优势，加强校企对接合作，缓解咸宁人才不足难题，加快建设产学研深度融合平台，着力推动产业龙头企业与高校院所合作建立一批产业研究院。

（二）发展龙型经济

4 月 22 日下午，在市委理论学习中心组举行的学习习近平总书记关于脱贫攻坚系列重要讲话精神的专题会议上，市委书记孟祥伟强调，要引导特色产业接续成龙，构建龙型经济。

首先，要做大做强龙头企业。龙头企业可以是本地“滚雪球”成长起来的，也可以是以区域资源优势引进技术领先的成熟企业。以龙头企业为支撑吸引相关配套产业集聚，从而通过产业协同效应和集聚效应延伸产业链上下游，壮大特色产业规模。要以龙型经济思路做大做强农产品加工、清洁能源、电子信息、汽车及零部件制造、食品医药等五大千亿产业，壮大 12 个省级重点成长型产业集群，确保智能机电创新型产业集群建设试点通过国家验收。加快发展人工智能、生物医药先进装备制造、新能源汽车等新兴产业，积极扩大电子信息、光电、数字通信产业规模，大力推动咸宁高新区跻身全国百强。此外，要以地方特色产业为龙头，充分利用各地资源优势，按照“一手抓特色产品生产，一手抓地区品牌创建”的工作思路，大力发展“一县一品一产业”工程。

其次，要培育和引导配套企业健康发展。一方面是扶持一批小而精、小而专、小而特的配套企业，积极引导龙头企业和配套企业的产业合作，整合形成产业链接和产业配套，加粗拉长产业链条。另一方面是利用龙头企业的带动力和影响力，加强特色产业高端要素及产业链关键企业、技术和产品的招商引资力度，不断壮大产业集群规模。

最后，要推动咸宁各地区之间深化产业合作。目前咸宁特色产业特而不大、特而不联的主要原因就在于龙型经济发展滞后，各县市产业之间没有形成上下游互相衔接的产业链条。比如，咸安区的苎麻产业有地方特色，但是产业链不够完整发达，缺乏服装制造、印染生产等环节，而赤壁市恰好具有集纺纱、衬布、坯布、印染、化纤、针织、服装鞋帽、绣花、拉链、装箱于一体的纺织服装产业链条，完全可以进行地方合作，打通产业链环节，促进产业协调发展。崇阳县的钒产业生产的产品能够用于增强钢铁的韧性，可以通过地区合作为嘉鱼县等地区的钢铁冶金产业提供原料，促进钢铁冶金产业提质增效。

（三）建设产业集群

首先，做大做强省级重点成长型产业集群。目前咸宁市机电产业集群、咸安区苎麻纺织产业集群、咸宁市现代森工产业集群、嘉鱼县管材产业集群、通城县涂附磨具产业集群、赤壁市纺织服装产业集群、赤壁市砖茶产业集群、通山县石材产业集群、崇阳县钒产业集群、通城县电子信息基材产业集群、高新区军民结合产业集群以及赤壁市应急装备制造产业集群等 12 个产业集群入围了 2018 年湖北重点成长型产业集群，集群数量位居全省第一。因此，要依托省政府对产业集群培育的重点支持，大力推进创新链、产业链、资金链、政策链、人才链“五链”深度融合，落实好公共服务平台建设、人才培育和积聚、企业技术创新服务、产业链提升等工作，促进优势产业集群做大做强。

其次，优化特色产业的区域布局。目前咸宁特色产业布局较为分散，亟须优化产业空间布局，加快推进特色园区建设。龙型经济主要是产业上下游纵向延伸，产业集群则还包括侧向拓展。两者密不可分，又各有侧重。在发展龙型经济的基础上，可以引导关联产业向特色产业园区集中，促进企业之间打破地区限制开展生产协作，共享技术资源、人才资源、园区基础设施和公共服务，形成集聚规模效应。

（四）推进多重融合

一是特色产业之间的融合。扭转目前各地的特色支柱产业“互不搭界”的状况，推动相关产业和企业联动发展。如嘉鱼金盛兰是咸宁市冶金龙头企业，崇阳的钒产业全国闻名，两者都缺乏稳定的矿产资源。双方可联手在非洲等地购买矿山，共同保障企业可持续发展，也为咸宁市以及湖北省企业抱团出海、为“一带一路”走深走实提供生动案例。通城万雅国际商贸城规模化营运，不仅可以带来丰富的进口商品，而且可诱发部分制造商就近在咸宁设厂生产，形成以现代服务业带动先进制造业、先进制造业又反促现代服务业发展的生动局面。同时，以创建国家农村产业融合发展“百县千乡万村”试点示范工程为抓手，积极创建国家农业产业强镇和农村产业融合发展示范园，促进三次产业融合发展。在全市建设一批农村产业融合先导区，加快培育一批融合农业文化旅游、生产生活生态、三次产业的特色村镇。

二是加快信息化与工业化融合步伐。实施“互联网＋”行动，加快工业互联网基础设施建设，大力推动云计算、大数据、移动互联网、物联网、5G技术与制造业跨界融合，发展智能化生产、网络化协同、个性化定制、服务型制造等新模式新业态。加快建设一批智能制造示范企业、智能生产线、数字化车间，打造若干标志性智能制造示范工厂（项目）。加快推动企业上云工程，建立龙头企业引领带动中小企业推进数字化、网络化、智能化的发展机制，引导中小企业推进生产线自动化改造，开展管理信息化和数字化升级试点应用。

三是构建军民深度融合发展格局。抢抓省级军民融合产业示范基地、全省重点成长型产业集群建设机遇，做大咸宁军民融合产业园、赤壁军民融合应急产业园。以湖北省军民融合复合材料产业联盟为支撑，加强与海军工程大学以及中船重工702、708研究所等科研院所的技术合作，大力发展高强、透声、透波、吸声等军用复合材料设备及制品。开展“军民融合”技术合作攻关试点，构建军民融合科技协同创新体系。

（五）打响区域品牌

一是以绿色为核心，打造绿色产业品牌。“绿水青山就是金山银山”。咸宁最突出的特色就是绿色，最大的优势就是生态优势，最好的发展路径就是绿色崛起。因此，要坚持生态优先、绿色发展，积极探索生态产品价值实现路径，大力发展绿色蔬菜、绿色食品、医疗健康、清洁能源、生态旅游、康养旅游、绿色金融等绿色业态和模式，做大做强绿色产业，培植发展绿色新动能，以“绿色生态”为着力点打造产业形象和产品品牌。要依托“一江一山两湖两河”全域山水生态格局和“南山北湖”“绿环抱城”的城市空间形态，以“花香”和“温泉”为特色，以“中医康养”为亮点谋划开发生态旅游和康养旅游等特色产业，形成旅游特色示范品牌。还要以美丽乡村建设、乡村振兴战略、精准扶贫战略等政策为契机，以“绿色兴农”为核心培育发展现代特色农业，持续壮大楠竹、雷竹、油茶、青砖茶等特色产业，加快培育特色农产品品牌，在全市范围内广泛开展实施“一村一品”

“一县一品”特色创新活动。

二是突出特色，实施差异化竞争。针对咸宁部分特色农业和绿色生态旅游、康养休闲旅游景点的同质化竞争问题，可以将区域文化和特色产业深入融合，挖掘不同区域的特色文化打造特色产业，形成品牌效应。比如以“万里茶道”的茶旅文化为主题发展咸宁青砖茶产业和古镇旅游，以“三国赤壁”的军事文化为核心发展主题教育旅游等，形成独具地方文化内涵的特色产业。

三是强化品牌意识，加大市场宣传力度。要通过实施品牌建设服务行动和品牌建设示范企业创建活动，引导各类市场主体提高品牌意识，积极注册地理标志证明商标，并利用网络直播、电商平台、大型展会等途径加大对产品品牌和产品特色的宣传力度，提高企业的市场知名度和影响力。

Abstract

The COVID－19 epidemic has caused a great impact on economic and social development in the Changjiang Middle Reaches Megalopolis, it is especially grievous in Hubei province. Under the leadership of the CPC Central Committee and the State Council, the three provinces have helped each other and achieved decisive results in fighting against COVID－19 epidemic. And work resumption in a timely manner has accelerated economic recovery. The book faithfully recorded the double victories of prevention & control of epidemic and socioeconomic development in the Changjiang Middle Reaches Megalopolis, and then, put forward countermeasures and suggestions for the further development.

The book is composed of the General Report, the Special Reports and the Regional Reports, with a total of 14 research reports. The General Report introduced content that impact of COVID－19 epidemic on the Changjiang Middle Reaches Megalopolis, and it summarized the successful efforts of the three provinces in the Middle Reaches of the Changjiang River to combat COVID－19 epidemic and promote economic recovery and work resumption, put forward countermeasures and suggestions for accelerating economic and social development of the Changjiang Middle Reaches Megalopolis. The Special Reports consist of 4 reports, which were mainly researched from the aspects such as building a strong market in Central China of the Middle Reaches of the Changjiang River, the layout of automobile industry chain, developing the open economy, promoting high-quality development with high levels of environmental governance. It conforms to the newly spirit of proposal that "accelerating the formation of a new pattern of development in which the domestic general circulation plays a dominant role, both domestic and international dual circulations mutually promoting each other". The Regional Reports consist of 9 reports, Which were studied promoting of high-quality economic development, promoting the Great Protection of the Changjiang River, promotion of system innovation, compiling land space planning, constructions of international consumption center city and characteristic industry growth pole on the background of fighting against COVID – 19 epidemic in relevant provinces and cities, it perfectly brings determination & wisdom of post-epidemic recovery and born of fire to the fore in the Changjiang Middle Reaches Megalopolis.

Keywords: Changjiang Meddle Reaches Megaloplis; Open Economic; High-quality Development; COVID – 19 Epidemic

Contents

Ⅰ General Report

Abstract: The COVID − 19 epidemic has caused a great impact on economic and social development in the Changjiang Middle Reaches Megalopolis, especially the economic and social development of Hubei province was almost at a standstill. Under the leadership of the CPC Central Committee and the State Council, the three provinces have helped each other and achieved decisive results in fighting against COVID − 19. At the same time, the three provinces have issued a series of special measures and regulations to speed up economic recovery around the industrial chain. At present, the major economic indicators of the Changjiang Middle Reaches Megalopolis have recovered month-on-month, and the prospect of economic and social recovery has been fully opened up. In the future, the Changjiang Middle Reaches Megalopolis will further enhance the level and level of cooperation in green coordinated development, world-class industrial clusters, strong markets in Central China, and the construction of innovation highlands and so on, strive to elevate the interconnected development of the Changjiang Middle Reaches Megalopolis to the national strategy.

Keywords: Changjiang Middle Reaches Megalopolis; COVID - 19 Epidemic; Economic Recovery

Ⅱ Special Reports

Abstract: Consumption is the final demand and the lasting power of economic growth, the role of consumption as the first engine in our country's economic development has become more and more obvious. . In February 2020, in order to thoroughly implement the decisions and plans of the CPC Central Committee and the State Council on improving consumption systems and mechanisms, promoting stable consumption growth, 23 departments, including the National Development and Reform Commission, jointly issued the Implementation Opinions on Promoting Consumption Expansion, Improving Consumption Quality and Accelerating the Formation of a strong domestic market. The middle reaches of the Changjiang River have prominent geographical advantages and a sound market foundation. Building the strong market in Central China is of great significance for promoting the formation of a strong domestic market, promoting high-quality economic development in the middle reaches of the Changjiang River, and better meeting the people's ever-growing needs for a better life.

Keywords: Middle Reaches of the Changjiang River; Strong Market in Central China; Consumption

Abstract: After the outbreak of COVID -19, protectionism and unilateralism have been prevalent in some countries. The central government has proposed "accelerating the formation of a new pattern of development in which the domestic general circulation plays a dominant role, both domestic and international dual circulations mutually promoting each other" . The Changjiang Middle Reaches Megalopolis should not only actively participate in the domestic cycle, but also make up the shortcomings of the international cycle. This study constructed the evaluation index system for the open economy development level of the Changjiang Middle Reaches Megalopolis from the three levels of foreign trade level, foreign investment and foreign economic levels, by using the entropy value method to to empirically demonstrate its spatial differences, research suggests that the open economy of each region have significant differences in development levels, its cause of formation heterogeneity, and the total retail sales of consumer goods, regional per capita GDP, the number of international friendship cities and the number of industrial enterprises above state designated scale are to have a significant impact factors. Therefore, in the new stage, major breakthroughs should be made in foreign trade business, foreign economic cooperation should be vigorously promoted, Encourage large-scale enterprises to lead the development of going global, so as to improve the open economic development level of the Changjiang Middle Reaches Megalopolis.

Keywords: Changjiang Middle Reaches Megalopolis; Open Economy Development; Spatial Difference

Abstract: The automobile industry cluster in the Changjiang Middle Reaches Megalopolis with Wuhan as the center is one of the six automobile industry clusters in China, with profound industrial foundation and outstanding vehicle production advantages, and the development of the automobile industry in Hubei, Hunan and Jiangxi provinces has its own characteristics and complementary advantages. However, due to the COVID -19 outbreak and its global spread, the development of the automobile industry and supply chain have faced increased market risks. In order to fully implement the central government's task of "maintaining the stability of the industrial and supply chains", it is necessary to focus on reshaping the global automobile industrial chain and supply chain, accelerating the layout of automobile industrial chain clusters in the Changjiang Middle Reaches Megalopolis, promoting the flow of cross-regional resources in an orderly manner, highlighting the need to strengthen, supplement and extend industry chain, upgrading the modernization level of the automobile industrial chain.

Keywords: Changjiang Middle Reaches Megalopolis; Automobile Industry; COVID -19 Epidemic; Industrial Chain Cluster

Abstract: The occurrence and spread of COVID - 19 in 2020 has been greatly affect the national economic development and social stability, it also put forward new requirements on the construction of ecological civilization. The concept of "harmonious coexistence between humans and nature", people's demands for healthy food, fresh air and clean water and the importance of environmental protection have become more and more prominent. After the epidemic, Changjiang Middle Reaches Megalopolis which is China's "green heart" should make further efforts to improve the ecological and environmental governance system and promote high-quality development with high-level environmental governance.

Keywords: Changjiang Middle Reaches Megalopolis; Environmental Governance; Ecological Construction; COVID -19 Epidemic

Ⅲ Regional Reports

B. 6 The Impact of COVID -19 Epidemic on Hubei's Socioeconomic Development and Its Countermeasures

Abstract: Due to the epidemic situation, it is difficult to achieve the main goals of economic and social development in Hubei province, the economic growth momentum has been decelerated comprehensively, key regions, industries and enterprises have been severely hit, the risks of economic and social operation have been significantly increased, the image of Hubei province has been damaged and the social burden has been aggravated. In order to achieve realization of post-epidemic recovery, Hubei must focus on coordinating the relationship between epidemic prevention and control, economic and social development, take the initiative and enthusiasm to minimize the impact of the COVID -19 epidemic on Hubei, to seek the greatest support from the central government, various ministries and commissions. Turn the crisis into opportunities to speed up the completion of making up for the shortcomings of Hubei's development, cultivating new kinetic energy to enhance the resilience of Hubei's economic development, reshape the image of Hubei province, and boost the development confidence.

Keywords: COVID - 19 Epidemic; Hubei Province; Socioeconomic Development

Abstract: The implementation of innovation-driven development strategy is a major decision made by the CPC Central Committee with General Secretary Xi Jinping as the core in accordance with taking the overall situation as a whole and following the general trend. In April 2020, During his visit to Shaanxi, General Secretary Xi Jinping stressed that the deployment of the innovation chain and the layout of the industrial chain should be deployed and arranged around each other to promote higher-quality economic development. This paper systematically sorted out the main methods, results, difficulties and pain points of Hubei's innovation-driven industrial upgrading and development, difficulty and pain points. From the aspects of overall planning and optimizing the supply of innovation systems, promoting the adjustment of whole industry chain, cultivating and expanding innovation entities, accelerating the transformation of scientific and technological achievements, strengthening financial support function and so on put forward countermeasures and suggestions for accelerating Hubei's technological innovation-driven industrial upgrading and development.

Keywords: Hubei Province; Innovation-Driven; High-Quality Development

Abstract: The strong impact of COVID -19 epidemic on Hubei's economy and manufacturing industry is emergent, comprehensive and far-reaching, which deserves in-depth reflection from multiple dimensions. This paper has studied the key issues in the process of manufacturing industry's work resumption and production in Hubei province since the outbreak of COVID -19 epidemic and the normalization of prevention and control, and then put forward corresponding countermeasures and suggestions. The manufacturing industry in Hubei province in the post-epidemic era is facing three major challenges: first, the investment in the manufacturing industry has dropped significantly; second, the work resumption and production of different market players in the industrial chain has different work plan, and the coordination degree of the whole industrial chain is relatively low; third, the pressure on fluid capital of enterprises generally has generally risen and the difficulty of financing has increased. To this end, Hubei manufacturing industry needs to finish work in three aspects: first, it must take "stable investment" as a strategic special items policy; second, it must implement financial support policies for work resumption in manufacturing industry earnestly; third, improve the industry chain & supply chain in manufacturing industry, and enhance the ability of key technology breakthrough innovation and capability of anti-risk.

Keywords: Manufacturing Industry; Work Resumption; Industrial Chain; Supply Chain; Hubei Province

B. 9 Study on Land Space Planning of Hubei Province and "Urban Blanking" Under COVID -19 Epidemic

Abstract: Focusing on the analysis of the background and implementation status of the land space planning in Hubei Province, combined with the relevant practices of Wuhan City in response to emergencies under the COVID -19 epidemic, it is proposed "urban blanking" emergency construction policy suggestions to improve the flexibility of land space planning to improve the elasticity of land space planning by referring to the planning concept of "urban blanking".

Keywords: Land Space Planning; COVID – 19 Epidemic; "Urban Blanking"; Emergency Construction; Hubei Province

Abstract: Hubei province has the longest runoff mileage of main stream in the Changjiang River, it is the location of the core water source area of the Three Gorges Dam area and the middle route of South-to-North Water Diversion Project, it is an important source of water conservation area in the Changjiang River and an important national ecological barrier. Hubei province has been actively exploring ways to optimize the top-level design of the system, build a water barrier in accordance with the law, innovate the working mechanism, and play a leading and exemplary role, it strives to do a good job in the "Three Articles" of ecological restoration, environmental protection and green development, a new ecology of harmonious coexistence and green development between humans and nature is gradually taking shape in the Changjiang River. During the "14th Five-Year Plan" period, we should practice the conviction that lucid waters and lush mountains are invaluable assets, stick to the problem-oriented approach and win the battles of ecological restoration, pollution prevention and control. Promoting green transformation and focusing on coordinating ecological and environmental protection with high-quality economic development. It should speed up reform and innovation, form a long-term mechanism for joint efforts to greatly step up conservation, and effectively translate the achievements made in building an ecological civilization system into better ecological and environmental governance.

Keywords: Changjiang River Economic Belt; System Innovation; Governance Effectiveness

B. 11 Study on the Impact of COVID -19 Epidemic on Jiangxi's Economy and Its Response

Sheng Fangfu, Zhu Ling and Wang Luyao / 178

Abstract: The sudden outbreak of COVID - 19 epidemic has had a comprehensive impact on Jiangxi's economy, it has had structural, hierarchical and differentiated impacts on macro, meso and micro fields. As an external rather than internal impact of the economy, this impact is transient and does not change the long-term basic trend of the high-quality and leap-forward economy development in Jiangxi. In order to minimize the impact of COVID -19 epidemic on Jiangxi's economy, the policy "combination punch" of hedging the impact should be put forward, accelerating infrastructure construction, strengthening the digital economy, unblocking the circulation of the industrial chain by implementing the "leader of chain system" in depth, speeding up the development of new industry, new forms and the new pattern, pushing consumption demand release in an orderly manner, accelerating the construction of inland open economic pilot zones, firmly hold strategic backyard of "agriculture, rural areas and farmers".

Keywords: High-Quality and Leap-Forward Development; COVID - 19 Epidemic; Jiangxi Province

B. 12 The Path and Countermeasures of Building an International Consumption Center City of Wuhan in the Post-Epidemic Era

Cao Lingjiao / 193

Abstract: In 2019, the Ministry of Commerce explicitly proposed to carry out the pilot work of international consumption center city construction. In the post-epidemic era, Wuhan should focus on the city's resource endowment and comprehensive advantages, based on the charm of a happy and livable city, guided by the concept of "modernization, internationalization and ecology", Wuhan should strengthen the image design after the post-epidemic era, revitalize the cultural and tourism industry, and create a high-quality business atmosphere. Strengthen the coordinated development of urban areas, promote industrial transformation and upgrading, and expand consumption and development resources. It should vigorously implement the "Three-year Action Plan" to make the consumer market more attractive. Develop emerging consumption and speed up efforts to foster new growth areas for consumption. Accelerate innovations in systems and mechanisms, improve the consumption environment, build Wuhan into an international consumer city.

Keywords: Epidemic Prevention and Control; International Metropolis; International Consumption Center City; Wuhan City

Abstract: As the National Public Cultural Standardization Demonstration Area, the First Batch of National Cultural and Technological Integration Demonstration Base, the First Batch of National Cultural Export Base, the Cultural Capital in East Asia and the Future Cultural City, Changsha has carried on the positive exploration in cultural public benefiting services, cultural industry development, reform of cultural system and so on, and a new environment of cultural resources sharing and coordinated development in the Greater Changsha Metropolitan Region has been gradually taking shape. During the "14th Five-Year Plan" period, to practice the development concepts of Innovation, Coordination, Greenness, Openness, and Sharing, it is necessary to adhere to the problem orientation and deepen the construction of civilized cities; promote industrial transformation and strengthen the construction of modern cultural industry system; enhance the support of press and publishing industry, film industry; inherit and carry forward excellent traditional culture; expand cultural exchange and cooperation; promote the development of "cultural +" industry; accelerate to the integration development of cultural and tourism; promote the reform and innovation of cultural systems and the construction of cultural talent teams.

Keywords: the Greater Changsha Metropolitan Region; Cultural Development; Epidemic Prevention and Control

Abstract: "characteristic industry growth pole" has been listed as the primary strategic positioning by Xianning City. By analyzing the development status and existing problems, it is proposed that the characteristic industries of Xianning to creat the growth pole can be divided into three echelons: First of all, the characteristic industries that already have been growth poles in the whole province, which should be strengthened; Secondly, try our best to strengthen the characteristic industries that are beginning to show signs of growth. Thirdly, the characteristic industries with great potential for growth should be strived to achieve.

Keywords: Growth Pole; Characteristic Industry; Regional Competitiveness; Xianning City

皮书

智库报告的主要形式
同一主题智库报告的聚合

皮书定义

皮书是对中国与世界发展状况和热点问题进行年度监测，以专业的角度、专家的视野和实证研究方法，针对某一领域或区域现状与发展态势展开分析和预测，具备前沿性、原创性、实证性、连续性、时效性等特点的公开出版物，由一系列权威研究报告组成。

皮书作者

皮书系列报告作者以国内外一流研究机构、知名高校等重点智库的研究人员为主，多为相关领域一流专家学者，他们的观点代表了当下学界对中国与世界的现实和未来最高水平的解读与分析。截至 2020 年，皮书研创机构有近千家，报告作者累计超过 7 万人。

皮书荣誉

皮书系列已成为社会科学文献出版社的著名图书品牌和中国社会科学院的知名学术品牌。2016 年皮书系列正式列入“十三五”国家重点出版规划项目；2013~2020 年，重点皮书列入中国社会科学院承担的国家哲学社会科学创新工程项目。

权威报告 · 一手数据 · 特色资源

皮书数据库

ANNUAL REPORT(YEARBOOK) DATABASE

分析解读当下中国发展变迁的高端智库平台

所获荣誉

- 2019年，入围国家新闻出版署数字出版精品遴选推荐计划项目
- 2016年，入选“‘十三五’国家重点电子出版物出版规划骨干工程”
- 2015年，荣获“搜索中国正能量 点赞2015”“创新中国科技创新奖”
- 2013年，荣获“中国出版政府奖 · 网络出版物奖”提名奖
- 连续多年荣获中国数字出版博览会“数字出版 · 优秀品牌”奖

WWW.PISHU.COM.CN

成为会员

通过网址www.pishu.com.cn访问皮书数据库网站或下载皮书数据库APP，进行手机号码验证或邮箱验证即可成为皮书数据库会员。

会员福利

- 已注册用户购书后可免费获赠100元皮书数据库充值卡。刮开充值卡涂层获取充值密码，登录并进入“会员中心”—“在线充值”—“充值卡充值”，充值成功即可购买和查看数据库内容。
- 会员福利最终解释权归社会科学文献出版社所有。

社会科学文献出版社 SOCIAL SCIENCES ACADEMIC PRESS (CHINA) 皮书系列
卡号：832214719812
密码：[illegible]

数据库服务热线：400-008-6695
数据库服务QQ：2475522410
数据库服务邮箱：database@ssap.cn
图书销售热线：010-59367070/7028
图书服务QQ：1265056568
图书服务邮箱：duzhe@ssap.cn

S 基本子库
UB DATABASE

中国社会发展数据库（下设 12 个子库）

整合国内外中国社会发展研究成果，汇聚独家统计数据、深度分析报告，涉及社会、人口、政治、教育、法律等 12 个领域，为了解中国社会发展动态、跟踪社会核心热点、分析社会发展趋势提供一站式资源搜索和数据服务。

中国经济发展数据库（下设 12 个子库）

围绕国内外中国经济发展主题研究报告、学术资讯、基础数据等资料构建，内容涵盖宏观经济、农业经济、工业经济、产业经济等 12 个重点经济领域，为实时掌控经济运行态势、把握经济发展规律、洞察经济形势、进行经济决策提供参考和依据。

中国行业发展数据库（下设 17 个子库）

以中国国民经济行业分类为依据，覆盖金融业、旅游、医疗卫生、交通运输、能源矿产等 100 多个行业，跟踪分析国民经济相关行业市场运行状况和政策导向，汇集行业发展前沿资讯，为投资、从业及各种经济决策提供理论基础和实践指导。

中国区域发展数据库（下设 6 个子库）

对中国特定区域内的经济、社会、文化等领域现状与发展情况进行深度分析和预测，研究层级至县及县以下行政区，涉及地区、区域经济体、城市、农村等不同维度，为地方经济社会宏观态势研究、发展经验研究、案例分析提供数据服务。

中国文化传媒数据库（下设 18 个子库）

汇聚文化传媒领域专家观点、热点资讯，梳理国内外中国文化发展相关学术研究成果、一手统计数据，涵盖文化产业、新闻传播、电影娱乐、文学艺术、群众文化等 18 个重点研究领域。为文化传媒研究提供相关数据、研究报告和综合分析服务。

世界经济与国际关系数据库（下设 6 个子库）

立足"皮书系列"世界经济、国际关系相关学术资源，整合世界经济、国际政治、世界文化与科技、全球性问题、国际组织与国际法、区域研究 6 大领域研究成果，为世界经济与国际关系研究提供全方位数据分析，为决策和形势研判提供参考。

法律声明

“皮书系列”（含蓝皮书、绿皮书、黄皮书）之品牌由社会科学文献出版社最早使用并持续至今，现已被中国图书市场所熟知。“皮书系列”的相关商标已在中华人民共和国国家工商行政管理总局商标局注册，如LOGO（ ）、皮书、Pishu、经济蓝皮书、社会蓝皮书等。“皮书系列”图书的注册商标专用权及封面设计、版式设计的著作权均为社会科学文献出版社所有。未经社会科学文献出版社书面授权许可，任何使用与“皮书系列”图书注册商标、封面设计、版式设计相同或者近似的文字、图形或其组合的行为均系侵权行为。

经作者授权，本书的专有出版权及信息网络传播权等为社会科学文献出版社享有。未经社会科学文献出版社书面授权许可，任何就本书内容的复制、发行或以数字形式进行网络传播的行为均系侵权行为。

社会科学文献出版社将通过法律途径追究上述侵权行为的法律责任，维护自身合法权益。

欢迎社会各界人士对侵犯社会科学文献出版社上述权利的侵权行为进行举报。电话：010-59367121，电子邮箱：fawubu@ssap.cn。

社会科学文献出版社

BLUE BOOK

BLUE BOOK